Wine
Basics

Alles, was man braucht, um Wein richtig zu genießen

Reinhardt Hess

Wine Basics Inhalt

Klappe vorne + hinten: Weinspiele

Das Buch
zum Trinken

Der Lebensmittelladen ums Eck hat eine Sorte Bananen. Reicht. Vier Sorten Äpfel. Kennen wir. Und wenn man den netten Herrn im weißen Kittel fragt, was für einer als Bratapfel taugt, sagt er Boskop oder Cox Orange. Kennt er.

Das Weinregal in unserem Laden ist länger als alle Obst- und Gemüsekisten nebeneinander. Über 50 verschiedene Flaschen stehen da drin, plus die Abteilung Sekt bis Port. Da kennen wir nun ganz wenige und der nette Herr weiß auch nicht viel mehr dazu zu sagen. Höchstens mal: »Der ist harmonisch.« Hat er hinten auf dem Etikett gelesen. Harmonisch? Mit wem? Mit mir, mit der Welt, mit Spaghetti? Und ist der Rest dann unharmonisch? Da stehe ich nun vorm Regal wie der Torwart beim Elfmeter.

Da hilft nur eins: riskieren und probieren. Also seinem Torwart-Instinkt folgen und rechts oben ins Eck langen. Entweder wird's ein guter Fang oder keiner. Denn im Grunde gibt es nur zwei Sorten Wein: »schmeckt« und »schmeckt nicht«. Stimmt schon, diese Methode kann anstrengend werden, wenn nur in einem kleinen Laden schon 50 Weine warten. Aber irgendwo muss man mal anfangen. Und dann gibt es ja noch dieses Buch.

Das beginnt nicht bei den alten Römern und den großen Namen, sondern da, wo das Trinken anfängt: im Glas. Nach einem Schnüffel-Grundkurs begleitet es uns auf dem Weg zum Wein – im Laden, im Kämmerlein, beim Winzer, im Keller, am Esstisch. Und gibt Antworten auf die Fragen, die wirklich zählen: »Wie schmeckt dieser Wein? Schmeckt mir dieser Wein? Und was schmeckt mir noch?« Also Flaschen auf, denn im Glas findet sich die Wahrheit. Oder »salud, amor y dinero«, wie die Spanier sagen: Gesundheit, Liebe und Geld. Was alles im Wein stecken kann …

Wein & ich

basic

Für jede Art von Durst gibt's was zu trinken.

Sogar einen Wein.
Aber der kann noch mehr.

Es gibt Getränke, die den Durst löschen, z.B. Ice-Tea, Mineralwasser oder Bier. Es gibt Cola, Cocktails oder Weiße mit Schuss – alles Getränke für den Fun. Für Fitness und Gesundheit gibt es Isotonic-, Multi-vitamin- und Slim-Drinks. Es gibt auch Alkoholika wie Whisky, Korn oder Jägermeister, die getrunken werden, um davon einen Schwips zu bekommen. Es gibt Mittel, die aufwecken wie Kaffee, Tee, Red Bull oder Viagra. Und es gibt auch solche, die den Schlaf fördern wie heiße Milch mit Honig oder Baldrian.

Aber es gibt auch ein Getränk, das alles in sich vereint: der Wein. Spritzige und leichte Weine stillen pur oder als Schorle den Durst. Schäumende und prickelnde wie Prosecco und Champagner oder lustige wie ein White Cabernet mit Minze und Eiswürfeln sind zuständig für Spaß und gute Laune, und wenn man zu viel davon trinkt, kann man sogar beschwipst werden. Der richtige Wein zur rechten Zeit kann uns munter oder auch müde machen. Und: Wertvolle Inhaltsstoffe lassen den Wein fast zum Gesundheitselixier werden.

Aber eines kann eigentlich nur der Wein: den Genuss daran durch Riechen und Schmecken noch erweitern – und ein Essen anständig begleiten. Wie das alles geht, steht auf den nächsten Seiten.

Wein entdecken

Der Wein, das geheimnisvolle Wesen? Ach was. Weine sind von Natur aus kommunikativ, richtige Schauspieler, die in unseren Sinnen eine eigene Welt entstehen lassen.

Wir sitzen im Kino, räkeln uns im Polster zurecht. Das Licht geht aus, Vorspann. Wer die Hauptrolle spielt, wird noch nicht verraten, nur, dass es ein Rotwein ist. Der Korkenzieher beginnt sein Werk und zieht mit einem herrlich satten »Plopp« den Korken aus dem Flaschenhals. So ein Ploppen, das kann nur ein langer, echter Korkstopfen sein. Da hat wohl einer beim Verschließen schon daran gedacht, dass der Wein noch ein paar Jahre liegen darf. Bei einem schlechten Film wäre das die Stelle, wo der Nachbar an der Tür läutet und fragt, ob er sich eine Tasse Zucker borgen könne. Weil er den Plopp durch die Wand gehört hat ...

Passiert hier aber nicht. Der Star gluckert geheimnisvoll ins Glas. Ein Newcomer, der aber in seiner Heimat schon ziemlich Karriere gemacht hat, so viel sei verraten. Könnte ihm hier auch passieren. Schön, er ist nicht mehr der Jüngste, sechs Jahre alt. Kein jugendlicher, ungestümer Liebhaber mehr, sondern eher ein ruhiger, bedächtiger Charakter. Im Glas leuchtet er mit einem frischen Rot wie reife Kirschen, am Rand erinnert es schon ein wenig an das Orangerot von Dachziegeln. (Das sind beim Wein die kleinen Fältchen, die sich bei uns um die Augen zeigen.) Ein Zoom zurück aufs Glas, es wird geschwenkt. Und jetzt läuft der Wein in kräftigen hellen, fast klaren Schlieren am Glasrand herab, wie kleine Beine mit Tröpfchen am Ende, die langsam nach unten ziehen – das sieht beinahe aus wie alte, wunderschöne Kirchenfenster.

Die Nase riecht ins Glas. Ja, da ist auch ein Duft nach roten Kirschen. Aber nach den dunkelroten reifen Herzkirschen, die beim Obsthändler im Sommer schon von weitem Wohlgeruch verbreiten. Dazu gesellt sich ein Hauch von Kirschkernen, die ein bisschen an Bittermandeln erinnern, wenn man sie mit einem Stein aufschlägt. Und dann – schwarze Brombeeren, wenn die Sonne darauf scheint und die Mittagshitze sie gleich zu Konfitüre kocht. Oder als ob Großmutter das Pflaumenmus im Topf rühren würde. Ist da nicht auch eine Spur von Wachs, von Kerzenwachs zu erkennnen? Und Schokolade! Ja, Schokolade wird immer deutlicher, die feine Bitterschokolade, die fast ein wenig nach Rauch und Tabak riecht. Erneut wird das Glas leicht geschwenkt – jetzt kommen auch noch Walddüfte dazu: Harz, Fichtennadeln, Pinienzapfen. Mensch, irgendwoher kenne ich diesen Wein doch ...

Das Bild verschwimmt. Plötzlich befinden wir uns in der Wüste. Eine Gewürzkarawane zieht vorbei. Der typische Geruch nach dem Leder der Kamelsättel liegt in der vor Hitze schwirrenden Luft – und auch der von Zimtstangen und Gewürznelken. Der Orient steigt in die Nase. Das Glas wird nochmals geschwenkt, daran gerochen – und auf einmal ist da schwarzer Gummi, Autoreifen. Spielt denn die Nase verrückt?

Rasch wird ein Schluck genommen, aber ein wirklich ordentlicher. Hhm, kräftig schmeckt er. Nach schwarzen Beeren. Vielen Beeren. So richtig voll nach wunderbar reifen Brombeeren, schwarzen Johannisbeeren – und auch nach dunkelroten Kirschen. Wie heißt doch wieder dieser französische Likör für den »Kir«? Ach, »Cassis«. Genau, nach Cassis schmeckt der Schluck. Vorn auf der Zunge eine fein-pikante Säure, fast wie edelsüßes Paprikapulver, mit ganz zarten Röstaromen wie bei Räucherwurst oder Schinken.

Jedoch: Irgendwie trippelt der Wein leichtfüßig über die Zunge, ist nicht schwer und macht nicht gleich satt, so dass man nicht mehr davon trinken möchte. Oben im Gaumen fühlt er sich samtig an, so feinkörnig wie Babypuder. Dann tauchen wieder die reifen roten Beeren, vor allem Himbeeren, auf und Kirschen (die aber als Likör), weich. Und dann erneut Cassis. Beim Runterschlucken eine feine Herbe und ein reiner Fruchtgeschmack. Wie ein Lebenselixier, wie ein edler Obstbrand. Na gut, er hat auch 14,5 Prozent Alkohol. Das merkt man. Da wird man nach zwei Gläsern schon recht philosophisch. Die Spannung wächst, ist's vielleicht ein Österreicher? Schnitt: Die Flasche wird verkorkt und beiseite gestellt.

Grundregeln für den Einstieg

1. Regel: Nicht von großen Namen oder Auszeichnungen blenden lassen. Mit einfachen, aber guten Weinen beginnen. Solche Weine gibt es eher im Weinfachgeschäft als im Supermarkt. Beraten lassen.

2. Regel: Mit allen Sinnen probieren. Geruch und Geschmack sind die wichtigsten, aber erst durch Beobachtung den Wein erspüren. Dann mit der Zunge erfühlen, dabei alte Erinnerungen mit einbeziehen und die Fantasie spielen lassen.

3. Regel: Ausschließlich der eigene Geschmack ist der entscheidende. Ein Wein, der von Testern hoch bewertet wird, muss mir nicht auch schmecken. Wichtiger ist, dass ich herausfinde, welche Weine mir liegen und welche nicht.

4. Regel: Dem Wein eine zweite Chance geben. Manchmal schmeckt ein Wein beim ersten Probieren nicht. Vielleicht hat er nicht zum Essen gepasst, vielleicht war er (oder ich) auch gerade nicht in der richtigen Laune. Einfach zustöpseln und ihn am nächsten oder übernächsten Tag noch mal testen.

Pause

Am nächsten Tag wird erneut probiert. Schau an, er ist gar nicht schlechter geworden. Vielleicht ist ein Hauch von Äpfeln dazugekommen. Geschälte und klein geschnittene Äpfel, die eine Zeit lang herumgelegen und ein wenig braun geworden sind. Aber nicht unangenehm. Und irgendwie ein Schuss Cognac. Oder Piemont-Kirschpralinen mit ihrem intensiven Duft. Auch ein paar Dörrpflaumen haben sich dazugesellt. Jetzt spürt man den schwarzen Gummi auch im Mund. Oder ist es eher Lakritz? Omas Pflaumenmus, die Latwerge? Jedenfalls schmeckt er »schwarz-rot«. Basta. Aber der Gummi – das kann dann doch kein Österreicher sein.

Nachspann

Das Geheimnis wird gelüftet. Der Hauptdarsteller war ein Zinfandel. Eine Traubensorte, die in Kalifornien heimisch ist und dort am besten an der kühleren Nordküste (Sonoma Valley) wächst. (Aaach, klar! Der hat doch in dem Film »Lamm mit Orangensauce und Chilis« so toll mitgespielt!)

Fast ein altmodischer Rotwein. Die zerdrückten Beeren durften lange mit den Beerenhäuten vergären, dann reifte der Wein in kleinen Fässern aus französischem und amerikanischem Eichenholz. Ein Star, der komplex und vielschichtig ist, ohne anstrengend zu sein, der schon jung schmeckt, aber auch lange reifen kann. Ein Star, den jeder gleich gut versteht. Der das Aroma von Beeren und Früchten in sich konzentriert und bestens zum Essen passt. Und der sogar einen Bruder hat, der auch nicht schlecht spielt: der Primitivo aus Apulien – schlanker, kraftvoller und meist etwas rauer. Ein Star mit allen Qualitäten für den heutigen Erfolg bei Jung und Alt.

Dass es ein Wein aus der Neuen Welt war, hätte man sich denken können – der »Kragen« am Flaschenhals (das ist eine Ausbuchtung am Ende des Halses und typisch für kalifornische Flaschen) hat ihn eigentlich schon ganz am Anfang verraten. Ohne Kragen hätte die Flasche auch aus Frankreich, aus dem Bordeaux stammen können. Aber nein, der kleine runde Papieraufkleber auf dem Korken statt einer Stanniolkapsel, das gibt es noch nicht in Frankreich.

Nase trainieren

Erst riechen, dann schmecken, das wussten schon die alten Römer. Nase frei für neue Düfte!

»Der hat aber eine feine Zunge«, sagen wir und meinen eigentlich seine Nase. Paradox? Unser Geschmacksorgan ist gar nicht so toll entwickelt, wie wir von ihm denken. Gerade mal fünf Eindrücke kann es auseinander halten – süß, salzig, sauer, bitter und scharf. Für alles andere ist unser Riechorgan zuständig. Und das liegt auch noch versteckt in kleinen Kammern in der oberen Nasenhöhle und ist daumenspitzengroß. Allerdings ist das Riechen einer der archaischsten unserer Sinne. Er ist ständig zugange, ohne dass wir es bemerken. Beim Ein- und Ausatmen filtert er Duftmoleküle aus der Luft, analysiert sie und leitet die Ergebnisse sofort an das Riechhirn weiter, das auf kürzestem Weg oberhalb der Nasenhöhle liegt. Kurze Wege, rasche Informationsverarbeitung.

Neandertalers Erbe

Der für die Duftdatenverarbeitung zuständige Teil des Gehirns ist uralt und sehr eigen. Er wirkt nämlich, ohne dass wir darauf Einfluss nehmen könnten, auf Hypothalamus und Hypophyse. Das sind Steuerorgane für unser Hormonsystem. Mit anderen Worten: Düfte erzeugen heimlich eine Reaktion in unserem Körper, wirken direkt auf unsere Stimmung, unser Befinden, unsere Zu- oder Abneigungen ein, ohne dass das Großhirn das mitbekommt. Kein Zufall, dass wir über Menschen, die wir nicht mögen, sagen: »Den kann ich nicht riechen!« Ein Duft kann aber ebenso Bilder aus der Tiefe unserer Erinnerungen wachrufen, eine Liebe, einen Sommertag, Mutters Sonntagsbraten oder ein Picknick im Grünen. Oft tauchen ganze Filme aus ferner Vergangenheit auf.

An einem Wein riechen, heißt also, sich mit seiner eigenen Erinnerung auseinander zu setzen, einen magisch-mystischen Vorgang auszulösen, der tief ins Unbewusste greift und der sogar unser Nervensystem anregen kann. Kaum zu glauben? Einfach mal an Gewürzen wie Zimt, Gewürznelken oder Sternanis riechen. Die Aromen wirken innerhalb weniger Minuten, sorgen für innere Ruhe, entspannen und senken messbar den Blutdruck. Oder ein Gläschen Maury, ein Süßwein aus dem Roussillon, eingießen. Aus dem Glas strömt ein Duft nach Zimt, Gewürznelken, Sternanis, Lebkuchen … – Aromatherapie aus dem Weinglas.

Und jetzt sich eine Fliederblüte vorstellen. Jeder kann sich sicher daran erinnern, wie sie aussieht. Welche Farbe sie hat. Und dass sie intensiv duftet. Was fällt einem dazu ein? Frühling, erster Sonnenschein, Freude, Wäscheweichspüler. Gut. Aber wenn man ehrlich ist: Den Geruch des Flieders kann man sich nicht wirklich ins Gedächtnis rufen. Offenbar fehlt unserem Erinnerungsvermögen eine Speicherstelle für Düfte! Das heißt für uns, dass wir jedes Mal aufs Neue schnuppern müssen, wenn wir Flieder riechen wollen. Was sich aber speichern lässt, sind unsere Erinnerungen zu diesem Ge-

Wo es Wein- düfte gibt

○ Blütendüfte kann man wirklich gut in großen Pflanzenmärkten und Gärtnereien studieren. Und auch die (natürlichen!) Aromenöle in Bio-Läden, Hobbythek-Geschäften und Reformhäusern sind ergiebige Duftquellen.

○ Gewürzdüfte aus Gewürzgläsern schnuppern. Wenn sie nach nichts riechen, sind sie zu alt und gehören sowieso weggeworfen.

○ Obst und Gemüse mal wieder bewusst riechen. Beeren etwas zerdrücken, Apfel, Pfirsich, Möhre und Paprika durchschneiden und daran schnuppern.

○ Kräuter duften erstaunlich vielfältig, wenn man ihre Blätter etwas reibt. Versuchen, die Unterschiede zwischen frischen und getrockneten, zwischen heimischen und mediterranen Kräutern aufzuspüren.

○ Mit »wacher« Nase durch die Natur streifen. Wie riechen Wald und Wiese, Sonne und Regen, Bauernhof und Erde?

○ Eine ergiebige Quelle für Weindüfte sind auch Bäckerei und Konditorei mit frisch gebackenem Brot und Vanilleschnitten.

ruchssignal. Und wer seine Nase täglich mit solchen Signalen trainiert, ständig neue Düfte entdeckt und bei den bekannten die Erinnerung auffrischt, der wird immer schneller und genauer in seinen Assoziationen werden. Genau das tun Weinprofis, um Weine besser erkennen zu können.

Oh, so vertraut sind mir die Düfte

Wein riecht fast immer nach angenehmen Aromen, die wir aus dem Alltag kennen. Oder die uns an Düfte aus Natur und Küche erinnern. So wie Weine aus der Rebsorte Cabernet Franc, die oft ganz typisch nach grünen Paprikaschoten riechen, obwohl die Rebe mit Sicherheit nicht mit dem Paprikagewächs verwandt ist. Die Vorstellung »grüne Paprikaschote« entspringt unserer Fantasie. Und die ist nicht bei jedem gleich. Was für den einen nach Farn riecht, duftet für den anderen nach frisch gemähter Wiese. Macht nichts, beides riecht »grün«.

Wenn wir schon bei Farben sind: Das Gegenteil von »Grün« wäre hier z.B. »Schwarz«. Schwarze Düfte sind Lakritz, Ruß, Dörrpflaumen, Pflaumenmus (Latwerge), Tusche, Teer, schwarze Trüffel und Oliven, Pfefferkörner, Autoreifen. Ja, nicht zu glauben, aber nach alledem kann Wein riechen.

Wichtiger als dieses »Naseeichen« ist es aber, das eigene Duftspektrum zu erweitern und zu trainieren. Denn wer weiß schon, wie Irisblüten riechen. Einfach mal im Pflanzenmarkt seine Nase daran halten (ihr Duft ist stärker als der von Veilchen, geht aber etwa in diese Richtung). Überhaupt lassen sich im großen Blumenladen viele Düfte erforschen. Am besten an allen Blüten schnuppern, das schärft den Geruchssinn. Allein bei den Rosen gibt es schon so viele Unterschiede, dass sich die intensive Beschäftigung damit lohnt.

Und das Fitnesstraining in freier Natur nicht vergessen! Wie riecht der Wald im Frühling und wie im Herbst? Haben Brennnesseln einen eigenen Geruch? (Mit einem Handschuh bewaffnen und die Blätter zerreiben – dem Duft werden wir noch oft begegnen). Vielleicht im Frühjahr mal in eine blühende Wiese legen – wie riechen helle Blüten? Wie duftet frische Erde oder Gras, trocknendes Heu in der Sonne? Eine Kuh auf der Weide hat einen ganz anderen »gout« (kommt aus dem Französischen und meint Aroma) als ein Pferd auf der Koppel. Bei jeder Gelegenheit eifrig Düfte sammeln, man braucht sie fürs eigene Weingedächtnis.

Aromen erforschen

Wein ist dicker als Wasser. Ein bisschen jedenfalls. Und jeder riecht und schmeckt anders.

Für einen Chemiker ist Wein eine Mischung aus Wasser und Alkohol mit 20 bis 30 Gramm weiteren Substanzen pro Literflasche, die für den Geschmack zuständig sind. Dazu kommt weniger als ein Gramm flüchtiger Inhaltsstoffe, die den Duft ausmachen.

Für den, der Wein mag, ist gerade dieses eine Gramm, das die Nase erschnüffeln kann, eine Wunderwelt. Zum Glück kann unser Riechorgan rund 4.000 verschiedene Düfte unterscheiden. Die einzige Kunst ist, Riechen und Schmecken zu üben. Das klappt beim Weinschnuppern nie gleich am Anfang. Aber wenn der erste Duft erkannt ist, kommen weitere ganz von selbst dazu. Ganz nützlich ist es da, mit mehreren Leuten einen Wein zu probieren und die Eindrücke zu vergleichen. »Ich rieche Brombeeren!« »Ja, ich auch! Und noch Schokolade ...« Und auf einmal geht das Aromaforschen ganz von selbst.

Warum eigentlich so viel Aufwand? Cola trinke ich doch auch, ohne lange über Duft und Aroma nachzudenken. Wein kann ich ebenso einfach trinken. Aber anders als Cola schmeckt er nie identisch, er hat ein Eigenleben. Der gleiche Wein schmeckt zum Mittagessen anders als am Abend. Und nach einem Jahr anders als jetzt. Deshalb wollen alle, die die Genusswelt des Weines entdeckt haben, ihre Nase immer tiefer ins Glas stecken, immer mehr Aromen herausfinden, ihn noch intensiver erleben. Wie ein Psychologe seine Entwicklung von frühester Kindheit bis zum Öffnen der Flasche ergründen. Ergründen wie Aromen angelegt werden und sich vervollkommnen. Macht ja auch Spaß.

Die Kindheit

Am Anfang ist der Wein eine Traube, ein Bündel Beeren am Stiel, das an der Mutter Weinrebe hängt. Die kann hellhäutige Beeren wachsen lassen und Riesling heißen. Oder dunkelhäutige Cabernet-Sauvignon-Trauben hervorbringen. Oder auch aus einer ganz anderen Familie stammen. Die Rebsorte legt den Beeren schon die typischen Aromen in die Wiege. Beim Riesling den Duft nach Äpfeln, beim Cabernet-Sauvignon das Aroma von Pflaumen und schwarzen Johannisbeeren. Die Rebe versorgt ihre Trauben mit Nährstoffen aus der Erde, die oft

Reifeprüfung

Manchmal stehen zwei Jahrgänge des gleichen Weins nebeneinander im Regal – beide kaufen, miteinander probieren.

Bei Weißweinen am besten gleich 'nen Sechserpack nehmen und im Abstand von ein bis zwei Monaten probieren. Notizen machen nicht vergessen!

noch im fertigen Wein als »mineralisch« zu riechen und zu schmecken sind: Feuerstein in manchen Pfälzer Rieslingen, weißen Bordeaux-Weinen und im Pouilly-Fumé von der Loire. Schiefer in Weißweinen von Mosel, Saar und Ruwer, in Rotweinen aus Südafrika. Löss in rheinischen Rieslingen und Rotweinen aus dem Burgenland.

»Die Rebe muss leiden, damit sie gute Trauben bringt«, sagen die Winzer und meinen damit, dass sie nicht zu viel Nährstoffe und Wasser bekommen sollte, so dass sie nicht ins Kraut schießt. Statt dessen soll die ganze Kraft in die Beeren fließen, die dann mehr Zucker und mehr Aromen erhalten, was kräftigere Weine ergibt. Auch durch die Pflege der Reben und den Rückschnitt überschüssiger Triebe lässt sich der Geschmack intensivieren. Mehr Trauben ergeben zwar mehr Wein, dafür ist der dann dünner und wässriger.

Ernte und Gärung

Wenn die Trauben reif werden, nimmt ihr Zuckergehalt zu, der Säuregehalt sinkt. Je reifer sie geerntet werden, desto reicher und komplexer werden die Aromen. Für Weißweine sollte aber noch genügend Säure in den Beeren vorhanden sein, sonst schmecken sie langweilig. Zu früh geerntet gibt es wiederum grün-grasige Aromen im Wein. Sehr spät geerntete Weißweintrauben, die mittlerweile braun, geschrumpelt und faul sind, ergeben natursüße Weine mit einem eigenen, honigartig-öligen Geschmack. Es gehört also ziemlich viel Fingerspitzengefühl dazu, den richtigen Erntezeitpunkt zu treffen.

Für Weißwein werden die Trauben gepresst und der Saft (Most) vergoren. Für Rotwein werden die Beeren zerkleinert und samt Kernen und Schalen (Maische) vergoren. Dabei verarbeiten Hefepilze den Zucker zu Alkohol und Kohlensäure und produzieren noch eine Menge anderer Stoffe wie Ester und längerkettige Alkohole. Wird der Traubensaft bei höherer Temperatur vergoren, bilden sich eher unangenehme Düfte nach Käse oder Essig, bei niedrigerer Temperatur bleibt mehr beereneigener Geschmack erhalten. Aber auch die Art der Hefe bringt Unterschiede – die natürliche Hefemischung, die auf den Beeren sitzt, ergibt vielfältigere Geschmacksrichtungen als zugesetzte Reinzuchthefen aus dem Labor.

An die Hefegärung schließt sich bei fast allen Rotweinen und einigen Weißweinen (vor allem aus der Rebsorte Chardonnay) eine zweite, von Bakterien verursachte Gärung an. Bei dieser »malolaktischen Gärung« wird die im Wein enthaltene intensive Apfelsäure in die mildere Milchsäure verwandelt, der Wein wird weich und rund.

Jetzt kommt die Kuh in den Wein

Nach der Gärung wird der Wein zum Ruhen und Reifen in ein anderes Fass umgefüllt. Das kann aus Holz oder aus Edelstahl sein. Das eine ist teuer und verleiht dem Wein edle Holztöne, das andere ist neutral und erhält das Beerenaroma. Diese Ruhezeit des jugendlichen Weins wird »Ausbau« genannt. Dabei entstehen neue Duft- und Geschmacksnuancen. Dieses »Bukett« des frischen Traubensaftes, das noch beim Federweißen (das ist der noch gärende Most) zu schmecken ist, geht zurück, dafür bilden sich die würzigen Weinaromen. Besonders bei Rotweinen werden uns Kaffee- und Schokoladenduft oder sogar der Geruch nach Leder, Pferden oder Kühen auf feuchter Wiese (typisch für Dão-Weine aus Portugal) noch öfter begegnen.

Der Reifevorgang funktioniert nur richtig, wenn winzige Mengen Sauerstoff aus der Luft an den Wein gelangen. Im Holzfass passiert das von selbst durch die Poren des Holzes, im Stahltank muss der Kellermeister ab und zu lüften. Bekommt der Wein zu wenig Luft, entwickeln sich muffige Töne, die einen an Bauernhof und faule Eier denken lassen. Bei zu viel Sauerstoff entstehen »oxidative Noten«, die an braun angelaufene Äpfel oder Sherry erinnern – was beim Wein nicht gut ist.

Bei bestimmten Rotweinen (Burgunder), vor allem aber bei Weißweinen lässt der Winzer den Wein noch einige Zeit auf dem feinen Hefesatz, der beim Umfüllen verbleibt. Das ergibt einen delikaten, nussigen Geschmack, der an Buttergebäck erinnert.

Die höhere Flaschenreife

Schließlich wird der Wein in Flaschen gefüllt und kann verkauft werden. Doch auch in der Flasche ist die Entwicklung noch lange nicht abgeschlossen. Vor allem Rotweine brauchen einige Zeit der Flaschenreife oder »Verfeinerung« bis zum optimalen Genuss. Dabei entstehen – nun unter fast vollständigem Luftabschluss (Mikromengen wandern noch durch den Korken) – die feinen Geschmacksnoten. Die zusammenziehend schmeckenden Gerbstoffe und die Säure verschmelzen zu einem harmonischen Ganzen, der Wein wird »rund«.

Auch säurereiche Weißweine werden nach ein oder zwei Jahren Flaschenreife feiner, die saure Note ist nicht mehr so aggressiv, interessantere Aromen kommen zum Vorschein. Säurearme Weißweine dagegen werden dabei schal, schmecken nicht mehr frisch und haben ihre fruchtige Art verloren.

Bei guten Rotweinen gehen mit den Jahren langsam die fruchtigen Traubentöne zurück, und es entstehen neue, komplexe Duft- und Geschmacksnoten. Der Wein erinnert stärker an seine Herkunft, man riecht und schmeckt den Boden und das Klima seines Ursprungslandes. Die vorher herben Gerbstoffe (Tannine) werden weicher, markige Holztöne sind kaum noch zu spüren. Der Wein ist auf seinem Höhepunkt.

Danach beginnt der Wein abzubauen, er bekommt nun Alterstöne. Rotweine erinnern im Duft an den Spätherbst, wirken reif und füllig, noch später dann schwach und leer. Ein alter Riesling riecht und schmeckt leicht nach Petroleum oder Diesel. Die einen mögen das, andere wiederum nicht.

Aromen erkennen

Der Schnüffelkurs am Tisch. Ein Spiel, das nicht nur An-
fängern richtig Spaß macht.

Duftet der Wein nun nach Grapefruit oder Zitrone? Nach
Brombeeren oder schwarzen Johannisbeeren? Wonach
ein Wein riecht, ist oft schwer zu bestimmen, weil uns
das Aromengedächtnis gern im Stich lässt. Dagegen
hilft eine intensive Nasengymnastik und die geht ganz
einfach: unterschiedlichste Früchte und Gemüse klein
schneiden, in Gläser geben, Wein drübergießen und
schnuppern. Das machen auch Weinprofis, um sich bestimmte Düfte wieder ins Gedächtnis zu rufen.

Warum der Aufwand? Weil man sich ein paar Notizen
machen will, nach was ein Wein eigentlich riechen und
schmecken kann. Je genauer die Beschreibung, umso
besser funktioniert das Weinevergleichen und -wieder-
erkennen. Wer sein Schnupperhirn öfter trainiert, kann
auch bei einem Wein die Aromen leichter aus den Ge-
dächtniskästchen wieder hervorholen.

Grundrezept Schnüffelkurs

Zutaten:

1 Flasche trockener neutraler Weißwein (was das ist? Ein
möglichst billiger aus dem Supermarkt Ihres Vertrauens,
der wirklich nicht nach viel mehr als Trauben und Wein
riecht, etwa einer mit der Aufschrift »Silvaner trocken«,
»Elbling trocken« oder »Pinot Bianco«. Keine Angst, der
Wein muss nicht getrunken werden!)
diverse Aromazutaten wie Obst, Gemüse, Kräuter,
Gewürze – je nachdem, ob Weiß- oder Rotweinaromen
gefunden werden sollen (siehe nächste Seite)

Zubereitung:

1. Für jede Aromazutat ein Glas bereitstellen (es muss weder ein Weinglas noch schön sein) und das 2–3 cm hoch
   mit dem Wein füllen.
2. Aromazutaten falls nötig waschen und trocknen. Dann
   passend zum Glas zerkleinern und so hineinstecken,
   dass der Wein sie möglichst bedeckt.
3. Nun das Ganze sehr gut abdecken und ziehen lassen:
   für Weißweinaromen 1–2 Stunden, für Rotweinaromen
   3 Stunden.
4. Jetzt kann der Schnüffelkurs beginnen. Eines der Gläser
   in die Hand nehmen (möglichst weit unten) und unter die
   Nase halten und riechen. Halt, nicht so lange, nur kurz
   »schnüffel-schnüffel«, dann das Glas wieder wegnehmen,
   sonst ermüdet das Geruchsorgan. Ruhig nochmals abdecken, schwenken und erneut daran schnüffeln.
5. Gibt es überhaupt etwas außer Wein zu riechen? Wenn
   nein, das Glas beiseite stellen, ein anderes nehmen und
   später noch mal probieren. Wenn ja: Versuchen, den Duft
   einzuprägen. Das geht zwar nicht wirklich, aber er lässt
   sich in Gedanken »notieren«.
6. Anschließend die Gläser so zusammenstellen, dass sie
   immer eine Gruppe mit ähnlichen Düften bilden. Und nun
   einen für sich schlüssigen Namen für die Aromengruppen
   finden – der ist das eigene Codewort für jedes spätere
   Schnüffeln am Wein, bei dem jeder wieder zu genau diesen Düften vordringen und sie benennen kann. Das kann
   z. B. »fruchtig« sein als Codewort für alles, was obstig,
   süß-aromatisch oder zitrus-artig riecht.
7. Jetzt bitte alles wegschütten und -schmeißen. Und
   gleich an einem wirklich guten Wein riechen und die Aromen finden. (Und den Wein dann auch trinken.)

Weindüfte erschnuppern

 Nicht jeder riecht gleich gut. Einer kann sehr flüchtige Aromen ohne Probleme ganz fix erkennen, ein anderer benötigt intensivere Eindrücke und etwas länger. Also nicht verzagen, Weindüfte entdecken soll Spaß machen.

Riechen und damit auch Schmecken sind trainierbar. Wer ein Aroma einmal bewusst erlebt hat, wird es einfacher und schneller wiedererkennen. Wichtig ist, den Duft für sich selbst zu beschreiben, denn auf das Duftgedächtnis ist kein Verlass.

Die Nase ermüdet rasch, deshalb besser kurz und heftig schnüffeln als lange und tief einen Duft einatmen. Öfter eine Pause machen und frische Luft schnappen.

Weißwein-Schnüffelkurs

Mögliche Aromazutaten:

je 1 Schnitz von Apfel, gelber Birne (z. B. Williams Christ) und Pfirsich (möglichst mit weißem Fruchtfleisch)
je 1 Stück unbehandelte Zitrone und Grapefruit mit Schale
1 entsteinte Aprikose (kann auch eine getrocknete sein)
1 kleines Stück Ananas (mit oder ohne Schale)
2 Litschis (ohne Schale und Stein)
2 Zweige Thymian (frisch oder getrocknet)
5 gehackte frische Grashalme
2 gehackte Zweige Brennnesseln (Handschuhe zum Pflücken anziehen!)

Zubereitung:

1. Alles nach Grundrezept Schritt 1–3 vorbereiten und für Weißweinaromen ziehen lassen.
2. Dann losschnüffeln und benennen. Wenn man z. B. Apfel riecht, fruchtig, leicht süßlich (kommt natürlich auf die Apfelsorte an), ein wenig säuerlich, gedanklich notieren. Bei Birne dagegen mild, weicher, süßer, wenn sie gelb und reif ist, sogar aromatisch im Kopf behalten. Zitrone und Grapefruit riechen zitrusartig, aber deutlich unterschiedlich. Das Grünzeug hat einen herben Duft, eben nach grünen Pflanzen und Kräutern, irgendwie etwas nach Chlorophyll (obwohl das nicht riecht). Die Nesseln duften fast aufdringlich, erinnern leicht an Katzenklo.
3. Jetzt Gruppen bilden. Vorschlag:
   • fruchtig: obstig – süß-aromatisch – zitrusartig
   • pflanzlich: grasig – kräutrig – herb – streng

Rotwein-Schnüffelkurs

Mögliche Aromazutaten:

1 Hand voll leicht zerdrückte Beeren (frische oder tiefgekühlte Himbeeren, Erdbeeren, rote und schwarze Johannisbeeren – ersatzweise 1 TL Cassis-Likör)
2 Dörrpflaumen in kleinen Stücken
1 Stück grüne Paprikaschote
1 TL getrocknete Champignons
ein paar neutrale, auf der Herdplatte braun geröstete Holzspäne (z. B. von einem unlackierten Bleistift)
2–3 Karamellbonbons
1 Stück Vanilleschote (etwa 2 cm)
3 Gewürznelken
3 schwarze Pfefferkörner

Zubereitung:

1. Alles nach Grundrezept Schritt 1–3 vorbereiten und für Rotweinaromen ziehen lassen.
2. Dann losschnüffeln und wie bei den Weißweinaromen benennen. Bei manchen ist das jetzt schon ganz schön schwierig oder der Wein scheint gar nicht anders zu riechen als ohne Aromazutat. Dann das Glas einfach beiseite stellen und später noch einmal probieren. Vor allem bei den Holzspänen (sie stehen für Weine, die in gerösteten Holzfässern gelagert wurden) hat sich schon mancher die Nase wund gerochen. Wenn die Späne nicht ordentlich gebräunt wurden, riechen sie eigentlich nur nach nassem Holz. Auch eine interessante Erkenntnis.
3. Wieder versuchen, die Düfte bestimmten Gruppen zuzuordnen. Vorschlag:
   • hellfruchtig: rote Beeren – Himbeeren, Erdbeeren, rote Johannisbeeren
   • dunkelfruchtig: blaue Beeren – schwarze Johannisbeeren, Brombeeren, Dörrpflaumen
   • pflanzlich: gemüsig – grüne Paprikaschote
   • erdig, irgendwie nach Natur: Champignons
   • herb-gewürzhaft: schwarzer Pfeffer, Gewürznelken
   • süß-gewürzhaft: Vanilleschote
   • karamellig: Karamellbonbons, geröstetes Holz

Aromenfamilien

Ich rieche was, doch es fehlen mir die Worte. Dann hilft die Suche bei den Aromenfamilien weiter.

Düfte am »lebenden Objekt« wie auf den Seiten vorher zu erschnüffeln, ist ja ganz lehrreich. Aber jetzt sitze ich vor einem Wein und versuche, seine Aromen zu ergründen. Beeren, ja, rieche ich, aber welche? Irgendwie ist das ganz schön schwierig – auch für Profis. Deshalb erst einmal versuchen, die Eindrücke einem Oberbegriff zuzuordnen. Der könnte »Beeren« lauten – dazu zählen schwarze Johannisbeeren, Brombeeren, Holunderbeeren, auch Pflaumen gehören in die Richtung. Aber die Pflaumen oder Zwetschgen können frisch oder getrocknet sein. Und gekochte Pflaumen riechen wieder anders: vom frischen Kompott bis zu der schwarzen Latwerge, die Großmutter stundenlang kochte, bis sie ganz dunkel und dickflüssig war.

Ein Spickzettel zum immer wieder Nachschauen sind die Aromenfamilien, die Düfte, die jeder aus dem täglichen Leben kennt, in Gruppen (jede hat einen Kasten) einsortiert. Z. B. Blütendüfte, die immer schwer zu benennen sind (wissen wir ja schon, dass wir uns den Fliederduft nicht merken können). Drum ist es ja auch so wichtig, das »Duftgedächtnis« ständig zu trainieren.

Die Aromen in den Kästchen sind als »Checkliste« oft noch feiner untergliedert – so kann der Duft nach Äpfeln an süße Delicious denken lassen. Oder an herb-säuerliche Boskop. Ein ungeschälter Apfel riecht auch ganz anders als ein in Stücke geschnittener, der eine Zeit lang herumgelegen ist.

Ein bestimmter Wein riecht aber nicht nur nach einem Obst oder einer Blüte. Je feiner und vielfältiger sein Duft, aus umso mehr Kästchen müssen wir sein Aroma zusammensetzen. Zum Schluss kommt dann eine bunte Aufzählung aus vielen Eindrücken heraus, die uns der Wein in der Nase hinterlässt. Faustregel: Je mehr Aromen in der Nase, umso mehr Aromen auf der Zunge. Und wenn beides zusammenpasst, haben wir einen runden, »harmonischen« Wein vor uns.

Am Rande bemerkt: Diese Art, Weindüfte zu beschreiben, benutzen auch Experten, um sich miteinander verständigen zu können. Ihre Hilfe: das »Aromarad«. Dazu gibt's mehr Infos im Internet (siehe Adressen auf Seite 157).

Ein Beispiel aus der Praxis: Zum Aroma eines Weines passen aus dem Kästchen »Obst & Beeren« die Duftnoten »Äpfel, weiße Pfirsiche, Aprikosen« und aus der Rubrik »Blüten« die »Rosen«. Kommt dann im Geschmack noch eine deutliche Säure dazu, wird klar: das kann eigentlich nur ein Wein aus Riesling-Trauben sein. (Siehe auch Rot- und Weißweinspiele auf den Klappen.) Die Summe der Düfte ist also ein Hinweis darauf, was für einen Wein wir im Glas haben, denn jeder Wein hat ein bestimmtes Aromenmuster, sozusagen einen genetischen »Fingerabdruck«.

Noch mal zur Erinnerung, damit das Ganze wirklich in Fleisch und Blut übergeht: Die Düfte sind der Schlüssel zum Geschmack. So wie ein Wein riecht, schmeckt er in der Regel auch, weil eben das meiste, was wir als »Geschmack« wahrnehmen, über das Riechorgan in der Nase aufgenommen wird. Im Prinzip bräuchten wir nur an einem Wein zu riechen und wüssten dann, wie er schmeckt. Aber das wäre ja langweilig.

Die Aromenfamilien:

Blüten

Wird auch »blumig« oder »floral« genannt. Die Düfte, die an intensiv riechende Blumen erinnern.

Akazienblüten
Flieder
Geranien
Holunderblüten
Jasmin
Kamillenblüten
Lindenblüten
Rosen
Veilchen
Zitrusblüten (Orangenblüten)

Pflanzen

Heißt auch »vegetativ«. Aromen, die an verschiedene Gemüsesorten, zerriebene frische Blätter und Salat denken lassen.

Artischocken
Bohnen (grüne)
Brennnesseln
Brombeerblätter
Eukalyptusblätter
Farn
Gras (frisches, Heu)
Holunder (Rinde, Mark)
Lorbeerblätter
Minze
Möhren (geraspelte)
Oliven (grüne, schwarze)
Paprikaschoten (grüne, rote)
Rucola
Spargel (weißer, grüner)

Obst & Beeren

»Fruchtige« Aromen nach frischem oder gekochtem Obst und nach Trockenfrüchten (riechen meist süßer, honigähnlicher als frische).

Ananas
Äpfel (gelbe Delicious, herbe Boskop, braune
   Apfelstücke)
Aprikosen
Bananen (grüne, reife, matschig-braune)
Brombeeren
Erdbeeren
Himbeeren (frische, Himbeerbonbons)
Holunderbeeren
Johannisbeeren (rote, schwarze)
Kirschen (rote, schwarze, Sauerkirschen)
Melonen (Honigmelone)
Pfirsiche (gelbe, weiße, Weinbergpfirsiche)
Zitrusfrüchte (Zitronen, Grapefruit, Mandarinen)

Gekochte Früchte, Trockenobst
Getrocknete Feigen
Konfitüre (Erdbeeren, Kirschen)
Obstkompott
Pflaumenmus (Latwerge), Dörrpflaumen
Rosinen

Küche, Gewürze & Nüsse

Alles, was aus Kochtopf oder Gewürzschrank riecht. Auch Röstaromen von Toast, Kaffee und Karamell.

Anissamen
Brot (Toast, geröstetes Brot, Brotrinde)
Butter (frische, zerlassene, ranzige)
Essig (heller, Aceto balsamico)
geröstete Kastanien (Maroni)
Gewürznelken
Haselnüsse
Honig
Kaffee (Kaffeebohnen, Espresso)
Karamellbonbons
Knoblauch
Kohl (gekocht)
Lakritz
Mandeln (geschälte, geröstete, bittere, Amaretti)
Pfefferkörner (schwarze, weiße, grüne)
Sauerkraut
Salzgurken
Schokolade
Sojasauce
süßes Gebäck (Kekse, Vanillehörnchen, Brioche)
Walnüsse
Zimt

Sonstiges

Die »animalischen« Düfte vom Bauernhof, Aromen von Holzfass, Rauch und Tankstelle.

Erde (feuchte Walderde, Pilze, trockener Staub)
Grafit (Bleistiftmine)
Gummi (schwarzer (Autoreifen), roter (Gummiringe))
Harz (Zedernholz (Bleistift), Pinienzapfen, Fichten-
   nadeln, Terpentin, wilde Mittelmeerkräuter)
Hefe
Karton, Papier (nass)
Plastik
Rauch (Holzrauch, Tabakrauch)
Streichholz (frisch angezündet)
Tabak (Zigarre)
Tankstelle (Benzin, Diesel)
Teer
Tiere (Kühe, Pferde, feuchtes Fell, Schweiß, Leder,
   rohes Fleisch)
Tinte (blaue, schwarze, Tusche)

Jeder Duft hat eine Farbe

Dass Farbe beim Wein wichtig ist, hat jeder schon gehört. Aber sollen Düfte auch noch bunt sein?

Über die feinen Düfte, die aus einem Weinglas steigen, kann man stundenlang grübeln und diskutieren. Mit sich selbst oder mit anderen. Die Aromenfamilien (siehe Seite 16) sind schon eine ganz gute Methode, um das, was die Nase erschnüffelt hat, in Worte zu fassen. Aber zum Schluss kommt dabei nur eine Ansammlung von Informationen heraus, die zwar die Duftfülle zeigen und vermuten lassen, welcher Wein aus welcher Rebsorte gerade im Glas ist, aber eigentlich noch kein richtiges Bild im Kopf ergeben. Ein bisschen näher kommt man dem mit den »duftenden 17« auf den Seiten 22/23.

Ein Duft erzeugt als erstes die Reaktion, dass wir ihn als angenehm, unangenehm oder neutral empfinden. Erdbeerduft ist schön (selbst bei einem künstlichen Fruchtjoghurt), der Geruch nach nassem Hund oder Katzenklo ist »igitt« (jedenfalls für alle Nicht-Hunde-oder-Katzenhalter). Neutral ist für viele Holz, Erde, Kunststoff, allerdings spielen da schon wieder sehr viele persönliche Erinnerungen mit, wie ein solcher Duft bewertet wird.

Ein Bild entsteht aus Farben und Formen. Das Bild eines Weines entsteht aus Düften und Aromen. So könnten wir doch die Bilder, die ein Wein aus Erinnerungen und Assoziationen wachruft, zu malen versuchen. Zumindest sprachlich, dass wir uns besser an bestimmte Weine erinnern können. Eine Essenz bilden aus den Eindrücken beim Riechen und Probieren.

Mein Schornsteinfegerwein

Also einfach den Wein einmal anders erschließen. Mit allen Sinnen – Aussehen, Farbe, Aromen in Nase und Mund. Sich leiten lassen von der Farbe, die der Duft in uns aufleuchten lässt. Ehe es zu kompliziert wird, ein Beispiel: Nehmen wir mal an, ein Wein riecht nach Ruß, Rauch und etwas Teer. Woran denke ich (nur ich!) dabei? An einen Schornsteinfeger. Also sage ich zu dem Wein, er »riecht schwarz wie ein Schornsteinfeger«. Und so denke ich vielleicht beim nächsten Valpolicella Classico Superiore (dieser Wein war nämlich im Glas) wieder daran, dass er mich doch schon einmal an einen Kaminkehrer erinnert hat. Ein anderer Wein, z. B. ein reifer, fülliger Chablis aus Frankreich, duftet nach gelben rei-fen Äpfeln, Quitten und Mirabellen mit roten Pünktchen – und das ist für mich »Sonnengelb«. Und diese Farbe werde ich immer mit einem guten Chablis verbinden.

Es gibt Düfte, die ergeben (für mich!) zusammen die Farbe »Himbeerrot« wie ein Rotwein aus dem spanischen Kastilien mit seinem Geruch nach warmen roten Himbeeren und Kirschen, ein paar Johannisbeeren und der Erinnerung an die roten Drops, die wie Himbeeren aussehen. »Kirschrot« – so riechen Kirschen, Holunderbeeren, Sternanis und getrocknete Bananen wie bei einem Tautavel von den Côtes du Roussillon Villages aus Frankreich. Mehr »Dunkelrot« dagegen ist ein Nero d'Avola aus Sizilien, der riecht schon fast »Schwarz« und schmeckt auch »Schwarzrot«. Diese Farbe verbinde ich auch mit einem Chianti Classico, der kriegt dann noch das Etikett »geheimnisvoll« verpasst. »Schokofarben« riecht ein Sagrantino di Montefalco aus Umbrien: warm, weich, schokoladig, ein bisschen nach Marzipan und Bittermandeln. Und so schmeckt er dann auch. »Schokoladig-Kaffeeschwarz« duftet für mich ein älterer Cabernet-Sauvignon aus Chile, der die Aromen von schwarzer Bitterschokolade, Kakao, Kaffee, Lakritz und Teer vereint. Und richtig »Tiefschwarz« ein Rotwein aus der Tempranillo-Traube, der mich an Dörrpflaumen, an schwarze Pferde und schwarzen Gummi denken lässt.

Ein paar Farbendüfte – und die Weine dazu

Die Idee, die Summe der Aromen zu einem farbigen Bild verschmelzen zu lassen, kann sicher nicht jeder nachvollziehen. Deshalb auf der Seite nebenan nur als Anregung die Verbindungen von einer Farbe mit den dazugehörenden Düften und einigen Weinbeispielen. Als »Spielwiese« für den eigenen Forscherdrang sozusagen.

Gelb

Ananas, reife Mirabellen, gelbe Birnen, Biskuits, Eierkuchen, Honig: z.B. Chenin-Blanc-Weine aus Südafrika, Elbling-Weine von der Mosel; »Hellgelb« und duftig wie ein Zitronenfalter: Orvieto Classico aus Umbrien, Arneis aus dem Piemont

Sonnen- oder Honiggelb

Mirabellen, Aprikosen, Quitten, Biskuit, Vanille, Honig: z.B. Chablis aus Frankreich, Vermentino aus Sardinien, Riesling-Weine aus der Pfalz

Gelbgrün

Ananas und grüne Äpfel, Toast: z.B. Riesling-Weine aus Rheinhessen

Grün

Grüne Paprikaschoten, Brennnesseln, Kräuter der Provence: z.B. Syrah-Weine aus dem Languedoc

Lachsrosa

Hellrote Beeren, Himbeerbonbons, Frühsommer-Kirschen, frisches Lachsfilet: z.B. Spätburgunder Rosé aus Baden

Kirschrot

Kirschen, Johannisbeeren, Holunderbeeren, Sternanis, getrocknete Bananen: z.B. Tautavel, ein Côtes du Roussillon Villages aus Frankreich, Tempranillo aus Argentinien

Himbeerrot

Warme rote Himbeeren und Kirschen, etwas Johannisbeeren, Himbeerbonbons: z.B. Rotwein aus Kastilien, Cabernet-Merlot-Cuvée aus Rumänien, Bardolino aus Venetien

Brombeerrot

Brombeeren, Konfitüre, Kirschlikör, Schlehen, Holunder: z.B. Cabernet-Franc-Rotweine von der Loire, Rosso Conero aus den Marken

Veilchenblau

Himbeeren, Erdbeeren, Veilchen, Lakritz: z.B. Beaujolais von der Côte de Brouilly, Bourgogne von der Côte-d'Or, St. Magdalener Classico

Schwarz-wild

Schwarze Johannisbeeren, Cassis-Likör, Teer, schwarzer Gummi: z.B. Cabernet-Sauvignon und Merlot aus Südafrika, Rotweine aus Fronton, Nero d'Avola und Syrah aus Sizilien, Chianti Classico aus der Toskana

Tiefschwarz

Reife schwarze Johannisbeeren, Cassis-Likör, Rauch, Asche, Teer: z.B. große Bordeaux-Weine aus Frankreich, Refosco aus dem Friaul, Rupicolo aus Apulien, Tempranillo aus Kastilien, Cabernet-Sauvignon aus Chile

Grashalme

Dörrpflaumen

Johannisbeeren

Kaffeebohnen

Bananen

Zigarren

Biskuits

Stachelbeeren

Farnzweige

Pfefferkörner

Schokolade

Brombeeren

Äpfel

die
duftenden
17
von Apfel bis
Zigarre

Bleistifte

Himbeeren

Vanilleschoten

Paprikaschoten

Grashalme

Ein »grüner« Duft, den man erschnuppern kann, wenn ein Rasen gemäht wird. Liegt das Gras zum Trocknen aus, wird es zu Heu und hat dann ein eher erdiges, mineralisches Aroma. Ein Geruch nach frischem Gras ist typisch für Weißweine aus Sauvignon-Blanc-Trauben. Auch Weißweine aus Grünem Veltliner- und Trebbiano-Trauben sowie der Bianco di Custoza aus Venetien duften danach, ebenso die weißen Bordeaux- und Graves-Weine. Markante Grasnoten haben auch manche rote Cabernet-Sauvignon-Weine aus Südtirol und Venetien. Nach Heu riechen vor allem Weißweine aus der Silvaner-Traube.

Dörrpflaumen

Ein »tiefschwarzes« Aroma von getrockneten Pflaumen oder Pflaumenmus, ein bisschen an Lakritze erinnernd. Kommt oft in Rotweinen aus Cabernet-Sauvignon-, Cabernet-Franc-, Syrah-/Shiraz- und Tempranillo-Trauben vor, vor allem, wenn sie etwas älter sind. Auch in Barbera, reifen Chianti Classicos und alten Burgunder-Weinen zu finden, ebenso in Rotweinen aus den Sorten St. Laurent (Neusiedlersee), Blauer Zweigelt und Zinfandel. Sehr typisch für Rotweine aus Südwestfrankreich (Bergerac, Frontonnais), die nach einigen Jahren der Lagerung ein kräftiges Dörrpflaumenaroma entwickeln.

Johannisbeeren

Das »tiefdunkle« oder »schwarze« Leitaroma der Rotweine aus Cabernet-Sauvignon-Trauben, meist zusammen mit dem Duft weiterer dunkler Sommerfrüchte. Der Duft gekochter Beeren erinnert an den schwarzen Johannisbeerlikör Cassis. Auch spanische Tempranillo oder südafrikanische Pinotage riechen nach den schwarzen Beeren, es ist fast ein Universalaroma der Rotweine. Die Duftnote »Cassis-Llikör« kommt vor allem bei aromatischen Rotweinen (z. B. aus Australien) vor. Es gibt allerdings auch bei Weißweinen (Sauvignon Blanc und Scheurebe) einen Duft nach schwarzen Johannisbeeren.

Kaffeebohnen

Ein »dunkelbraunes« Aroma nach gerösteten Kaffeebohnen, einer Tasse Mokka oder Espresso, das oft durch die Lagerung in kleinen Holzfässern (Barriques) in den Wein kommt. Vor allem bei Rotweinen zu finden. Spanische Tempranillo-Weine verströmen auch ohne Barrique einen typischen Duft nach Kaffee- oder gerösteten Kakaobohnen, auch ein Merlot aus dem Friaul riecht deutlich nach Kaffee. Ein bisschen wie Espresso schmecken sogar die Rotweine aus der Region Bourgueil von der Loire. Süßere Noten nach Kaffeelikör oder Kaffeebonbons haben die Süßweine (Banyuls, Maury, Rivesaltes) aus dem Roussillon.

Bananen

Der »gelbe« Duft reifer Bananen ist häufig bei jungen Weißweinen (Chardonnay, Riesling, Grauburgunder/Pinot Grigio, Sauvignon Blanc und Gutedel/Fendant/Chasselas) zu finden. Nach halbreifen Bananenschalen kann ein Sauvignon Blanc riechen, wenn die Trauben zu früh geerntet wurden. Bei älteren Weißweinen deutet ein Geruch nach überreifen Bananen auf einen Weinfehler hin. Zarten Bananenduft verströmen auch Rotweine wie ein Beaujolais Primeur aus Frankreich und Pinotage-Weine aus Südafrika, seltener deutsche Spätburgunder. Ein Aroma nach getrockneten schwarzen Bananen ist typisch für einen Tautavel-Rotwein aus dem Roussillon.

Zigarren

Ziemlich kontrovers aufgenommener Duft (je nachdem, ob man Raucher oder Nichtraucher ist), »dunkelbraun« bis »schwarzrauchig«, reicht von Tabakblättern über Zigarrenkiste bis zu schwelender Zigarre. Ebenfalls ein Aroma aus dem Holzfass, z. B. in Rotweinen aus dem Languedoc, aus Cahors und Madiran (Südwesten von Frankreich). Bei manchen Montepulciano d'Abruzzo, Nero d'Avola aus Sizilien und kräftigen Südtiroler Vernatsch- und Lagrein-Weinen ist auch etwas kalter Zigarrenrauch dabei. An frischen Rauch erinnern Rotweine aus Navarra in Nordspanien (Rebsorten Cabernet-Sauvignon und Tempranillo).

Biskuits

»Goldgelber« Duft, der an Toastbrot, Vanillekipferl oder anderes Süßgebäck denken lässt. Auch süße Pfannkuchen gehören in diese Aromaschublade. Vor allem in Weißweinen, z. B. Rieslingen aus reif geernteten Trauben, weißen Burgunder-Weinen, Chardonnays wie Chablis, Frascati Superiore, Chenin Blanc aus Südafrika, Colombard aus Australien zu finden, wobei eine Lagerung des Weines in Barriques noch einen Butter-Honig-Ton (wie bei frischen Brioches) beisteuert. Aber auch einfache Rosé- und feine Rotweine (wie ein Château Margaux) können Duftnoten nach Biskuit oder Zwieback haben.

Stachelbeeren

Eine recht »grüne« Duftnote von Weißweinen, vor allem solchen von der Rebsorte Sauvignon Blanc, die z. B. hinter den französischen Regionennamen »Sancerre«, »Pouilly-Fumé« und in weißen Bordeauxweinen steckt. Bei Weinen aus Australien und Neuseeland ist es einfacher, hier steht diese Rebsorte auch auf dem Etikett. Bei Weinen aus dem spanischen Gebiet Rueda, bei anständigen Rieslingen (Deutschland, Österreich/Wachau) und auch bei Gutedel-Weinen aus Baden (Markgräflerland) tauchen oft die Aromen von reifen Stachelbeeren auf, die weicher und »gelber« wirken.

Farnzweige

Schwer zu beschreibendes Aroma. Falls kein Farn zum Riechen da ist, im Parfumgeschäft nach einem »farnigen« Duft fragen. Obwohl das eine sehr »grüne« Note ist, kommt sie häufig bei Rotweinen aus Cabernet-Sauvignon- und Merlot-Trauben vor. Bei Weißweinen (Riesling und Sauvignon Blanc) wirkt der Duft »frisch-grün«. In der Nähe liegt der Duft nach grünen Blättern, der für Sancerre- und weiße Graves-Weine charakteristisch ist. Noch intensiver ist der Geruch von Ginster oder sogar Brennnesseln, der bei Weißweinen aus der Rebsorte Colombard und bei Rotweinen aus dem Languedoc vorkommt.

Pfefferkörner

Ein »schwarzer«, würziger Duft, der manchmal an feuchtes Holz oder an Kork denken lässt. Häufig bei Rotweinen aus den Rebsorten Syrah/Shiraz (vor allem aus Australien), Grenache, Gamay, Mourvèdre (steckt in Rotweinen aus der Provence, dem Languedoc und Roussillon), Brunello di Montalcino (Toskana), Negroamaro (Apulien), Nero d'Avola (Sizilien) und teilweise auch bei Cabernet-Sauvignon (vor allem im Médoc bei Mischungen von Cabernet-Sauvignon mit Merlot und anderen). Bei Weißweinen haben Grüne Veltliner (Österreich) und frische Weiß-burgunder aus Südtirol einen pfeffrigen Ton.

Schokolade

Ein »dunkelbrauner« Duft, ein Röstaroma, das vor allem in Rotweinen aus Barriques vorkommt. Reicht von Milchschokolade über Nougat bis Zartbitterschokolade. Auch die Kombination aus dunkler Schokolade und »Kirschen in Kirschwasser« kommt gar nicht selten vor. Den Schokoduft findet man in den meisten großen Rotweinen (Bordeaux) und in vielen Weinen aus warmen Gebieten. Vor allem die Rebsorten Cabernet-Sauvignon, Merlot und Syrah/Shiraz duften schokoladig. Der Bitterschokoladenton ist typisch für ältere Rotweine aus dem Médoc und Cabernets aus Australien.

Brombeeren

Ein »dunkelroter« voller Duft nach schwarzen Beeren, wie wenn sie am Strauch in der Sonne schmoren. Auch Brombeerkonfitüre riecht so, wenn sie erhitzt wird. Klassischer Rotweinduft von Shiraz-/Syrah-Weinen, auch bei Merlot-Weinen zu finden. Fast alle guten Borceaux-Weine (aus einer Mischung von Merlot-, Cabernet-Sauvignon- und Cabernet-Franc-Trauben hergestellt), Chianti und Rotweine von der südlichen Rhône riechen unverkennbar nach Brombeeren. Der Duft guter deutscher Rotweine aus Spätburgunder- und spanischer aus Tempranillo- oder Monastrell-Trauben erinnert deutlich an Brombeeren.

Äpfel

Der Duft der einzelnen Sorten ist unterschiedlich. Die Schale riecht anders als das Fruchtfleisch, frische anders als braun angelaufene Stücke. Der »grüne« Apfelduft ist typisch für junge Rieslinge, aber auch für Weißweine aus Chardonnay-, Chasselas- und Pinot-Blanc-Trauben sowie für spanischen Sekt (Cava). Reif und süß wie Cox Orange riechen Pinot-Bianco-Weine aus Norditalien. An herben Boskop erinnern Weine aus der Elbling-Rebe von der Mosel. Manche Weißweine und auch Rotweine, die zu lange gelagert wurden, riechen und schmecken tatsächlich nach braunen Apfelstücken.

die duftenden 17
von Apfel bis Zigarre

Bleistifte

Ein unlackierter Bleistift besteht aus würzig duftendem Holz (Zedernholz, wie Zigarrenkisten) und der Mine aus Grafit, die samtig-metallisch riecht. Der leicht harzige »hell-braune« Holzduft ist typisch für nicht zu junge Rotweine aus Cabernet-Sauvignon- und Syrah-/Shiraz-Trauben sowie für viele Bordeaux-, Roussillon- und Rioja-Weine, die in Holzfässern reifen. Auch in norditalienischen Rotweinen und in Weinen aus der Rebsorte Primitivo (Apulien) oder Nero d'Avola (Sizilien) ist der Duft zu entdecken. Die Grafitnote haben französische Rotweine aus dem Roussillon und von der Loire (aus der Rebsorte Malbec).

Himbeeren

Ein »hellroter« Duft nach den Beeren oder – intensiver – nach Himbeerbonbons. Kommt häufig in jugendlichen Rotweinen aus der Traubensorte Pinot Noir/Spätburgunder vor, ein Burgunder (Bourgogne) duftet manchmal wie ein ganzer Himbeerbusch. Auch im Tavel, einem Rosé von der nördlichen Rhône, und in Gamay-Weinen wie bei allen Beaujolais findet man das Aroma und – zusammen mit dem Duft nach schwarzen Beeren – in Syrah-/Shiraz-Weinen. Bonbons riecht man ebenfalls bei einem Beaujolais und oft bei Württemberger Trollingern, Lembergern oder Weinen aus der Rebsorte Schwarzriesling

Vanilleschoten

Ein »karamellfarbenes«, süßliches Aroma, das vorwiegend von der Lagerung der Weine in kleinen neuen Holzfässchen (Barriques aus französischer Eiche) herrührt. Da viele Winzer heute ihre besten Rotweine aus Spätburgunder-, Cabernet-Sauvignon- und Merlot-Trauben in solchen Fässern ausbauen, kommt der Duft weltweit bei teuren Weinen häufig vor. Vor allem aber bei den großen Bordeaux-Weinen aus Frankreich. Auch Weißweine aus der Rebsorte Chardonnay (wie Chablis und Viré-Clessé aus dem Burgund) oder Rieslinge lagern oft im Barrique und riechen dann nach Vanille.

Paprikaschoten

Ein »grüner«, gemüsiger Duft von zerkleinerten Paprikaschoten, der manchmal an »grüne Chilis« erinnert. Bei Sauvignon-Blanc- und Pinot-Blanc-/Weißburgunder-Weinen ein sehr ausgeprägtes Aroma, auch bei den Rebsorten Riesling, Grüner Veltliner (Österreich) oder Chardonnay sowie Sancerre-Weinen von der Loire zu erschnuppern. Bei jungen Rotweinen sehr häufig ein Kennzeichen dafür, dass die Traubensorte Cabernet Franc darin steckt, z. B. bei Weinen aus dem Languedoc und auch Cabernet-Sauvignon-Weinen aus Venezien. Grüne Chilinoten entdeckt man in Pinotage-Weinen aus Südafrika.

Wein erleben

Wein ka

Flaschenpost aus aller Welt im Regal

ufen

Die Tüte Spaghetti, die Packung Garnelen, das Stück Blauschimmel-
käse im Regal – alles original international. Und dazu gleich noch
ein Fläschchen guten Wein, steht ja genug davon hier rum. Ein Roter
aus Italien, ein Weißer aus Neuseeland, ein Süßer aus Frankreich ...
Flaschenpost aus aller Welt, die Auswahl ist riesig. Nur, wie finde ich
da den Wein, der mir schmeckt? Flasche aufmachen und probieren –
schlecht möglich im Supermarkt. Und nach Etikett einkaufen geht
oft genug daneben.

Einfach kaufen und ausprobieren. Nur wer Fehler macht, kann
etwas lernen. Und beim Wein gibt es wirklich reichlich in Erfahrung
zu bringen. Nur Mut und gleich loslegen. Aller Anfang ist schwer?
Nicht beim Wein. Aber ok, lasst uns erst mal drüber sprechen.

Südtiroler Weinsuppe

Für 4 Winzer nach einem Tag am Berg:

2 Vortagssemmeln entrinden und in kleine Würfel schneiden. Die Würfel in der Pfanne in 2 EL schäumender Butter bei geringer Hitze rösten, bis sie leicht gebräunt und knusprig sind. 1/2 TL Zimtpulver drüberstreuen und die Pfanne vom Herd nehmen. 3/4 l kalte kräftige Fleisch- oder Gemüsebrühe mit 1/4 l Weißwein (z.B. Südtiroler Weißburgunder oder Chardonnay), 200 g Sahne und 3 Eigelben im großen Topf verquirlen. Bei mittlerer Hitze langsam heiß werden lassen und immer weiterrühren, damit das Ganze cremig-schaumig wird. Dampfen soll's, aber nicht kochen (sonst gerinnt das Ei). Die Suppe mit Salz, Pfeffer und 1/2 TL Zimtpulver würzen, auf Suppenteller verteilen und mit den Zimtbrotwürfeln garnieren. Schmeckt urgemütlich!

Ein Winzer rechnet vor

Was kostet ein Weinberg?

Friedhelm Rinklin, Bio-Winzer am Kaiserstuhl: »Kommt drauf an – auf die Parzellengröße, den Schnitt des Grundstücks, die Erreichbarkeit und ob alles flurbereinigt ist. Grob überschlagen muss man mit 50.000 Euro pro Hektar (= 10.000 Quadratmeter) rechnen. Für meine fünf Hektar wäre damit heute eine Viertelmillion Euro fällig – ohne Reben. Eine Pflanze kostet ca. 1,30 Euro und man braucht je nach Pflanzabstand etwa 4.200 Pflanzen pro Hektar. Das wären bei mir über den Daumen noch mal 27.000 Euro. Dazu kommen Drahtanlage, Pfähle und solche Dinge. Pauschal um die 20.000 Euro pro Hektar kostet so ein Anlage, inklusive der Kosten für die dreijährige Anbauzeit bis zur ersten Ernte.« Macht zusammen etwa 377.300 Euro für Herrn Rinklins Weinberg.

377.300

Das Glas

Ein durchsichtiges Glas ist zum Weintrinken prima geeignet, weil man erkennen kann, welchen Farbton der Wein hat und ob er klar oder trübe ist. Südländer nehmen gern Gläser wie auf dem Titel, die wir für Wasser verwenden würden. Einfache Tafelweine schmecken daraus allerdings wunderbar.

Will man sich mehr mit Wein beschäftigen, sollte das Glas besser dafür geeignet sein. Für Weinproben gibt's ein genormtes (DIN-)Glas - tulpenförmig und mit bauchigem Kelch -, was die Aromen besonders gut in die Nase und den Mund kommen lässt. Am meisten überrascht hat die Entwickler dieser Glasform, dass darin sowohl Weiß- als auch Rotweine gleichermaßen gut zur Geltung kommen und dass es auch für Sekt und Champagner optimal ist. Ein Glas, nicht nur für Profis. Jeder kann es bestellen (siehe Adressen auf Seite 157).

Neffe Andys Weingeschichten

Wein hat mich früher kaum interessiert, woher auch. Zum Essen gab's Cola oder auch Mineralwasser. Bis ich entdeckt hab', dass Wein prima zu Pizza passt: Also wir – mein Freund und ich – fahren zum Discounter, aldiweil der die besten Fertigpizzen hat. Auf dem Weg zur Tiefkühltruhe müssen wir am Wein vorbei. Mir ist so nach Urlaub – da könnten wir doch einen Rotwein ... Klar, einen Italiener, gibt ja Pizza. »Sangiovese di Romagna« steht da. Klingt nicht schlecht, also rein in den Einkaufskorb damit.

Nach Hause, Pizza in den Ofen und Wein aufgemacht. Gar nicht so einfach. Das Plastikding obenrum mit dem Messer aufgeschlitzt und abgerissen. Ein Korkenzieher ist wenigstens im Haus, und der funktioniert auch. Ein knackiges Plopp und im Nu sind die Gläser gefüllt, die Pizza ist auch fertig. Und passt doch: Der Wein schmeckt wie rote Beeren, ein bisschen säuerlich, aber dafür nicht wie Cola. Den Freak tät's wohl schütteln, aber wir sind begeistert. Flasche geleert und ganz schön albern gefühlt. Da müssen wir wohl noch trainieren, damit uns so 'ne Bottel Roter nicht gleich aus den Turnschuhen haut.

Mein Onkel, der packt schon mal eine ganze Flasche zum guten Essen. Und hält sich für einen Kenner. Als ich ihm von unserem Pizzawein erzähle, grinst er. Meinte, wir hätten den Wein vorher dekantieren sollen. Was'n das? Wein in eine Karaffe umfüllen, damit er Luft bekommt, erklärt er. Ach komm jetzt, bei einem Sangiovese zur Pizza! Oops, jetzt spreche ich ja selbst schon wie ein Weinkenner.

Bastelstunde
Süß und sauer

Das brauche ich:
50 g Zucker (normaler weißer Haushaltszucker)
15 g Zitronensäure (aus der Apotheke)
frisches Leitungswasser
genaue Waage und Messbecher

Das mache ich:
Den Zucker und die Zitronensäure genau abwiegen und jeweils in 1 l Wasser rühren und auflösen lassen, bis keine Körnchen mehr zu sehen sind. 6 Gläser bereit stellen.

Erste Probierreihe vorbereiten:
Glas 1: die angerührte Zuckerlösung einfüllen. Glas 2: 100 ml Zuckerlösung und 100 ml Wasser eingießen. Glas 3: 100 ml Zuckerlösung mit 200 ml Wasser verdünnen.

Zweite Probierreihe vorbereiten:
Glas 1: die angerührte Zitronensäurelösung einfüllen. Glas 2: 100 ml Zitronensäurelösung und 100 ml Wasser eingießen. Glas 3: 100 ml Zitronensäurelösung mit 200 ml Wasser verdünnen.

Jetzt testen, wie die Lösungen schmecken:
Die Zuckerlösungen entsprechen etwa einem Zuckergehalt von 50 Gramm – 25 Gramm – 12,5 Gramm Zucker pro Liter Wasser. Wäre es Wein, würde man dazu sagen: süß, mild und halbtrocken.

Die Zitronensäurelösungen haben etwa einen Säuregehalt von 15 Gramm – 7,5 Gramm – 3,75 Gramm Säure pro Liter Wasser. Zum Vergleich: ein deutscher Riesling enthält ca. 7 Gramm Säure pro Liter. Ein Riesling mit 5 Gramm Säure schmeckt fade.

Und was passiert, wenn wir nun einen Teil Zuckerlösung (Glas 1 der ersten Probierreihe) mit der gleichen Menge Zitronensäurelösung (Glas 1 der zweiten Probierreihe) mischen und testen? Das würde etwa einem Wein mit 25 Gramm Zucker und 7,5 Gramm Säure entsprechen. Aha, drum lassen die Winzer gern etwas Süße in ihren Rieslingen!

Wo bitte geht's zum Wein ?

Auto volltanken und einen Prosecco aus der Kühlung mitnehmen. Öko-Steak kaufen und gleich den Bio-Wein dazu in den Korb legen. Alles ist möglich, aber nicht alles ist gut.

Goldregeln für den Einkauf

1. Regel: Und scheint das Schnäppchen noch so verlockend – erst mal nur eine Flasche mitnehmen und probieren. Schmeckt er, gleich die Bestände aufkaufen.

2. Regel: Notieren, welcher Wein von welchem Geschäft gut oder schlecht geschmeckt hat (z. B. auf einem kleinen Notizblock, den man immer beim Einkauf dabei haben kann).

3. Regel: Angebote von Discountern sind selten ihr Geld wert. Schmerzliche Erfahrung von vielen Weinfreunden, die immer wieder darauf reingefallen sind.

4. Regel: Beim Weindepot nicht nur die Aktionsweine probieren, sondern auch das klassische Sortiment. Die Flaschen genau ansehen: Meist steht eine Zahl auf dem Etikett. Das ist das Datum, an dem sie geöffnet wurde. Ein oder zwei Tage nach dem Öffnen schmecken die Weine oft besser als nach einer Woche.

5. Regel: Fragen, fragen, fragen. Nur wer immer fragt, wird schlau. Wer sich nicht traut, eine Frage zu stellen, bleibt dumm. Auch Profis können dumme Fragen stellen. Auch Leute, die im Supermarkt arbeiten, trinken Wein.

6. Regel: Wenn ein Weinetikett ein ansprechendes Design hat, könnte auch was Gutes in der Flasche sein. Wer keinen Wert auf äußere Erscheinung legt, macht vielleicht auch keinen feinen Wein.

7. Regel: Misstrauisch sein bei modischem Firlefanz. Blaue Flaschen und verrückte Etiketten sollen Aufmerksamkeit erregen, aber es steckt selten etwas Tolles dahinter.

8. Regel: Vorrat ist besser als Last-Minute-Kauf. Manche Weine schmecken besser, wenn sie wenigstens eine Woche nach dem Einkauf ausruhen können.

9. Regel: Weinbeschreibungen in Werbeprospekten sind meist genauso ernst zu nehmen wie die Wettervorhersage fürs Wochenende.

10. Regel: Mutig sein und auch einmal eine teurere Flasche Wein im Weinfachgeschäft kaufen. Und nach dem Trinken dem Inhaber sagen, ob der Wein geschmeckt hat oder nicht. Wenn nicht, warum nicht. Dann lernt der Weinhändler meinen Geschmack besser kennen.

Äpfel einkaufen ist einfacher, als einen Wein auszusuchen. Da gibt's oft fünf, sechs Sorten, und jede kostet meistens das gleiche. Im Weinregal stehen mindestens 50 Sorten, fühlen und riechen ist da nicht, und die Preise reichen von superbillig bis »erst-mal-Scheine-nachzählen«. Wie erwische ich da den Wein, der mir gerade jetzt schmeckt und in meiner Preisklasse liegt – und wo?

Supermarkt

Ergiebige Quelle für Alltagsweine. Gut sortierte Weinregale. Vor allem die von besseren Kaufhäusern in größeren Städten bieten heute eigentlich fast alles, was sich ein interessierter Weingenießer wünschen kann. Neben billigen Massenweinen gibt es durchaus beachtenswerte Feinheiten. Nachteil: Die Beratung lässt zu wünschen übrig, Weine probieren kann man auch nicht. Also lernt man entweder, die Etiketten zu lesen, oder man packt ein Sortiment einzelner Flaschen zusammen, die von Preis und Herkunftsland interessant scheinen, und probiert sie zu Hause durch. Die Ergebnisse – gute wie auch schlechte – notieren, damit es beim nächsten Einkauf schon wesentlich besser läuft.

Discounter

Nach Zeitschriftenkiosk und Weinverkauf auf Handwerksmessen die drittschlechteste Einkaufsquelle. Es gibt dort zwar keinen wirklich »schlechten« Wein – ein solcher dürfte überhaupt nicht in den Handel kommen –, aber genügend Weine, die gerade noch so durch die Prüfung gekommen sind. Großeinkäufer erwarten eben nur »billig«, nicht »klasse«, und drücken die Lieferanten bis zur Schmerzgrenze im Preis. Deswegen muss der Weinanbieter (nein, da sind keine kleinen Winzer darunter …) große Mengen liefern können, sonst ist sein Angebot nicht interessant. Wer's nicht lassen kann: Weine trotzdem durchprobieren, aber beim ersten Mal nicht mehr als eine Flasche pro Sorte kaufen.

Weindepots

Klasse, in diesen Weinhandlungen mit spezialisiertem Angebot und Probiermöglichkeit kann man einkaufen wie beim Winzer! Alle Weine (naja, zumindest die preiswerten) testen dürfen. Nur das kaufen, was einem auch schmeckt. Das ist doch ein Angebot! Für Neulinge ideale Spielwiese, um mit vielen Weinen vertraut zu werden. Ganz interessant sind oft Aktionstage oder Wein-und-Käse-Verkostungen, bei denen auch bessere Flaschen geöffnet werden. Die Depotleiter haben meist ziemlich Ahnung von den Weinen, ihre Hilfskräfte (die vor allem am Wochenende aushelfen) eher weniger. Aaaaaber! Auch wenn's heißt: Einkauf WIE beim Winzer bedeutet das nicht Einkauf BEIM Winzer. Weindepots haben selten Winzer- sondern meist Genossenschaftsweine. Also eher große Mengen als große Klasse. Trotzdem: DER Tipp für Experimentierfreudige.

Weinboutique

Leider, leider steht beim Einkauf in diesem Weinfachgeschäft die meist nur mühsam zu öffnende Eingangstür und der fachkundige Weinexperte, der nebenbei auch noch Verkäufer ist, zwischen dem Laien und dem Genuss. Erst mit einem gewissen Fachwissen im Hinterkopf wird man als Kunde akzeptiert (Pardon, liebe äußerst kompetente Weinfachverkäufer, von denen jeder viel profitieren kann – es ist leider so!). Also am besten erst mal ein bisschen woanders ausprobieren und dann den Schritt in die Boutique mit den feinen Flaschen wagen. Oder, für Mutige, gleich ins kalte Wasser springen und sich als absoluter Laie outen. Dann kann das eine sehr lange Freundschaft werden.

Weinversand

Per Anzeige in einer Weinzeitschrift oder im Internet (siehe Seite 157) erfährt man von den prima Angeboten (auch Spitzenweine!!) und der großen Auswahl dieser Weinverkäufer. Ein Mausklick, ein Fax – und schon kommt die Kiste Wein direkt ins Haus. Allerdings befinden sich schwarze Schafe genauso häufig wie weiße unter diesen Anbietern. Seriös: Der Versender ist mit vollständiger Adresse vertreten, garantiert die Rücknahme einer Sendung, liefert auf Rechnung und gibt die Versandkosten bekannt (die können nämlich bei kleineren Mengen recht teuer sein).

Waggonweise
Weine

Es gibt wesentlich mehr Wein auf dieser Welt als getrunken werden kann. Und so gut wie jeder will immer besseren Wein genießen, dafür dann aber auch weniger bezahlen.

Bis in die Siebziger des letzten Jahrhunderts gab's zwei Arten von Trinkweinen: preiswerte für jeden Tag und bessere für besondere Gelegenheiten. Wenn etwa die Tante zu Besuch kam, wurde eine teure Spätlese aufgemacht, die war schön mild und schmeckte ihr. Alles war in Ordnung, jeder hatte seine Ruhe. Und dann tauchte eine Erfindung auf, die die gesamte Weinvermarktung beeinflusste – bis heute: der Billigwein.

Wer ist der Größte?

In jenen Siebzigern wurde Wein so populär, dass viele Weinerzeuger dachten, jetzt müsse man wachsen, mehr produzieren, größer und reich werden. Und jeder wollte dabei der Beste sein. Um das zu erreichen, räumte man dem Handel immer mehr Zugeständnisse ein – Rabatte, Superkonditionen. Wein wurde regelrecht verschleudert, der heute selbstverständliche Sonderangebots-Rummel und die große Schnäppchenjagd begannen. Der Wein musste auf einmal vor allem billig und erst dann gut sein.

Um die Flaschen immer preiswerter anbieten zu können, war es nötig, die Herstellung zu rationalisieren. Die Großkellereien wurden immer größer, riesige Vollerntemaschinen angeschafft, Personal wurde rationalisiert und schließlich musste auch am Ausgangsprodukt, der Weinqualität, eingespart werden.

Dazu kamen auch mehr und mehr ausländische Weine in unsere Geschäfte – von tunesischem Rotwein (schön süß und süffig) bis zu australischem –, die für Weingenießer auf

einmal interessant wurden. Die Produktionskosten waren in diesen Ländern niedrig, der Transport billig (gerade mal 0,50 Euro pro Flasche quer über den Ozean mussten locker gemacht werden). Auf der Strecke blieben viele kleine Winzer, die nun nicht einmal mehr das Dach ihres Weinguts reparieren konnten.

Wer Wein macht

Der gemeine Winzer. Er ist die Basis der ganzen Weinentwicklung. Er arbeitet im Weinberg, pflegt seine Rebstöcke, erntet mit der Familie, den Nachbarn und Saisonarbeitern. Verarbeitet die Trauben im eigenen Betrieb zu Wein. Füllt ihn in Flaschen und verkauft ihn. Rund 16.000 Winzer gibt es alleine in Deutschland. Den Wein muss man sich entweder direkt beim Winzer abholen oder in ei-

ner Weinboutique danach suchen wie nach der Stecknadel im Heuhaufen. In die besseren Geschäfte schaffen es höchstens mal hundert von diesen Weinen, die Spitzenklasse. Für die Handelsketten, wo nun mal die meisten Leute ihren Wein einkaufen, ist der gemeine Winzer mit seiner kleinen Produktion völlig uninteressant.

Größere Mengen können Genossenschaften liefern, das sind Zusammenschlüsse von Weinbauern, die ihre Trauben in der Zentrale abliefern und sie zu Wein verarbeiten lassen. Prima, der Winzer hat sein Einkommen, die Genossenschaft kann professionell Wein herstellen, sich gute Winemaker (Önologen) leisten und das Endprodukt erfolgreich vermarkten. Diese Weine sind meist ordentlich, aber natürlich keine Individualisten, denn die Trauben kommen von verschiedenen Weinbauern aus unterschiedlichen Weinbergen.

Die größte europäische Weinbaugenossenschaft sitzt – nein, nicht bei uns, sondern in Italien. Die »Riunite« (Reggio Emilia) ist eine Vereinigung von 26 einzelnen Genossenschaften, die insgesamt 120 Millionen Liter Wein pro Jahr produzieren. Die Hälfte der Menge ist perlender Lambrusco!

Doch die Zeit geht weiter, Individualität ist glücklicherweise wieder gefragt und so leisten sich einige Genossenschaften nun wieder den Luxus, Beeren einzelner kleiner Weinberge (Lagen, in Frankreich heißen sie »Crus«) unvermischt zu Wein zu verarbeiten, oder sie präsentieren »Selektionsweine« aus den besten Trauben ihrer Mitglieder.

Multiweine

Die »Global Player« im Weinmarkt sind Unternehmen, die in jedem Land in vielen Handelsketten vertreten sind. Dazu gehört z.B. das Unternehmen »Baron Philippe de Rothschild SA«. Der skurrile Baron, 1988 verstorben, Besitzer von Château Mouton Rothschild (einer der weltbesten Weine) hatte die geniale Idee, seinen guten Namen weitergehend zu verwerten und füllte die Regale mit einfachen Landweinen aus dem Languedoc, die z.B. »Mouton Cadet«, »Baron' Arques« oder »Baron Philippe de Rothschild Vin de Pays d'Oc« heißen.

Anders als in Europa ist die Weinherstellung in der Neuen Welt organisiert. Große Unternehmen in Australien, Neuseeland und Chile kaufen von Weinfarmern, die oft mehrere hundert oder tausend Hektar Rebfläche bewirtschaften, die Trauben an und verarbeiten sie in Großkellereien. Winemaker kreieren aus einer oder mehreren Traubensorten verschiedener Regionen und Lagen einen bestimmten Weinstil. Die meisten dieser Weine tragen nur die Rebsorten und eine Großregion neben dem Erzeuger auf dem Etikett. So ist es natürlich kein Problem, von einer Sorte mehrere Millionen Flaschen abzufüllen, z.B. »Shiraz Cabernet« darauf zu schreiben, als Lage »Forest Hill« und als Herkunft Australia – beim Discounter für unter 4 Euro zu finden. Vier große Anbieter dominieren die australische Weinbranche und vermarkten ihre Weine nach dem Motto: Produkt verständlich halten und kräftig die Werbetrommel rühren. Im Gegenzug kaufen die Leute Wein wie Bier: nach dem Namen des Herstellers.

Den Brüdern Ernest & Julio Gallo aus Kalifornien gehört das größte Weinunternehmen der Welt. So um die 750 Millionen Flaschen werden in der Gallo Winery jährlich abgefüllt. Mit ihren relativ preiswerten Weinen haben sie auch bei uns die Supermärkte erobert.

Aber bravo, ihnen ist es zu verdanken, dass viele Gelegenheits-Weintrinker auch mal über 4 Euro für einen Wein ausgeben. Auch die südafrikanische Kooperative KWV ist mit fast 4.650 Mitgliedern nicht gerade ein kleines Unternehmen. Lenz Moser (größte Kellerei Österreichs), in fast allen Weinregalen bei uns vertreten, verkauft nicht weniger als 15 Millionen Flaschen im Jahr. Und die griechische Kellerei »Achaia Clauss« kann bei einem Verkauf von rund 20 Millionen Flaschen auch nicht klagen.

Auf sehr vielen billigen Supermarkt-Weinen stehen nur Abfüller (manchmal nicht mal mit Namen, sondern mit der Identitätsnummer), die große Container mit Wein (für weniger als 0,50 Euro pro Liter) ankaufen, mischen und in Flaschen füllen.

Deutsche Tischweine

Hauptmanko deutscher Weine: Es gibt zu wenig gute Massenweine bei uns. Spitzenweine und sehr gute Weine hat Deutschland reichlich zu bieten. Und jeder Großabfüller will lieber ein Prädikat wie Kabinett, Spätlese und Auslese aufs Etikett schreiben als nur »Qualitätsweir«. Aber einfacher »Tischwein« (das Wort wird auf keinem Etikett zu lesen sein!) ist Mangelware. Den findet man höchstens beim Winzer, der sich nicht scheut, auch einen »Haustrunk« anzubieten. Und den er am liebsten selbst jeden Tag zum Essen trinkt.

Supermarkttricks beim Einräumen

Die Weinflaschen werden höchstens bei Tankstellen oder im Tante-Emma-Lädchen noch nach dem Zufallsprinzip ins Regal gestellt. Sonst wird in den Märkten nach psychologischen Erkenntnissen eingeordnet.

1. Trick: Alles, was ins Auge fällt, wird auch am ehesten gekauft, deshalb stehen die teureren Weine in Augenhöhe im Regal. Nach preiswerteren Weinen (beziehungsweise solchen mit der kleineren Gewinnmarge) muss man sich tief bücken oder hoch strecken.

2. Trick: Geschaut wird von links nach rechts. Im linken Regalbereich werden die einfacheren, im rechten Bereich die besseren Weine einsortiert. Meist sind auch noch die schlichteren Weine dicht nebeneinander platziert, damit man sie nicht so leicht anpacken kann, die teureren dagegen mit bequemem Griffabstand zugriffsgerecht bereitgestellt.

3. Trick: Sonderangebote außerhalb der Regale locken zum Spontankauf. Motto: »Ach ja, einen Wein wollte ich auch noch mitnehmen.« Kritisch prüfen, meist sind es anspruchslose Tröpfchen für Sonntags-Weintrinker. Ausnahmen sind in Supermärkten oder Kaufhäusern zu finden, die auch sonst ein besseres Weinangebot haben.

Schnäppchen-weine

Zu verschenken hat niemand etwas. Und manchmal gibt's etwas billiger, was sonst teuer ist. Da möchte man zugreifen. Ob es sich aber auch lohnt? Aufpassen!

Nein, nicht die sensationell superbilligen Angebote sind gemeint, bei denen man gleich noch einen Messersatz dazubekommt, wenn eine ganze Kiste davon auf dem Einkaufswagen landet. Sondern Klasseweine, die unter dem normalen Handelspreis angeboten werden. Da heißt es, genau hinzuschauen, denn nicht alles, was für wenig Geld hergegeben wird, ist auch seinen Preis wert.

Discounter-Crus

Da lockt wieder ein Discounter mit einem Superangebot: »Château Sowieso, Jahrgang 2000undnochwas, Cru Bourgeois Medoc – ein Spitzenwein aus dem Bordeaux für nur Euro 4,99.« Hört sich doch gut an. Ein Wein aus Frankreichs bester Weinregion, auch noch ein »Cru«, das ist doch was Großes. Auf dem Etikett steht auch »Mis en Bouteille au Château«, also von dem Weingut selbst abgefüllt. Wie kann so ein Superwein nur so preiswert angeboten werden?

Jetzt müsste man die Bordeaux-Klasseneinteilung kennen. Nicht jedes Cru ist ein »Premier Cru«, die Spitze der Weingüter. »Cru Bourgeois« kommt über dem einfachen Gebietswein Bordeaux und dem Bordeaux Superieur (mit besserer Qualität und höherem Alkoholgehalt), gehört aber nicht in die traditionelle Klassifizierung der »Crus Classés«. In dieser Regionalliga sind noch alle möglichen Qualitätsstufen versammelt, darunter gute und weniger gute Châteaux, die jetzt erst klassifiziert werden. Interessant wäre also, für welche Qualität gerade dieser Produzent steht.

Aber trotzdem eine Flasche eingepackt und probiert. Notizen: schmeckt fruchtig, rund, nicht sehr intensiv, eine Harmonie ist aber nur in Nuancen zu erkennen. Erinnert an altes Fass und Piraten-Holzbein. Gesamteindruck kurz und bitter, von einem typischem Bordeaux-Geschmack nicht viel da. Eigentlich ein sehr einfacher Wein, wenig eigenständig, der nur mit seiner (Pseudo-)Klassifizierung als Cru Bourgeois die Käufer locken kann. Fallen viele drauf rein und sagen dann: »Bordeaux ist nichts für mich!«

Nicht aufgeben, später nochmals ein anderes Cru Bourgeois vom Discounter zum gleichen Schnäppchenpreis probieren. Notizen: schmeckt tanninreich-pelzig, Holundersaft, reife Beeren, dunkle Kirschen, etwas kratziger Nachgeschmack. Eher leichter, nicht sehr komplexer Bordeaux-Wein. Preis-Leistungs-Verhältnis: geht so. Also nicht überteuert, aber auch kein Super-Spar-Angebot.

Natürlich gibt es im Bordeaux eine Reihe sehr guter Crus Bourgeois, deren Weine beachtlich und noch relativ preisgünstig sind. Aber die große Masse ist austauschbar und eigentlich uninteressant, wenn man erwartet, dass sie dem Ruf, der Bordeaux-Weinen vorauseilt, entsprechen. Ähnliches gilt auch für die Mengen italienischer Rotweine. Wer kann schon die Weine, bei denen Chianti und noch was anderes als Classico draufsteht, voneinander unterscheiden.

Sonderpreis im Supermarkt

Schon wieder flattert so ein kleines buntes Blättchen mit Billigangeboten vom nächsten Supermarkt ins Haus. Schweinebauch und spanischer Rioja, Schnitzel und sizilianischer Settesoli, alles diese Woche billiger als sonst. Und bei Abnahme von sechs Flaschen Wein gibt's noch eine davon umsonst. Also nix wie hin. Sparen macht ja Spaß. Solche Sonderangebote sollen die Kundschaft in den Laden locken und können wirklich echte Schnäppchen sein. Wer auf der Lauer liegt, kann auf diese Weise oft seinen »einfach-lecker-Wein« äußerst preisgünstig in den Einkaufswagen packen. An den Angeboten an sich verdienen die Märkte wenig bis gar nichts, sie kassieren bei den übrigen Dingen, die während der Schnäppchenjagd ganz nebenbei noch mitgenommen werden.

Merke: Sonderangebote müssen eine große Menge Kunden ansprechen, sonst verfehlen sie ihre Wirkung. Also wird lieber ein allseits beliebtes Tröpfchen als ein Châteauneuf-du-Pape (den sowieso kein Wurfsendungs-Texter richtig schreiben kann) angepriesen. Für den, der nichts Ausgefallenes sucht, sind solche Aktionen also eine gute Gelegenheit, preiswert zu einem Brotzeitwein zu kommen. Nutzen übrigens auch viele Weinschmecker, die einen wunderbar trinkbaren Wein für überraschend vorbeischauende »ach-wegen-mir-doch-keine-Umstände-machen«-Freunde auf Lager haben möchten.

Alte Flaschen müssen weg

Eine sehr gute Zeit, um auf Schnäppchenjagd zu gehen, ist der Herbst. Dann werden z.B. aus Frankreich und Italien die neuen Weine an die Händler ausgeliefert. Das Lager platzt rasch aus allen Nähten und die Flaschen des vorhergehenden Jahrgangs müssen weg. Die Restbestände werden dann zu Sonderpreisen bis zu 25 Prozent unter dem ursprünglichen Preis verkauft. Die letzten Flaschen aus Apulien, dem Languedoc, Burgund, Bordeaux, der Provence und den Côtes-du-Rhône sind dann oft im doppelten Sinn echte Volltreffer: erstens sind sie spürbar billiger und zweitens schon ein Jahr reifer. Wenn sie in einem or-

dentlichen Geschäft richtig – das heißt nicht zu hell und liegend – gelagert worden sind, munden sie meist besser als die frisch eingetroffenen. Besonders günstig bei tanninreichen, den Mund zusammenziehenden und am Anfang noch sehr herben Rotweinen – sie sind dann bereits etwas »abgehangen«, schmecken weicher und runder, sind nun schon besser zu beurteilen. Und man muss nicht mehr so lange warten, bis sie ihr bestes Trinkalter erreicht haben.

Die nächste Jagdsaison für günstige Einkaufsmöglichkeiten sind die Wochen nach Weihnachten. Dann ist der Deal mit teuren Weinen fürs Festmenü gelaufen, die noch

verbliebenen Flaschen blockieren nur Stellfläche und werden oft weitaus günstiger abgegeben als vor den Feiertagen. Das Stöbern und Probieren um diese Zeit lohnt sich besonders.

Aber genau hinschauen, wenn Weißweine besonders günstig angeboten werden! Im Gegensatz zu Rotweinen sind sie (meist) nicht für eine längere Lagerung gemacht. Ein drei Jahre alter Weißwein kann schon deutlich einen ältlichen Geschmack zeigen. Ehe man hier Vorräte hortet, lieber erst einmal nur eine Flasche kaufen und probieren.

Wunderweine

»Guten Tag, als besonderer Kunde unseres Hauses können Sie heute von einer einmaligen Gelegenheit profitieren – wir haben durch unsere gute Beziehung zum Château Weißnichtwieheißt (Ihnen als Weinkenner ist das ja ein Begriff!) noch einige Kisten des saaagenhaften Jahrgangs zweiundsotausend bekommen können. Wir bieten sie Ihnen jetzt zum sensationellen Preis von Euro (brabbel-brabbel) an. Wie viele Flaschen darf ich Ihnen zusenden?« Keine, danke! Die ominösen Angebote von Weinversendern, die häufig auf Handwerks- und sonstigen Messen vertreten sind und mit Preisrätseln und bombastischen Gewinnen Adressen und Telefonnummern erschleichen, taugen meist nur zum Wegschütten. Aber wer einmal in das Netz eines solchen Unternehmens geraten ist, kann sich kaum noch vor dem Telefonterror schützen. Und kann nur hoffen, dass das Interesse bei hartnäckiger Nichtbestellung langsam verblasst wie ein Rotweinfleck auf dem strahlend weißem Hemd.

Flaschen-
formen
& was sie sagen

Das Auge kauft mit, weswegen eine schöne Ver-
packung wichtig ist. Und das ist beim Wein die
Flasche. Was verrät sie uns über den Inhalt?

Eine Flasche dient natürlich in erster Linie dazu, eine Flüssigkeit transportfähig zu machen und den Inhalt vorm Schlechtwerden zu schützen. Das können Tetrapacks und Kunststoffflaschen zwar auch, aber die sind nicht ganz so luftdicht und geschmacksneutral wie Glas. Wein im Tetrapack oder BiB (Bag in a Box, ein Plastikbeutel mit Zapfhahn in einem Karton) bleibt höchstens ein Jahr frisch, dann fängt er an, fade zu schmecken oder sogar langsam zu Essig zu werden. Ein lagerfähiger Wein in einer gut verstöpselten Glasflasche ist dagegen 15 und mehr Jahre haltbar. Deshalb steht auch (noch?) kein Mindesthaltbarkeitsdatum darauf.

Form follows tradition

Und die Flasche ist gleichzeitig ein Logo für den Inhalt. Bestimmte Formen und Farben sind typisch für bestimmte Weintypen oder -anbaugebiete. Schon mal drauf geachtet, welcher Wein in welcher Flasche sitzt?

Außer der Form hat natürlich auch die Farbe des Glases (von farblos über diverse Grün- und Brauntöne bis zum modischen Blau) etwas zu sagen. Ebenfalls ganz wichtig: die Flaschengröße. Standard ist die 0,75-Liter-Flasche. Für den kleinen Durst zwischendurch gibt es das 0,375-Liter-Fläschchen und für den großen Durst die Literflasche, aus der aber meist nur ein einfacher Wein gluckert. Weit mehr Ansehen hat die Magnumflasche mit 1,5 Liter Inhalt, die oft Spitzenweine ent-

hält, die in einem großen Behältnis schöner reifen und auch beim Eingießen mehr hermachen. Aber nicht zu verwechseln mit der 2-Liter-Flasche, in Österreich »Doppler« genannt, die wiederum für einfache Alltagsweine steht.

Bocksbeutel & Designerflasche

Eine uralte, angeblich einem gewissen Körperteil des Ziegenbocks nachempfundene Flaschenform ist der bauchige Bocksbeutel (im Bild dritte von links), einst Hülle für die besseren Frankenweine, später auch für einfachere Tropfen missbraucht. Allerdings wird die Flasche ebenso in der Ortenau (Baden) und in Portugal benutzt, so dass aus dieser Flaschenform kaum auf deren Inhalt geschlossen werden kann. Das Gleiche gilt für hippe »Designerflaschen« (im Bild Mitte) mit ungewöhnlichen Proportionen, deren Inhalt gut oder schlecht sein kann.

Rank und schlank – die Schlegelflasche

Dass bestimmte Regionen ihre eigenen Flaschenformen entwickelt haben, entspringt einer langen Tradition und signalisierte den Ursprung und die Echtheit. An der Mosel wurden alle Weißweine in schlanke blaugrüne Flaschen, »Schlegelflaschen« genannt (im Bild zweite von links), gefüllt. So brauchte man nicht einmal aufs Etikett zu schauen,

um einen Moselwein zu erkennen. Im Rheinland stand diese Flaschenform für Riesling-Weine, das Glas hatte aber eine braune Farbe. Auch werden solche lang gezogenen Flaschen für Elsässer Weine verwendet, nur heißen sie dort »Flûte« und sind üblicherweise hellgrün. Also alles frische, eher »schlanke« Weißweine.

Heute ist das Auseinanderhalten nicht mehr so einfach, weil viele die Form und die Farbe für schick halten und auch ihre Nicht-Rhein-Mosel-Elsass-Weine in diese Flaschen packen. Aber wer darauf achtet, dass Inhalt und Form übereinstimmen, wird in sie nur seine trockenen, nicht zu fülligen Weißweine abfüllen.

Gerade und streng – die Bordeaux-Flasche

Die zylinderförmige, gerade aufsteigende Flasche mit kurzem Hals ist typisch für Bordeaux-Weine (im Bild dritte von rechts). Eine dunkle Farbe, grün oder braun, steht für Rotweine. Ist auch richtig, denn die Roten müssen besonders vor Licht geschützt werden, sonst verblasst die Farbe und der Geschmack lässt nach. Klassische Bordeaux-Weine werden aus Cabernet-Sauvignon-, Merlot- und anderen roten Trauben hergestellt, sind trocken, herb und wirken »streng«. Deshalb wird heute, wenn bordeaux-ähnliche Weine abgefüllt werden sollen, gern zu dieser Flaschenform gegriffen. Aber es stecken nicht nur Traubenmischungen, sondern auch Rotweine aus nur einer Rebsorte darin.

In Kalifornien hat die Bordeaux-Flasche oft einen »Kragen« (der obere Flaschenhals verbreitert sich ringförmig) und der Korken nur eine kleine Papierscheibe anstelle der Kapsel verpasst bekommen (im Bild vierte von rechts). Ist praktisch (es muss keine Kapsel entfernt werden) und der Korkenzieher hält auch besser. Diesen Flaschentyp findet man auch bei südafrikanischen, chilenischen und ungarischen Weinen. Dann eher als Marketinggag als ernstzunehmender Hinweis, was für ein Wein in der Flasche stecken könnte.

Es gibt auch Weißweine aus dem Bordeaux, die ebenfalls in solche Flaschenformen kommen, allerdings ist die Glasfarbe heller oder sogar farblos. Das darf sein, da Weißweine

normalerweise zum schnelleren Austrinken vorgesehen sind und keinen Farb- und Aromaschutz benötigen. Und weil die Form so schön und handlich ist, findet sie auch in Vino Bianco aus Italien, Landwein aus Kreta, Grünem Veltliner aus Österreich und Weißwein aus Chile ihre Anhänger – und leider in süßlichen Weißweinen von der Mosel ebenso. Vielleicht weil im Bordeaux die edelsüßen Sauternes-Weine in solche Flaschen gefüllt werden.

Nett rund – die Burgunder-Flasche

Die Form erinnert an Jonglierkeulen, wirkt altmodisch und gemütlich, etwas rundlich – so wie die klassischen Rotweine aus der Bourgogne, die aus einer Rebsorte, dem Pinot Noir (Spätburgunder) bereitet und in solche Flaschen von mittelgrüner Farbe gefüllt werden (im Bild zweite von rechts). Burgunder-Flaschen, auch in leicht abgewandelter Form, werden in ganz Frankreich und der weiten Welt gerne für fülligere, schmeichelnde Rotweine aus unterschiedlichen Rebsorten verwendet. Côtes du Rhône und Beaujolais, Languedoc und Loire, Südafrika und Neuseeland – überall sind diese Flaschen zu Hause.

Nicht viel weniger berühmt als die roten sind die weißen Burgunder-Weine aus Chardonnay-Trauben wie Chablis, Meursault, Viré-Clessé, Puligny-Montrachet. Meist eher freundliche als säurereiche Weine, vom Typ her eher »runde Hüften« als »spitzige Knochen«. Solche Weißweine gibt's z. B. im Languedoc aus Viognier-, in Italien aus Vermentino- und in Südafrika aus Chenin-Blanc-Trauben in den Burgunder-Flaschen.

Schwungvoll – die Keulenflaschen

Diese markant geschwungenen Flaschen erinnern an Sommer, Sonne, Urlaub am Mittelmeer. Sie lassen sich gut auch mit nassen Händen anfassen, haben in der Mitte oder weiter unten eine schlanke Taille und sind vorzugsweise durchsichtig oder hellgrün (ähnlich einer Proseccoflasche, im Bild vierte von links). In ihnen stecken vor allem Roséweine aus der Provence oder von der Loire, aber ebenso der weiße Verdicchio aus Italien (seine Flaschenform soll an eine griechische Amphore erinnern). Alles gut trockene (wenn sie nicht gerade »Rosé d'Anjou« heißen), eher säurebetonte, herrlich frische Weine,

die ausreichend gekühlt werden sollten und lecker auf der Terrasse, beim Picknick oder Grilfest schmecken.

Kurz und kräftig – die Portwein- und Sherry-Flaschen

Vor allem die Portwein-Flaschen sind kürzer, breiter und knuddeliger als sonstige Weinflaschen. Und auch die Sherry-Flaschen sind – obwohl sie auf den ersten Blick den Bordeaux-Flaschen ähneln – von nicht so strenger Statur, sondern haben mehr Rundungen. Sehr ähnlich sehen auch die Flaschen für Madeira-Wein aus.

Das sind alles Weine, die einen höheren Alkoholgehalt als die anderen haben. Sie werden »aufgespritet« (reiner Alkohol wird zugesetzt), um die Gärung des Mosts zu unterbrechen und einen süßeren Geschmack zu erhalten oder, wenn der Wein ganz vergoren ist, um ihn haltbarer zu machen. Die Weine aus diesen kräftigen Flaschen haben es also in sich und werden vorwiegend als Aperitif, zum oder nach dem Dessert getrunken.

Was auf dem Etikett steht

Die großen Briefmarken auf Weinflaschen sehen hübsch aus. Richtige Sammlerstücke. Aber sie zu lesen, ist nicht einfach – auch mit Brille.

Ist ja praktisch, dass da ein Etikett auf der Flasche klebt. Sonst könnte man die vielen verschiedenen Weine gar nicht unterscheiden. Ein Winzer hat mal seinen Hausschoppen mit bunten Gummiringen am Flaschenhals gekennzeichnet. Durfte er natürlich so nicht verkaufen, sonst hätte außer ihm keiner gewusst, was in der Flasche steckt. Aber wer sich ein Etikett genau anschaut, wird oft auch nicht schlauer. Das Wichtigste steht nämlich nicht drauf: ob er mir schmeckt oder nicht. Das weiß man erst, wenn man den Wein in der Flasche probiert hat. Aber vorher kann man schon mal studieren, was sich für Informationen auf dem Papier tummeln.

Alle haben Namen

Das kann ein Fantasiename sein wie »Küferschoppen«, »Katzenstriegel« oder »Amselkeller«. Dann weiß jeder, der so einen Wein einmal getrunken hat, wie er schmeckt. Denn das ist ein Markenwein eines Herstellers, der verschiedene Weine so mischt, dass immer der gleiche Geschmack herauskommt. Macht man bei Sekt und Champagner auch, muss also nichts Schlechtes sein. Wird auf Dauer höchstens langweilig.

Was bei Markenweinen vorn nicht draufsteht, ist die Rebsorte. Die wird bei anderen Weinen aus Deutschland, Österreich und Übersee am ehesten als Name auf dem Etikett zu finden sein. Die müsste man also alle kennen, um zu wissen: Aha, das ist ein Rebsortenwein. Schier unmöglich. Es reicht, wenn man ein

paar beim Namen nennen kann. Z.B. »Pinot Noir« (französisch für Spätburgunder), »Riesling« und »Cabernet-Sauvignon« – diese Rebsorten stehen bei unseren Etiketten drauf. Cabernet-Sauvignon ist eine Rebsorte, die gute Rotweine liefert, also meist kaufenswert. Heißt das nun, dass gleiche Rebsorte stets gleichen Geschmack ergibt? Leider nicht, ist wie bei Tomaten. Sonnengereifte aus dem Süden schmecken anders als Treibhaustomaten aus Holland. Trauben, die in heißem Klima wachsen, haben ein anderes Aroma als solche, die in kühlen Gebieten reifen. Aber bei zwei Cabernet-Sauvignon-Weinen aus Chile beispielsweise kann man schon einen ähnlichen Geschmack erwarten.

Manchmal liest man auch zwei Rebsorten, z.B. Cabernet-Sauvignon und Merlot. Das ist ein Wein, für den verschiedene Traubensorten gemischt wurden, um einen runderen, schöneren Wein zu erhalten. Das wird in sehr vielen Gebieten Frankreichs gemacht. Doch werden mehr als zwei Rebsorten vereint, dann findet man gar keine auf dem Etikett.

Wo er herkommt

Da nach europäischer Regelung die Heimat eines Produktes wichtig ist, steht die auf der Flasche: das Erzeugerland. Das kann uns nun doch schon etwas sagen. Ein Wein aus Österreich, Italien, Spanien oder einer aus der Neuen Welt ist in der Regel trocken und herb. Sonst würde »Semi-secco«, »Dulce« oder »Dolce«, »Medium Dry« oder »Sweet« drauf-

stehen. Das sind dann halbsüße oder liebliche Weine. Bei Weinen aus Deutsch-land ist es umgekehrt: Ein Etikett ohne Geschmacksangabe bedeutet, dass dieser Wein süß oder mild ist. Sonst würde »trocken« (dann ist kaum etwas von Süße im Wein zu spüren) oder »halbtrocken« (heißt: nicht ganz süß) auf dem Etikett stehen – meist in der Nähe der Rebsorte.

Prädikat Superwein

Die besten Weine aller Länder sind nicht so einfach an den Etikettangaben zu erkennen. Steht ja nicht drauf: dieser Wein ist absolute weltspitzenklasse. Also sich ein paar Bezeichnungen merken, die auf besonders feine Weine schließen lassen.

- Die Begriffe »Erzeugerabfüllung«, »Weingut« oder »Gutsabfüllung« auf deutschsprachigen Etiketten.

- »Imbottigliato dal viticoltore« oder »dal produttore« heißt bei italienischen Weinen die Erzeugerabfüllung.

- »Embottelado en Origen« wird die Gutsabfüllung auf Spanisch genannt.

- »Mis en bouteile au Domaine« oder »... au Château« bei französischen Weinetiketten.

- »Cru Classé« auf französischen Etiketten. Das heißt, dass der Weinberg – nach traditionellen Kriterien bewertet – zu den besten zählt. Merkt man am Preis.

- »Classico« bei italienischen Weinen bedeutet, dass der Wein aus den klassischen Kerngebieten stammt.

- »Riserva« in Italien oder »Reserva« in spanisch sprechenden Ländern weist darauf hin, dass der Wein länger gelagert wurde.

- Auszeichnungen und Medaillen deuten auf sehr gute Weine hin.

Kommt der Wein zudem aus einem kleinen Holzfass, können »aus dem Barrique« oder »Elevé en Fût ce Chêne« oder »Fermentado en Barrica« auf dem Etikett prangen. Das teilt uns mit: Der Wein wurde eben in jenen Fässchen ausgebaut. Was ihn besonders teuer macht und gut machen kann.

Tafel oder Qualität

Jetzt wird's etwas schwieriger. Früher gab es einen einfachen »Tafelwein«, der fiel nach EU-Recht dem »Deutschen Wein« oder dem »Vin de France« oder wie die Länder heißen zum Opfer. Dafür dürfen jetzt Erntejahr und Rebsorte auf dem Etikett verraten werden. Nächste Stufe ist der Wein mit geschützter geografischer Angabe aus einem enger begrenzten Gebiet (französisch IGP, italienisch IGT). Darüber liegen die Qualitätsweine bestimmter Anbaugebiete und die Prädikatsweine. Also sollte man denken, letztere sind besser als die ersteren. Haut nicht immer hin. In Frankreich wird reichlich »Vin de France« produziert – einfache, aber gute Weine für jeden Tag mit weniger Alkohol. In Italien ist der »Vino d'Italia« entweder ein billiger Schoppenwein oder ein sehr teurer. Wie das? Manche Winzer mögen sich nicht an die strengen Regeln, die für die Qualitätsweine vorgegeben sind, halten und verkaufen ihre Edelweine zum Beispiel unter der Bezeichnung »Toscana IGT«. Das gibt es gelegentlich auch in Deutschland, wenn ein Winzer keinen Wert auf eine amtliche Prüfung legt.

In Europa müssen alle Qualitätsweine mit bestimmter Herkunft (Q.b.A., französisch Appellation d'Origine Protégée – kurz AOP, italienisch DOC, spanisch DO) ihr Anbaugebiet, ihr Terroir (siehe S. 80) erkennen lassen. Wenn also auf dem Etikett »Bourgogne« (Burgund) steht, muss der Wein aus einem begrenzten Gebiet aus den traditionellen Rebsorten (bei Rotweinen vor allem Pinot Noir, bei uns heißt er Spätburgunder) gekeltert werden und so schmecken, wie man es von einem roten Burgunder erwartet. Steht auf der Flasche »Mosel«, so sollte ein Weißwein aus der Rebsorte Riesling darin sein, eher leicht und duftig, die Einzigartigkeit der Mosellandschaft widerspiegeln. Das ist mehr als nur genau definierte Gesetzesregeln einzuhalten wie frühester Erntezeitpunkt und Ertrag pro Hektar. In Deutschland und in Österreich gibt es noch eine Steigerung: Die Trauben für Prädikatsweine wie Kabinett oder Spätlese (siehe Seite 156) müssen einen höheren Zuckergehalt haben als für Qualitätsweine. Bei Weinen der Neuen Welt findet man solche Angaben nicht. Da steht nur das Anbaugebiet der Trauben auf dem Etikett, und das kann oft sehr groß sein. Das »Valle Central« ist z.B. ein riesiges Gebiet am Fuß der Anden in Chile, von Santiago beginnend bis rund 250 Kilometer nach Süden. Was hier und auch in anderen Ländern viel wichtiger ist und für Qualität bürgt: der Erzeuger. Er ist immer auf dem Etikett zu lesen. Das kann ein Winzer sein, der einen »guten Namen hat« (merkt man, wenn man mehrere Weine von ihm probiert hat), aber auch eine »Gutsabfüllung«

(in Frankreich »Mis en bouteille«). Oder aber eine anonyme Weinfabrik hat den Wein in die Flasche gefüllt. Dann steht vielleicht sogar nur ein unidentifizierbares Kürzel wie »CGF« und eine Nummer für den Abfüller da. Faustregel: Je genauer der Erzeuger genannt wird, desto besser ist meist auch der Wein.

Der Jahrgang

Eine Jahreszahl – auf dem Etikett so gut wie immer präsent – gibt an, in welchem Jahr die Trauben geerntet wurden. Bei Weinbaugebieten mit stark schwankendem Wetter ist sie von größerer Bedeutung als bei Gebieten, in denen jedes Jahr beständiges Wetter herrscht. Anders gesagt: An Mosel, Saar und Ruwer kann in einem Jahr mit guten Wetterbedingungen der feinste Wein entstehen, in einem mit schlechten einer mit geringer Qualität. Weiß man also, dass im Jahr xy das Wetter dem Winzer einen bösen Streich gespielt hat, kann man auf einen nicht so tollen Wein schließen. In Kalifornien, Chile oder Australien ist das Wetter viel beständiger und der Wein somit immer gleich. Bei diesen Weinen ist die Jahreszahl wichtiger für den Zeitpunkt, wann der Wein getrunken werden sollte. Sagen wir mal grob: Nach zwei bis drei Jahren schmeckt ein Wein aus den Ländern der Neuen Welt meist am besten.

Hamstern & Lagern

Warum Wein horten, die Kisten nehmen doch nur Platz weg. Außerdem braucht man einen kühlen Keller zum Lagern. Oder nicht?

Wie heißt's: »Raum ist in der kleinsten Hütte für ein glücklich liegend paar (Flaschen).« Aber warum sollte ich, der sich jetzt mit Weinen aus der ganzen Welt beschäftigen will, einen Vorrat schaffen? Wenn doch der Supermarkt um die Ecke, das Weindepot oder der Weinhändler meines Vertrauens genügend im Zugriff hat. Bei Bier oder Cola mag das stimmen, die schmecken immer gleich. Wein nicht, der verändert und entwickelt sich, wenn er ein bisschen ruhen darf.

Schnell rein, schnell raus

Die meisten Weine werden heute gleich nach der Abfüllung in Flaschen zum Handel transportiert, um Lagerkosten zu sparen. So einem Wein sitzt der Füllschock noch in den Knochen, er schmeckt dumpf und unausgegoren. Dieser Zustand kann Wochen oder sogar Monate anhalten. Ein guter Weinhändler wird ihn vorher nur mit dem Warnhinweis verkaufen: noch liegen lassen! Weindepots geben oft an: trinkreif ab …!

Also gut, der Füllschock ist überwunden. Dann aber nichts wie wegtrinken, oder? Stimmt bei Weißweinen, die jugendfrisch (meist) am besten schmecken. Rotweine tun sich etwas schwerer (außer der Beaujolais Primeur, der gleich weggeputzt werden muss). Bei ihnen dauert es länger, bis Süße und Herbe, Säure und Aromen richtig zueinander gefunden haben. Die meisten Rotweine werden einfach zu früh verkauft. Aber man könnte sie ja selbst ein bisschen auf die Seite legen. Ein halbes Jahr, zwei Jahre oder mehr. Wer wie lange darf, steht auf Seite 112.

Auch Ungeduldige können an einem kleinen Vorrat etwas Faszinierendes beobachten: wie sich ein Wein im Lauf von einigen Monaten verändert. Da ist ja nichts Pasteurisiertes, Steriles oder Konserviertes in der Flasche. Es ist lebendig und mal verschlossen und einsilbig, mal munter und quirlig. Ja, wirklich, wer einmal von einem Wein über einige Zeit Flasche für Flasche probiert, wird zustimmen. Nebenbei eine gute Übung, die Entwicklung eines Weines kennen zu lernen. Also einen Vorrat kaufen und weglegen. Am besten mehrere Flaschen, damit man öfters nachschauen kann, was der Wein gerade macht.

Wohin damit

Auch wenn's nur ein Karton ist, er muss untergebracht werden. Kühl und dunkel, bei gleichmäßiger Temperatur, so heißt es immer. Wirklich? Also, auch Wohnzimmertemperatur schadet dem Wein nicht, er reift nur schneller als im ewigen Eis. Dunkel ist dagegen schon richtig, der schlimmste Feind des Weines ist das Licht, das auch durch düsteres Glas dringt und Farbe und Aroma des Weins angreift. Aber das lässt sich leicht fernhalten, wenn die Flaschen im Karton bleiben oder in Papier oder Alufolie eingewickelt werden. Und in Punkto Temperaturschwankungen: Wer die Flaschen ein paar Monate bis drei oder vier Jahre aufheben will, kann sie auch in einen Keller legen, der im Winter 10 Grad und im Sommer 20 Grad warm ist. Langzeitliche Klimaschwankungen sind längst nicht so schlimm wie kurzfristige. Und überhaupt, ein in einem kühlen Keller bei 10 Grad gelagerter Wein reift nur halb so schnell wie einer, der bei 16 oder 17 Grad ruht. Rebensaft-

Akademiker behaupten zwar, das schnellere Altern sei kein Vorteil sondern ergebe eine weniger edle Reifung, allerdings so richtig beweisen konnte das noch niemand. Aber nehmen wir an, wir haben nicht einmal einen Keller im Haus. Wohin dann mit den Flaschen, um sie vor rasch schwankenden Temperaturen zu schützen? Eine ungenutzte Ecke im Flur wäre vielleicht ein guter Lagerplatz, noch besser ist meist das unbeheizte Schlafzimmer geeignet. Eine Ecke an der Innenwand (mit gleichmäßigerer Temperatur) wäre ein prima Platz für einen Schrank mit vielen Böden (so lässt sich leichter der Überblick behalten) und zahlreichen Weinflaschen drauf. Wertvolle Flaschen in Alufolie wickeln und im Sommer mit feuchten Tüchern zur Kühlung abdecken.

Es gibt aber noch einen Gegner des Weins: Erschütterungen. Gerüttelt und geschüttelt werden, mag er gar nicht. Ein Platz neben dem Heimtrainer ist ebenso ungünstig wie auf oder im Kühlschrank, der jedesmal rappelt, wenn die Kältemaschine anläuft.

Der Traumweinkeller

Wenn sich ein Weinliebhaber einen idealen Lagerkeller vorstellt, dann sieht er so aus: tief unter der Erde, damit er das ganze Jahr über gleichmäßig kühl ist, idealerweise um die 10 bis 12 Grad, ohne große Schwankungen. Die Luftfeuchtigkeit sollte mehr als 60 Prozent betragen, damit die Korken nicht austrocknen (leider schimmeln dann gern die Etiketten und die Weinbücher). Das Tageslicht hat gar nichts in diesem Keller zu suchen und nur, wenn eine Flasche zum Trinken geholt wird, darf mal kurz das Licht (Glühbirne mit geringer Wattzahl) angemacht werden. Die Wände sind aus Naturstein, Ziegelröhren oder unbehandelte Holzregale dienen als Aufbewahrungsort. So etwas gibt es kaum. Außer jemand baut ein Haus und plant gleich einen Weinkeller ein.

Oder: Er stellt einen richtigen großen Wein-Klimaschrank in seinen wechselwarmen Keller. Die sind teuer und es passen nicht viele Flaschen hinein. Man könnte auch eine Klimazelle konstruieren lassen, einen Raum, der mit einem Klimaautomaten auf konstante Temperatur und Feuchtigkeit gebracht wird.

Das ist nur was für Hartgesottene, die einen Wein zehn Jahre in den Keller legen und dann erst trinken oder anderen Gleichgesinnten verkaufen wollen. In solchen Fällen sollte schon die Aufbewahrung optimal sein.

Aufrecht oder liegend

Weinflaschen sollten liegend gelagert werden ist die klassische Meinung. Weil im Flaschenhals ein Korkstopfen steckt, ein Naturmaterial, das austrocknen und dadurch undicht werden kann. Wer einmal einen alten Ladenhüter erwischt, der in trockener Luft zu lange aufrecht gestanden hat, merkt das beim Eindrehen des Korkenziehers – das knarrt und krächzt, der Korken bricht. Also Flaschen hinlegen, damit der Wein die Korkinnenseite feucht hält. Oder die Luftfeuchtigkeit ist am Lagerort so hoch (um die 70 Prozent), dass auch der Korken bei aufrechter Flaschenlagerung nicht austrocknen kann. Trotzdem ist die waagrechte Lagerung günstiger, weil sich die Flaschen so gut stapeln lassen und nicht umkippen können.

Aber was tun, wenn kein feiner Naturkork, sondern ein Kunststoffpropfen den Flaschenhals verschließt? Dann bringt die Liegendlagerung gar nichts, denn das Material ist feuchtigkeitsabstoßend und trocknet nicht aus. Beim Schraub- oder Kronkorkenverschluss ist es ebenso, bei diesen Flaschen bewirkt liegende Lagerung nichts.

Geradezu schädlich ist das Liegen für die Presskorken. Das sind korkähnliche Stopfen, die nicht in einem Stück aus der Korkrinde gestanzt, sondern aus Korkbröseln mit einem Kleber vermixt zu Zylindern gepresst werden. Mit solchen Korken verschlossene Flaschen sollten aufrecht gelagert werden, sonst weichen Kork und Kleber auf und der Verschluss wird undicht. Beim Öffnen zerfällt er und bröselt in die Flasche.

Da auch Sekt- und Champagnerkorken (nicht Plastikstöpsel!) aus mehreren Schichten verklebt und die Flaschen sowieso nicht zum Lagern gedacht sind: aufrecht stellen. Ebenso die alkoholreichen Weine (Sherry, Portwein, Madeira), weil der reichlich enthaltene Alkohol die Korken schädigen kann.

Wein-Basics auf Vorrat

Irgendwann wird jeder Weinfreund von diesem Virus befallen, der ihn Flaschen sammeln lässt. Mal hier eine, mal da eine. Und schon gerät die Leidenschaft außer Kontrolle.

Eigentlich will man ja nur ein Hähnchen kaufen. Aber auf dem Weg dahin ist ein Stand mit einer freundlichen Dame, die Weine probieren lässt. Ok, na gut, einen trockenen Rotwein, lecker. Zwei Flaschen in den Einkaufskorb gelegt. Ach, zum Hähnchen sollte es doch Riesling geben. Zum Weinregal, einen Riesling dazugepackt. Oder besser zwei, einen für die Sauce, einen zum Trinken. Schon sind vier Flaschen im Korb. Zwei für den Vorrat.

Ein Besuch beim Weindepot um die Ecke oder beim Weinladen. Aktionsweine testen. »Oh, der ist sehr gut! Von dem sind auch nur noch sechs Flaschen da.« Mitnehmen. Geht es weiter so, hinkt die Anzahl der gehorteten Flaschen schnell dem tatsächlichen Verbrauch hinterher. Gut, wenn Nachbarn und Freunde vorbeischauen und man außer Salzstangen auch ein Fläschchen aufmachen kann. Weniger gut, dass sich ganz fix eine unübersichtliche Ansammlung diverser Weine einstellt.

Wenn der Weinkeller überläuft

Der Wein, der doch immer so gut war, schmeckt mit einem Mal nicht mehr. Ist er schlecht geworden? Selten, meist hat sich der eigene Geschmack geändert. Das hängt mit der Jahreszeit (im Winter ist die Lust auf Rotwein größer, im Sommer auf Weißwein) und den Weinen, die man zwischendurch trinkt, zusammen. Ein besserer Wein ist der Feind des guten. Aber nach einer Reihe gehaltvoller Rotweine mögen viele lieber wie-

der leichtere ... und haben den Keller dann mit den falschen Weinen voll. So kann, wer unbekümmert und planlos zu viel einkauft, ehe er sich versieht, auf zahlreichen Flaschen sitzen, an denen er keine rechte Freude mehr hat. Da liegen dann einstige Lieblingsweine herum, die einem über sind. Oder lauter Einzelflaschen in einer Wunder-kiste, die höchstens zu einer Quer-Beet-Weinprobe nach dem Zufallsprinzip taugen. Und von denen niemand mehr weiß, wo die Flaschen eigentlich hergekommen sind.

Außerdem sind da auch noch die Weine, die warten müssen: »Dieser Wein hat eine große Zukunft, lassen Sie ihn mindestens drei Jahre im Keller!«, sagte der Händler. Und so liegt er nun bei uns dort unten rum. Das ist zwar der Kick, den viele vom Sammelvirus Befallene brauchen. Aber gerade zu Sammelbeginn ist es nicht ideal, wenn sich das Lager mit Weinen füllt, die wegen fehlender Reife noch nicht getrunken werden dürfen. Also sollte man sich doch schon frühzeitig ein paar Gedanken machen. Eine Strategie entwickeln, welche Weine man kaufen sollte, damit sowohl »Trinkweine« als auch »Lagerweine« vorrätig sind.

Tipps zur Sammel-strategie:

 Welche Weine trinke ich gerne jeden Tag?

Welche Weine brauche ich, wenn plötzlich Gäste vor der Tür stehen?

Wie viele Weinflaschen kann ich wirklich lagern?

Wie viel Geld will ich für meinen Wein ausgeben?

Welche Weine möchte ich länger lagern, welche bald genießen?

Wie viel Wein will ich selbst trinken – wie viel eventuell später tauschen oder verkaufen?

Die Weinkellerpyramide hilft

Die Strategie gegen das Kellerchaos heißt »Pyramide bauen«. Erster Schritt: eigenen Verbrauch pro Monat schätzen und ein breites Fundament an Weinen, den Basic-Vorrat zum Gleichtrinken, anlegen. Dabei berücksichtigen, dass er eine gute Mischung aus einfachen, leichten, leckeren Weine beinhalten soll. Aber auch Gäste und schon mal einen besseren Sonntagswein einplanen. Wer das nötige Kleingeld hat, kümmert sich danach um die Mitte der Weinpyramide. Das sind teurere Flaschen, von denen im Monat vielleicht fünf auf den Tisch kommen. Diese Flaschen werden von den Basics abgezogen und für ein halbes Jahr geplant. Hier können schon Weine dabei sein, die erst nach einigen Monaten trinkbar sind. Wer sich absoluten Luxus gönnen will, sorgt frühzeitig für Weine zum Vergessen – die Spitze unserer Pryramide. Das sind solche, die länger liegen müssen und die dann an Weihnachten oder Ostern aufgemacht werden. Da heißt es so planen, dass man nach einigen Jahren immer einen genussreifen Wein im Keller hat. Und wer noch ein paar extra Flaschen besorgt, kann diese später teurer verkaufen und sein Vermögen vergrößern.

Die Weinkellerpyramide

Die Spitze – Weine zum Vergessen:

Jetzt wird's richtig teuer. Die Nobelweine aus aller Welt. Diese Grand-Cru-Weine sind entweder als ältere Jahrgänge trinkbar und sehr teuer. Oder jünger und preiswerter, dann müssen sie noch ein paar Jährchen liegen. Nehmen wir an, wir wollen einen sehr guten Wein einkaufen und ihn fünf bis zehn Jahre im Keller lassen, bis er soweit ist, dass man ihn genießen kann. Und gehen davon aus, dass wir im Jahr sechs Flaschen davon trinken möchten. Wir bräuchten also für die fünf Jahre, die wir als Verbrauchszeit mal annehmen, 30 Flaschen.

100 Euro und mehr pro Flasche mal 30 – ja, da kommt Freude beim Händler auf! Wir können aber auch anders rechnen: Wir kaufen jetzt mal 12 Flaschen von diesem Wein und legen sie in den Keller (mit Zettel dran und Kellerbuch). Nächstes Jahr kaufen wir von dem neuen Jahrgang wieder 12 Flaschen und so weiter. Dann haben wir nach fünf Jahren den ersten trinkbaren Wein und können seine Entwicklung (sofern sich unsere Trinkgewohnheit nicht ändert) noch sechs Jahre lang jedes Jahr an einer Flasche beobachten. Das nächste Jahr kommt die nächste Kiste dran und ab jetzt wächst es linear an: Wir haben für die nächsten Jahre immer trinkbare Weine im Alter von fünf bis zehn Jahren. Und jedes Jahr einen Überschuss von 6 Flaschen.

Die Mitte – fürs Trinken auf Sicht:
Hier muss ich meinen Weingeschmack schon besser kennen. Ich muss gezielt und mit Beratung einkaufen. Franzosen, Deutsche, Italiener, Spanier, Neue Welt? Welche Weine mag ich besonders gern zu einem speziellen Essen? Will ich mehr Weißweine oder mehr Rotweine?

Für die Mitte wird ein Halbjahreskontingent angesetzt. Mal angenommen, bei besser gefülltem Geldbeutel könnten von den Basics zwei Flaschen Weißwein und drei Flaschen Rotwein (einschließlich der Monatsluxusflasche) aus der gehobenen Preisklasse sein. Dann wären das 12 Flaschen Weiß und 18 Flaschen Rot für sechs Monate. Da ließe sich doch ein Teil davon, ein Drittel vielleicht, so einkaufen, dass die Weine erst gegen Ende des Halbjahres richtig gut zu trinken sind. Also vier Flaschen Weißwein, sechs Flaschen Rotwein. Halt, nein, nicht bunt mischen, sonst ist das Chaos vorprogrammiert! Zwei bzw. drei Flaschen jeweils von einer Sorte. Und diese extra legen. Mit einem Zettel daran, wann und wo gekauft, wie viel dafür gezahlt, wann erst aufmachen (ich sage nur »Kellerbuch«, Seite 114). Und in diese Mitte auch die Weine einsortieren, die man als Geschenk erhält (deren Wert und Trinkbarkeit einzuschätzen oft schwierig ist).

Das Fundament – zum Gleichtrinken:
Diese Basis besteht aus einfachen, guten Trinkweinen für jeden Tag und den kleinen Geldbeutel. Höchstens drei Sorten, vorher probiert und für lecker befunden. Aber in welchen Mengen? Ok, wie viele Flaschen trinke ich im Monat? Mal so, mal so? Na, Durchschnitt. Zu zweit drei Flaschen in der Woche? Das macht gut 12 Flaschen im Monat. Freunde, Gäste? Plus drei, vier, fünf Flaschen? Sagen wir also 15 bis 20 Flaschen pro Monat! Größer sollte der Basic-Vorrat dann auch nicht sein. Ausnahme: Größere Bestellung beim Weingut (kostenloser Versand). Dann hochrechnen, wie viele Monate die Menge reicht. In dieser Zeit: Einkaufsstopp!

Basis-Einkaufs-Vorschlag: Acht Flaschen leichter Weißwein bis 5 Euro, acht Flaschen leichter Rotwein für jeden Tag, ebenfalls in dieser Preisgruppe. Vier Flaschen mittelkräftiger Rotwein bis 7 Euro. Vielleicht als Luxus für den Sonntag noch eine Flasche kräftigen Rotwein um 10 Euro. (Aber nur, wenn er wirklich in diesem Monat getrunken wird. Sonst erfolgt genau die wundersame Flaschenvermehrung, die bald den Platz eng werden lässt.)

Variante für Nur-Rotwein- oder Nur-Weißwein-Trinker: zwei Sorten Roten oder Weißen als Grundlage nehmen, im Sommer kann mengenmäßig Weißwein, im Winter Rotwein überwiegen. Und: rechtzeitig daran denken, den Vorrat wieder aufzufüllen. Ehe Freunde reinschneien und nur noch Sonntagswein übrig ist …

Spekulieren mit Wein statt mit Aktien?

Bei der Pyramidenspitze haben wir so kalkuliert, dass nach fünf Jahren jedesmal sechs trinkbare Weine übrig bleiben. Was könnte man mit diesem Überschuss machen? Guten Freunden schenken? Oder an Weinfreunde verkaufen, die mehr Geld für solche trinkbaren Wein zahlen, als sie im Einkauf gekostet haben. Das geht über Weinhändler oder über Auktionen (siehe Adressen Seite 157). Dabei kommen zwei »Zinsen« zusammen. Zins Nummer Eins: Spitzenweingüter des Bordeaux (nur da lohnt sich die Spekulation) haben in der letzten Zeit jedes Jahr ihre Preise um etwa 10 Prozent erhöht. Vor zehn Jahren kostete ein Château Margaux (einer der fünf Premiers Cru Classés des Bordaux) unter 100 Euro, für den 2000er Jahrgang muss man über 300 Euro aus der Tasche ziehen. Zins Nummer Zwei: Ergibt sich durch die Lagerung der Weine. Kann pro Jahr 10 Prozent und mehr betragen.

Aber: das Risiko ist genau so groß wie beim Aktienkauf. Die Topweine aus dem Bordeaux müssen über die Subskription erworben werden. Das heißt: Jetzt Weine, die noch im Fass liegen, auf Verdacht bestellen und bezahlen, dann zwei Jahre auf die Lieferung der Flaschen warten. Wehe dem, der einen Vermittler erwischt, der zwischendurch Pleite geht. Oder der Anteile verkauft, die er noch gar nicht besitzt. Und ob der Wein dann, nach weiteren fünf Jahren Warten, wirklich das wert ist, was er gekostet hat, ist die Frage.

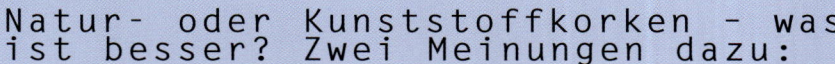

Natur- oder Kunststoffkorken - was ist besser? Zwei Meinungen dazu:

Pro Naturkork

»Ich sage nur Plopp! Plopp ist das Geräusch, das nur ein Naturkorken von sich gibt, wenn er aus der Flasche gezogen wird. Plopp ist Ambiente und Lifestyle. Es gibt keinen anderen Verschluss für eine Weinflasche, der eine so sinnliche Melodie von sich gibt wie ein ploppender Korken.

Korken sind zudem etwas Natürliches, man stanzt sie aus der Rinde von Korkeichen. Nein, das ist keine Baumquälerei. Da sind Spezialisten am Werk, die die Rinde behutsam von den Bäumen pellen. Und die wächst in etwa neun Jahren wieder so weit nach, dass sie erneut »geerntet« werden kann.

Kork ist ein Wunder der Natur. Die Rindenzellen ähneln Bienenwaben und sind mit Luft gefüllt. Dadurch kann Kork bis auf die Hälfte seiner Größe zusammengedrückt werden, ohne seine Flexibilität zu verlieren. Es ist das einzige Material, das nachgibt, ohne sich - um den Druck auszugleichen - auf einer anderen Seite auszuwölben.

Und Kork hat ein elastisches Gedächtnis! Wird er zusammengepresst, versucht er, seine ursprüngliche Größe wiederzuerlangen. So dehnt er sich im Flaschenhals, gleicht Unebenheiten aus und verschließt die Flasche jahrzehntelang dicht.

Nur mit echtem Kork kann der Wein in der Flasche reifen und seine derben Gerbstoffe abbauen, weil dieser Mikromengen an Luft durchlässt. Weine mit Kunststoffkorken schmecken schon nach einem Jahr matt und verlieren ihre Frische, weil Kunststoff nicht so elastisch ist und zu viel Sauerstoff durchlässt. Darum nehmen alle großen Weingüter immer noch beste Naturkorken zum Verschließen ihrer Flaschen.

Zu guter Letzt: Der Weintrinker möchte einen guten Tropfen nicht per Schraubverschluss öffnen, sondern er will mit dem Plopp des Korkens an die Weinkultur erinnert werden.«

Pro Kunststoff

»Der Stern der Naturkorken ist am verblassen. Immer mehr Flaschen haben Korkfehler. Nicht die deutlichen Stinketöne, sondern die gemeinen, hinterlistigen, verdeckten Kork- schmecker. Die einen vorher guten Wein schwach und stumpf machen, ihn nach altem Holz schmecken lassen.

Wer will schon viel Geld für eine Flasche Wein bezahlen, wenn er befürchten muss, dass der Inhalt nicht toll ist? Nur, weil der Plopp beim Öffnen so wichtig sein soll?

Mit Kunststoffkorken oder auch mit Schraubverschluss ist der Flascheninhalt nicht weniger wertvoll, aber hat garantiert keinen Korkton. Schaut man sich die meisten Korken an, sind das nur zusammengeleimte Korkbrösel. Die machen zwar Plopp, sind aber keine echten Korken und halten auch nicht lange. Mit Reifung in der Flasche ist bei denen daher nichts.

Was will der Weintrinker heute? Eine Flasche mit fertigem Wein kaufen, aufmachen und mit Genuss leeren. Die Reife soll vorher im Fass stattfinden. So ein Wein braucht keinen ge- fährlichen Korken, der braucht einen Verschluss, der dicht hält. Am besten einen Schraubverschluss. Wer aber doch den Plopp braucht, ist mit 'nem Kunststoffkorken bestens bedient.

In Spanien, Frankreich, Italien und der Neuen Welt werden immer mehr Flaschen mit bunten Silikonstopfen verschlossen. Der Weintrinker hat's längst akzeptiert. Der wundert sich höchstens noch, dass sein Korkenzieher öfter den Geist auf- gibt als vorher, weil diese Stopfen so fest sitzen.

Je mehr die alternativen Verschlüsse akzeptiert werden, um so besser werden sie. Und wer das Lagern nicht lassen will: Es gibt inzwischen Premium-Kunststoffstopfen mit kontrollierter Sauerstoffzufuhr, die einen Wein genauso reifen lassen wie ein geschmacksgefährdender Naturkorken.«

Bordeaux

Das ist: ein aus Traubensorten gemischter Wein aus der Region Bordelais in Frankreich. Am berühmtesten sind die trockenen Rotweine (von Châteaux). Riecht nach herben schwarzen Beeren (Brombeeren, schwarzen Johannisbeeren), Schokolade. Schmeckt nach schwarzen Johannisbeeren, Cassis-Likör, Dörrpflaumen. Junge Bordeaux sind oft rau und trocknen den Mund aus.

Was ich wissen sollte: Das Gebiet um die Stadt Bordeaux, das Bordelais, ist das größte Qualitätsweingebiet der Welt. Typisch: Bordeaux-Weine werden immer aus mehreren Traubensorten gemischt, vor allem aus Cabernet-Sauvignon, Merlot, Cabernet Franc, aber auch aus anderen. Die Weine werden speziell über »Négociants« (Weineinkäufer) vermarktet, die mitverdienen wollen. Deshalb sind diese Weine oft teurer als vergleichbare Qualitäten.

Macht-was-her-Faktor: hoch, wenn auf dem Etikett »Cru« (erstklassige Lage – aber nicht »Bourgeois«) steht, sonst mittel.

Chianti

Das ist: ein weltweit bekannter aus Traubensorten gemischter Rotwein aus einer Region (Toskana) in Italien. Trocken und kräftig, wird im besten Fall mit dem Alter (so ab 6 Jahren) immer besser. Riecht nach schwarzen Beeren (Brombeeren, schwarzen Johannisbeeren, Holunderbeeren) und Dörrpflaumen, im Alter nach Veilchen. Schmeckt jung kräftig und fleischig, nach Kirschen, später samtig-weich, stärker nach Brombeeren.

Was ich wissen sollte: war bei uns in den 6oer Jahren in bastumwickelter bauchiger Flasche (dem »Fiasco«) sehr beliebt. Da deren Inhalt immer mehr zum Fiasko geriet, wurde der Wein in die klassischen Rotweinflaschen gefüllt und das beste Anbaugebiet zur Chianti-Classico-Region ernannt. Markenzeichen ist der »Gallo Nero«, der schwarze Hahn. Aus den außerhalb der Kernzone liegenden Gebieten kommt ein »Chianti«, der eine Putte als Symbol trägt. Alle sind zwar mit der höchsten Qualitätsstufe Italiens – dem DOCG – ausgezeichnet, was aber nicht heißt, dass auch alle ausgezeichnete Weine sind. Wichtigste Rebsorte bei allen Chianti ist die Sangiovese-Traube.

Macht-was-her-Faktor: mittel; Chianti Classico: höher.

Rioja

Das ist: ein meist kräftig-voller Rotwein aus einer Region (Rioja) in Nordspanien, der ursprünglich aus mehreren Traubensorten gemischt wird. Erinnert etwas an Bordeaux-Weine. (Aus Rioja kommen auch Weiß- und Roséweine.) Riecht kräftig nach schwarzen Beeren (Brombeeren, schwarzen Johannisbeeren), gekochten Pflaumen, Gewürzen, Rauch und schwarzem Gummi. Fruchtigherber Geschmack nach Brombeeren, Marzipan, ältere sind weicher, runder, reifer.

Was ich wissen sollte: Rioja wird in die Regionen Alavesa und Alta (gut) sowie Baja (weniger gut) eingeteilt, was allerdings sehr selten auf dem Etikett steht. Dafür aber wie lange der Wein gereift ist: Tinto Joven ist ein junger Wein, Crianza ein 2 Jahre alter, eine Reserva darf erst nach 4, eine Gran Reserva (gibt's nur von guten Jahrgängen) nach 6 Jahren verkauft werden. Riojas sind traditionell ein Verschnitt mehrerer Traubensorten (Tempranillo, Mazuelo, Graciano u. a.), heute gibt es aber immer mehr reinsortige aus Tempranillo.

Macht-was-her-Faktor: mittel.

Syrah/Shiraz

Das ist: ein roter Rebsortenwein aus einer großen Traubensorte von der Rhône, in Frankreich »Syrah« genannt. Wurde aber erst als »Shiraz« in Australien zum Popwein. Weine von der oberen Rhône sind kräftige, stämmige Weine, die australischen schmecken zusätzlich noch schokoladig. Riechen alle nach schwarzen Beeren (Heidelbeeren, Brombeeren), Himbeeren und Pflaumen, die Rhôneweine dazu nach Veilchen und Pfeffer, die Australier nach Schokolade. Schmecken fruchtig und nachhaltig nach schwarzen Beeren, die von der südlichen Erdhälfte süßer und üppiger.

Was ich wissen sollte: Die Syrah-Traube hat sich vom nördlichen Rhônetal aus über die ganze Welt verbreitet, am besten scheint es ihr aber in Australien (dort vor allem im Süden) zu gefallen, wo sie auch »Hermitage« (nach der Herkunft) genannt wird und alkoholreiche Spitzenweine hervorbringt (z.B. Penfolds Grange). Andererseits liefert sie auch angenehme Alltagsweine, wobei die Shiraz- oft mit Cabernet-Sauvignon-Trauben gemischt wird, um sie herber zu machen.

Macht-was-her-Faktor: Frankreich/Rhône (z.B. Crozes-Hermitage) und Australien (South Australia) hoch.

Grüner Veltliner

Das ist: ein Weißwein aus einer Traubensorte, die es nur in Österreich gibt und dort die meist angebaute Sorte ist. Ein frischer, kräftiger und würziger Schöppelwein, mit nicht so viel Säure wie der Riesling. Es gibt auch spät gelesene Spitzenweine aus dieser Rebsorte. Riecht nach hellen Trauben, Rosinen, Honig, Pfeffer, Gras und gelben Blüten und schmeckt frisch, würzig. Oft prickelt er leicht auf der Zunge und hat einen pikant-pfeffrigen Nachgeschmack.

Was ich wissen sollte: Grüner Veltliner wird nicht nur als »Heuriger« in Wiener Beiseln (Kneipen) in Mengen getrunken, sondern ergibt in der Wachau und im Kamptal, um Wien und im Kremstal sehr feine Weine, die mit weißen Burgunder-Weinen konkurrieren können. »Federspiel« und »Smaragd« sind Qualitätsstufen, die nur in der Wachau gebraucht werden – Federspiel entspricht etwa einem Kabinett, Smaragd einer Spätlese oder trockenen Auslese.

Macht-was-her-Faktor: niedrig; wenn aber noch Wachau und »Federspiel« oder »Smaragd« auf dem Etikett stehen: hoch.

Riesling

Das ist: ein Rebsortenwein, eine Spezialität aus Deutschland (und Österreich, Elsass, auch Australien, Südafrika). Gute deutsche Rieslinge sind nicht nur bei uns populär geworden (durch Kochsendungen), sondern dabei, die Welt zu erobern. Es sind vor allem würzige, säurereiche Weißweine, die höchst unterschiedlich sein können – von billigen Säften bis zu Weltspitze-Weinen. Riechen nach Äpfeln, Birnen, Aprikosen, weißen Pfirsichen, Zitrusfrüchten und Exoten, gehaltvollere zusätzlich nach Honig. Im Ideal-fall schmecken sie knackig, spritzig, kräftig-fruchtig und mit ausgeprägter, aber nicht »spitzer« Säure.

Was ich wissen sollte: Riesling steht weltweit für die besten Weine aus Deutschland, aber seine Klasse hängt vor allem von der Lage, vom Jahrgang und vom Winzer ab. Damit die Säure magenschwachen Leuten nicht so aufstößt, wird sie oft mit einer ordentlichen Portion Süße zugekleistert. Aber es gibt immer mehr bessere Rieslinge, also auf die Suche gehen.

Macht-was-her-Faktor: hoch bei Rheingauer (deutschem) und Wachauer (österreichischem) Riesling, sonst eher mäßig.

Auf Weinreise in
Deutschland

Wo die edlen Weintrauben auf schöne Flüsse schauen und die Winzer ziemlich kräftige Waden haben.

Deutscher Wein ist einzigartig auf der Welt. Kaum zu glauben? Stimmt doch. Bei keinem anderen Weinland kann man (fast) alle Weinberge von einem Fluss aus betrachten, ohne dabei an Land gehen zu müssen. Probieren wir das doch einfach mal aus und lassen an einem schönen Herbsttag unser Paddelboot zu Wasser.

Der Start ist im Osten, in Sachsen-Anhalt. Hier rudern wir auf der Unstrut über Freyburg nach Naumburg, wo sie sich mit der Saale vereint, bis nach Weißenfels. Auf der linken Seite sehen wir die Muschelkalkhänge mit ihren Terrassen, auf denen tatsächlich Wein wächst. Nördlichste Weinregion weltweit. Wir sind auf dem 51. Breitengrad, weit weg von jenem legendären 50. Breitengrad, der allgemein als nördliche Weinbaugrenze gilt. Die Sommer sind heiß und trocken, die Winter klirrend kalt. Die Trauben sind jetzt noch recht grün, aber meistens werden sie im späten Herbst doch noch reif, die unkomplizierten Sorten wie Silvaner und Müller-Thurgau.

Aber auch der Riesling kann hier in guten Jahren etwas werden. Und aus Freyburg kommt ein bekannter Sekt – das »Rotkäppchen«. Jetzt heißt es kräftig paddeln, wir müssen über die Elbe bis nach Meißen, Radebeul und Dresden ins Weinland Sachsen.

Wieder links, der Sonne zugewandt, die steilen Terrassen, auf denen Riesling und sogar roter Spätburgunder gut gedeihen. Alles Steillagen, auf denen die Winzer kräftig rauf- und runterklettern müssen und die nur niedrige Erträge bringen. Wenige Trauben ergeben kernige, trockene Weine, die leider rar und teuer sind.

»Samtiger« Rotwein, kräftiger Riesling

Am besten jetzt den Außenbordmotor anwerfen, wir müssen über den Mittellandkanal zum Rhein. Über Köln und Bonn zum Mittelrhein, der Bilderbuchlandschaft mit steilen Hängen, Felsen und Burgen. Die kernigen Rieslinge wachsen hier auf dunklen Schieferböden, die die Sonnenwärme einfangen und

den Weinen eine erdige Note geben. Doch hinter Bonn erst einmal ins enge Ahrtal. Die Trauben an den Südhängen am Fluss fangen schon an, sich rot zu verfärben. Wir sind in einem alten Rotweingebiet, dessen Spätburgunder in den letzten Jahren immer besser wurden. Nicht mit französischen Burgundern zu vergleichen, aber schön samtig und weich auf der Zunge.

Weiter geht's bis Koblenz, wo die Mosel nach ihrem kurvenreichen Lauf in den Rhein mündet. Anfangs ist noch nicht viel los mit dem Wein. »Zeller Schwarze Katz« und »Kröver Nacktarsch« (heißt wirklich so!) sind populäre Großlagen. Erst an der Mittelmosel klingelt es im Ohr: »Erdener Treppchen«, »Wehlener Sonnenuhr«, »Bernkasteler Doctor«, »Piesporter Goldtröpfchen«, das sind Namen guter Lagen und wir staunen über die steilen Schieferhänge, die mühevoll mit strammen Waden bewirtschaftet werden müssen. Die Trauben sind noch ziemlich grün, sie werden auch hier spät reif und können für den weltberühmten Mosel-Riesling oft erst im November gelesen werden, dann hat der Wein aber Klasse und Rasse, ist trotzdem leicht und fein.

Schöne Rieslinge gibt es noch moselaufwärts an Saar und Ruwer. Hier reifen die Trauben noch später und ergeben fast metallisch schmeckende, »stahlige« Weine.

Wieder zurück zum Rhein und an der eindrucksvollen Loreley vorbei, bei Bingen geht's ins Nahetal, einem wenig bekannten Anbaugebiet mit mittelkräftigen, duftigen und erdigen Weinen, vor allem aus Riesling- und Müller-Thurgau-Trauben.

Mosel

Saar

Frankfurt

Main

50°

Rhein

Mannheim

Würzburg

Die aristo-
kratische Mitte

Aufgepasst, hinter Assmannshausen (einer »Rotweininsel«, auf der seit fast tausend Jahren Rotwein hergestellt wird) macht der Rhein eine scharfe Kurve. Hier, zu Füßen der Taunusberge, beginnt Deutschlands berühmtestes Riesling-Gebiet, das Rheingau. Die Hänge sind nach Süden gerichtet, das Klima ist recht trocken mit viel Sonne. Das Wasser von Rhein und Main spiegelt die Sonnenstrahlen und lässt jetzt im Herbst öfter die Nebel in die Weinberge aufsteigen, die die Edelfäule fördern und die berühmten edelsüßen Auslesen ergeben.

Aber Achtung, liebe Mitreisende, es gibt hier nicht nur »Erbacher Marcobrunn«, »Schloss Johannisberg« und »Hochheimer Königin Victoria Berg« (nach Victoria von England benannt, die den »Hock«, den Hochheimer, so gerne mochte), sondern eine Menge einfacher Weine. Bei Hochheim sind wir nun schon auf dem Main und rudern schnell an Frankfurt und Aschaffenburg vorbei ins Land der Frankenweine. Etwas gemerkt? Bei Aschaffenburg kreuzen wir den 50. Breitengrad, ab hier soll es ja erst genügend Sonne geben, dass die Trauben reifen können, aber davon merken wir nichts. Hier, wo der Main ein Viereck bildet, mal auf die Hänge achten: erst roter Sandstein, ein Stück später heller Kalk. Sandstein gibt den Weinen eine kräftige Säure, Kalk eine eher weiche Note. Jetzt kommt das Maindreieck, von Gemünden über Würzburg nach Schweinfurt, das klassische Mainfranken mit seinen Silvaner-Reben, die im Muschelkalk wurzeln und gehaltvolle, erdige Weißweine hervorbringen, die schon Goethe mochte (den »Würzburger Stein«). Aber noch vor Schweinfurt ist Schluss mit Weinbau, wir müssen zurück. Bei Wertheim können wir noch einen Abstecher ins idyllische Taubertal machen, dessen Müller-Thurgau-Weine frisch und erdig geraten.

Bei Mainz wieder rheinaufwärts. Rechts liegt Rheinhessen, links die Hessische Bergstraße. Ja, hier merkt man schon eher, dass wir in wärmere Gefilde kommen. Im Frühjahr blühen Kirsch- und Mandelbäume, wenn anderswo noch Winter ist. Und jetzt im Herbst sind die Trauben schon reif. Rheinhessen erzeugt riesige Mengen einfacher Müller-Thurgau- und roter Portugieser-Weine, aber auch erstklassige Rieslinge und Weißburgunder auf sonnenzugewandten Hängen mit rotem Tonschiefer und Löss. Die Lagen »Oppenheimer Sackträger« und »Niersteiner Hipping« sollte man sich merken.

Weiter nach Mannheim und Ludwigshafen. Rechts im Hintergrund die Deutsche Weinstraße und die Höhen des Pfälzer Waldes, an den Hängen der Mittelhaardt die Spitzenlagen der Pfalz wie »Wachenheimer Gerümpel« oder »Forster Ungeheuer« und viele mehr. Und davor die Ebene mit fruchtbaren Böden, die besser für Kartoffel- und Rübenanbau geeignet wären, und furchtbaren Weinen.

Auf der linken Seite mündet hier der Neckar in den Rhein. Wir paddeln an Heidelberg vorbei und kommen in ein buntes Durcheinander der Anbaugebiete von Baden und Württemberg. Badischer Kraichgau, das württembergische Hohenlohe und die Region um Heilbronn und Stuttgart. Hier heißen die Winzer Weingärtner und trinken am liebsten ein paar Viertele hellroten Trollinger aus handlichen Henkelgläsern. Gegen den Durst. Für den Sonntagsbraten gibt es aber auch gehaltvolle Rotweine bis zum Spätburgunder aus dem Barrique.

Der sonnige Süden

Jetzt ist es schon spät geworden, aber noch ein Stück rheinaufwärts rudern und wir sind im südlichsten und wärmsten unserer Weinbaugebiete, in Baden. Auf der linken Seite der Schwarzwald, davor als schmales Band die Weinberge, in denen schon die reifen Trauben geerntet werden. An der Ortenau mit feinen Rieslingen und Breisgau vorbei, dann erhebt sich das eindrucksvolle Vulkanmassiv von Kaiserstuhl und Tuniberg aus der Rheinebene. Im Sommer »kochen« hier die Müller-Thurgau- und Spätburgunder-Reben, im Herbst werden daraus saftige Weißweine und fruchtige Rosés gekeltert oder kräftige Rotweine, die im Barrique bestens geraten.

Südlich davon das beschauliche Markgräflerland mit seinem Gutedel, einem milden Schöppelwein. Noch ein Stück am Alpenrand entlang und wir sind am Bodensee. Auf seiner linken Seite schauen wir auf Deutschlands höchstgelegene Weinberge, wo in 570 Metern Höhe die Apfelbäume erst drei Wochen später blühen als am Kaiserstuhl. Trotzdem sind die Müller-Thurgau- und Spätburgunder-Trauben schon ziemlich reif, die Wasserfläche des Bodensees spiegelt das Licht der untergehenden Sonne noch auf die Reben und wir können endlich ein gutes Fläschchen aufmachen. Aber welches?

49

Wein pr

Am besten erst mal allein (oder zu zweit)

obieren

»Nee, Brokkoli mag ich nicht. Ist mir zu grün. Und kratzt im Hals.«
»Protest! Schmeckt doch lecker, mit Knoblauch und Olivenöl, mhm.
Probier mal.« Beim Essen weiß jeder gleich was und hat auch was
dazu zu sagen. Und beim Wein? »Nee, diesen Rueda, den mag ich
nicht, der ist mir zu seicht und cremig.« Was aber, wenn das einfach
ein mieser Rueda ist und der richtig gute gar nicht seicht und cremig
wirkt? Nur wie soll einer das schon wissen? Wenn er eigentlich noch
nicht mal einen Rueda kennt.

Da hilft stets eins: probieren. Also die Weine näher kennen lernen.
Am besten erst mal allein (oder zu zweit) im stillen Kämmerlein.
Denn da redet einem kein Neunmalkluger drein. Einfach in Ruhe
den eigenen Geschmack austesten.

Muscheln in Weißwein

Für 4 lustige Weintrinker:

2 kg Miesmuscheln kräftig unter fließendem Wasser schrubben. Wenn welche offen sind, herzhaft antippen. Wenn sie nicht zuklappen mögen, lieber wegwerfen. 4 Zwiebeln schälen, längs vierteln und in Streifen schneiden. In einem Riesentopf 8 EL Olivenöl erhitzen und die Zwiebeln andünsten (sachte! bei geringer Hitze). 1 Bund Petersilie abbrausen und kräftig schütteln, die Blätter grob zerschneiden und zu den Zwiebeln geben. 2 Lorbeerblätter dazu. Wer mag, bröselt auch noch 2 getrocknete Chilischoten hinein, dann wird's schön scharf. 3/4 l Weißwein (Weißburgunder oder Müller-Thurgau) dazugießen und alles bei starker Hitze um die Hälfte einkochen lassen (ohne Deckel). Die Muscheln rein, ein bisschen salzen und pfeffern, zugedeckt 5–7 Minuten kochen, dabei einmal durchmischen. Viel Weißbrot und Weißwein dazu servieren. Schmeckt nicht nur Rheinländern.

Ein Winzer rechnet vor
Was kosten Weinberg- pflege und Spritzmittel?

Friedhelm Rinklin, Bio-Winzer: »Bei uns arbeitet vorwiegend die eigene Familie. Für die Arbeitsspitzen bei der Rebpflege, beim Rebschnitt und der Laubarbeit im Sommer haben wir noch eine Saisonkraft (etwa 1.000 Euro plus Nebenkosten). Die Kosten für Bio-Spritzmittel halten sich einigermaßen in Grenzen, dürften um die 200 Euro pro Hektar und Jahr liegen. Das sind bei meinen 5 Hektar gute 1.000 Euro. Dazu kommt noch die Maschinennutzung, die sich auf 500 Euro im Jahr beläuft. Das »Problem« bei Bio-Spritzmitteln ist, dass sie nicht so gut wirken wie chemische Keulen. Das bedeutet, dass nur vorbeugend gearbeitet werden kann und erfordert zwei bis drei Behandlungen mehr im Jahr als beim herkömmlichen Anbau. Dafür sind die Mittel nicht so umweltschädlich. Allerdings ist das Ertragsrisiko höher – wir müssen hin und wieder mit deutlichen Ausfällen durch Pilzkrankheiten rechnen.« Macht grob geschätzt insgesamt 2.500 Euro pro Jahr für Herrn Rinklins Weinberg.

2.500

Das Glas

Weißweingläser sind kleiner als Rotweingläser. Durch die schmale Form und die kleine Öffnung des Glases werden die rasch verfliegenden Weißweindüfte stärker konzentriert.

Zwei Grundformen gibt es. Im Bild ist das Weißweinglas für leichte säurereiche Weine, das oben nach außen gebogen ist. Durch diese »Säurelippe« wird der Wein auf die Zungenmitte gelenkt, die Säure nicht so intensiv empfindet. Das ist gut bei jungem Riesling, Grünem Veltliner, Soave, Chablis.

Größer und oben gerade auslaufend sind Gläser für volle Weißweine mit wenig Säure (edelsüße Rieslinge, Chardonnay, Sauvignon Blanc). Die behäbigeren Aromen dieser Weine kommen gut zur Geltung, die Form leitet den Wein auf die Zungenspitze, die Säure stärker spürt.

Neffe Andys Weingeschichten

Irgendwann war's nix mehr mit Pizza und Discount-Sangiovese. Man wird ja verwöhnt mit der Zeit. Also guck ich mal ins nächste Urlaubsland, nach Spanien. Die verkaufen ihre Rotweine erst, wenn sie alt genug zum Trinken sind. Sagt mein Onkel, der sich für einen Weinkenner hält. Und nimmt mich mit zu seinem Stammladen, wo jeder die Weine vor dem Kaufen probieren darf. Da war so ein Rioja Reserva, der hat so richtig satt nach schwarzem Pflaumenmus geschmeckt, mmmmh. Aber teuer ist der. Zu teuer für mich. Noch.

Dafür nimmt mein Onkel einen Tatachilla mit, einen Roten aus Australien. Auf den ersten Schluck ein schön fetter Beerensaft. Abwarten, sagt der Onkel und führt vor, wie man so einen Wein richtig auseinander nimmt. Wie man das Glas rumschwenkt, ohne dass was auf Hemd oder Tischdecke kommt. Jetzt schauen wir, wie die Tropfen an der Glaswand runterlaufen. »Sieht aus wie ein gotisches Kirchenfenster, stimmt's?« Kirchenfenster! Das gefällt mir. Dann den Duft – nein, nicht tief atmen, schnüffeln wie ein Hund. Stimmt, so rieche

ich viel mehr. Schwarze Beeren, genau. Holunderbeeren? Wenn er meint. Schokolade? Ja das schon. Und Leder? Leder! Spinnt der? Noch mal schnüffeln. Und noch mal. Ja doch, wie Ledertasche.

Nun der zweite Schluck. Anders als vorher. Besser. So richtig dick und rund, mit Beerensaft lag ich da schon richtig. Dann noch etwas Sauerkirschen, ja, sehr edel. »Und merkst du, wie feinkörnig die Tannine sind?« Nee, Onkel, das merk' ich noch nicht. Aber wir arbeiten daran!

Bastelstunde

Wie schmeckt Tannin?

Das brauche ich:
2–3 Teebeutel (eine herbe, nicht aromatisierte Sorte wie z.B. die Ostfriesische Mischung)

Das mache ich:
Teebeutel in eine Kanne hängen und mit 1/2 l kochend heißem Wasser aufgießen. Nach 3 Minuten Ziehzeit eine halbe Tasse Tee abgießen. Nach 5 Minuten wieder eine halbe Tasse abgießen. Den Rest noch weitere 30 Minuten ziehen lassen. Dann den Teebeutel entfernen.

Probieren:
Wie schmeckt kalter Tee nach verschieden langen Ziehzeiten?

Je länger die Teebeutel im Wasser schwimmen, desto herber und bitterer schmeckt der Aufguss in den Tassen. Der Kannenrest, der am längsten gezogen hat, ist am bittersten und scheußlichsten. Wenn's eine richtig herbe Teesorte war, wird dieser Rest den Mund kräftig zusammenziehen. Gleichzeitig fangen die Speicheldrüsen heftig an zu arbeiten.

Das pelzige Gefühl im Mund wird von Gerbstoffen, den Tanninen, verursacht. Die sind es auch, die vor allem die Rotweine adstringierend (zusammenziehend) wirken lassen. Am Beispiel Tee sieht man, dass umso mehr Tannine aus den Teeblättern herausgezogen werden, je länger die Teebeutel im Teewasser verbleiben.

Auf Wein übertragen:
Rotwein-Tannine schmecken und wirken im Mund wie Tee-Tannine. Beim einen herb, bitter und zusammenziehend, beim anderen weich und angenehm. Die Gerbstoffe stecken bei den Weintrauben in den Beerenhäuten, den Kernen und den Stielen, den »Rappen«. Diese Gerbstoffe sind es, die Wein so gesund machen (siehe Seite 144). Die Stiele enthalten sehr herbe, »rapsig« schmeckende Tannine, deshalb werden sie meistens gleich entfernt. Bei Weißweinen wird der Saft sofort von Häuten und Kernen abgepresst, deshalb enthalten sie weniger Gerbstoff. Bei Rotweinen bleiben die samt Häuten und Kernen zerquetschten Beeren (Maische) noch länger im eigenen Saft – so wie der Teebeutel im Wasser. Je dicker die Schalen der Beeren sind (je mehr Tee im Beutel ist) und je länger Häute und Kerne im Traubensaft bleiben (je länger der Tee zieht), umso herber und tanninreicher (zusammenziehender) schmeckt hinterher der Wein.

Die Kämmerlein-
Probe

Nun aber 'nen Termin ausmachen fürs erste Date. Wie das verläuft ist auch beim Wein wichtig für die spätere Beziehung. Weswegen man genau überlegen soll, ob und wen man da noch mitnimmt.

»Auja, eine Weinprobe, da sind wir dabei. Wir bringen auch unsere Flaschen mit.« Lieber nicht. Bei den ersten Probierrunden mit einem neuen Wein ist man besser allein. Oder zu zweit, wenn die Partnerin oder der Partner auch weiterhin mit einem die Flaschen teilen will. Denn anfangs geht's erst mal nur ums Kennenlernen verschiedener Weintypen und das Erforschen der eigenen Vorlieben, wobei zu viele verschiedene Kommentare nur stören. Aber sonst gilt bei den »Kämmerlein-Proben« auf den nächsten Seiten das gleiche wie bei jeder anderen Weinprobe: Ich trinke den Wein nicht nur so aus Freude, sondern will ihn vergleichen mit anderen, die ich davor oder danach trinke. Und später als Fortgeschrittener auch mit solchen, an die ich mich erinnern kann. Das Ziel ist simpel: herausfinden, welcher Wein mir schmeckt und welcher nicht. Weiß ich dann noch warum, geht's auch schon los mit der Kennerschaft.

Wein schmeckt natürlich am besten zum Essen. Beim Weinprobieren lenkt das aber nur ab. Vor oder ein paar Stunden nach dem Mittagessen ist die beste Probierzeit. Ein gefüllter Magen ist eine gute Grundlage, wenn man mehr als ein Glas trinken möchte. Aber

Probieren heißt eigentlich sowieso kleine Schlückchen nehmen. Profitester spucken den Wein sogar aus. Der winzige Tropfen, der die Kehle hinunter rinnt, reicht ihnen, um ihn zu beurteilen. Bei 60 oder mehr Weinen ist das wohl auch die einzige Möglichkeit, um nüchtern aus der Probe zu kommen.

Liste machen und einkaufen

Aber wir fangen klein an. Vier bis fünf Weine sind zu Beginn genug. Die Sorten für die drei folgenden »Kämmerlein-Proben« von weiß bis rot sind so zusammengestellt, dass sie jeder eigentlich leicht bekommen kann. Am besten für jede Probe eine Liste schreiben und im Laden damit suchen, bei Bedarf einen Fachverkäufer fragen. Falls ein angegebener Wein nicht da sein sollte: weitersuchen. Bei einem nur ähnlichen stimmt die Weinbeschreibung der Sorten nicht mehr. Die Probe kann ja noch etwas warten.

Und: Warten ist sowieso gut. Manche Weine haben es nicht so gern, wenn sie kurz vorm Öffnen quer durch die City geschaukelt werden. Also lieber nach dem Einkauf ein oder zwei Tage ausruhen lassen. Aber nicht im Kühlschrank! Längere Kühlzeiten mag kein Wein, er verliert an Aroma und Geschmack.

Was soll er denn kosten?

Eine der häufigsten Fragen, die einem beim Weinkauf gestellt wird, ist die nach dem Preis. Ja, was sagen? Als Geizhals will man nicht gelten, aber auch nicht den restlichen Monat nur von trockenem Brot leben. Zu einfach und billig sollte der Wein nicht sein, denn die sagen in der Regel nichts aus. Und wir wollen doch unseren Geschmack schulen. Zu anspruchsvoll ist auch nicht sinnvoll, da wir zu Anfang vermutlich den Unterschied zwischen einem 25- und 50-Euro-Wein noch nicht bemerken. Also Faustregel: Die Weine sollten zwischen fünf und sieben Euro kosten. Nicht weniger, aber auch nicht viel mehr. In der Preisklasse gibt es ganz ordentliche Weine. Nur beim Bordeaux-Rotwein sollte man etwas mehr einplanen. Hier dürfen es so zehn bis 15 Euro sein.

Goldregeln für die Probe

1. Regel: Mit Schnupfen und verstopfter Nase riecht und schmeckt man nichts. Aber der Wein wird ja nicht schlecht. Termin verschieben, bis man wieder fit ist.

2. Regel: Auch eine zu trockene Nase kann Düfte schlecht einsammeln – ein geruchsneutrales Meerwasser-Nasenspray (kein Schnupfenspray!) wirkt oft Wunder.

3. Regel: Nach dem Essen sind Nase und Zunge faul – das Riechen und Schmecken geht dann weniger gut von der Hand als in nüchternem Zustand. Deshalb ist die beste Zeit fürs Probieren morgens um 11 Uhr.

4. Regel: Zahncreme, Kaffee und Obst (vor allem Exoten) verderben ein bis drei Stunden lang den Geschmack. Vor der Weinprobe unbedingt meiden.

5. Regel: Raucher und ältere Menschen riechen deutlich schlechter. Also: weniger rauchen und die besten Weine vor Erreichen des Rentenalters testen.

6. Regel: Absolutes »do not« bei allen Weinproben: vorher Parfum oder Rasierwasser auftragen. Kein Mensch kann ein Weinaroma erkennen, wenn's nebendran nach Chanel riecht!

Was braucht's noch?

Vier bis fünf Weingläser (pro Tester), eines für jede Sorte. Wir wollen die Weine miteinander vergleichen, das könnten wir mit nur einem Glas nicht. Die Gläser sollten alle die gleiche Form haben, am besten sind einfache DIN-Gläser (siehe Seite 28). Die eignen sich für alle Weinsorten. Vor der Probe mit heißem Wasser (höchstens mit einem Tropfen eines neutral riechenden Spülmittels, Zitrusdüfte im Glas können ganz schön irritieren) spülen. Gut abtropfen lassen und mit einem nicht fusselnden Gläsertuch blitzblank polieren. Doch, doch, das ist wichtig – Kalkreste geben den Weinen ein eigenes erdiges Aroma.

Duften sollen auch die Hände nicht! Bloß keine parfümierte Seife nehmen, der Riesling scheint sonst noch lange danach zu riechen. Und auf Parfum und Rasierwasser verzichten!

Nützliche Hilfsmittel (außer dem Korkenzieher) sind Weißbrot oder Baguette. Möglichst schon am Vortag gekauft und geschmacksneutral, also keine Ciabatta mit Olivenöl und kein gewürztes Brot mit Kümmel oder feinen Kräutern. Ein Stückchen Brot nach einem Schluck Wein kräftig gekaut (deshalb soll es schön trocken sein) lässt den Speichel fließen und reinigt die Geschmacksnerven. Auch gut: zwischendurch einen großen Schluck mildes Mineralwasser trinken.

Das Drumherum

Fehlt nur noch die richtige Umgebung. Ein weißer Untergrund (Tischdecke oder großes Blatt Papier) sollte sein, damit die Farben der Weine gut zu erkennen sind. Nicht zu grelles Tageslicht ist ideal, das Licht von Glühbirnen und Neonröhren verfälscht die Farben.

Beim Probieren sind jegliche Fremddüfte unerwünscht, sie irritieren. Raucher bitte vor die Tür gehen, eine Zigarette tötet ohnehin für mindestens eine halbe Stunde komplett den Geruchssinn. Duftende Rosen auf dem Tisch sehen sicher schön aus, haben aber in der Nähe von Weingläsern nichts zu suchen. Erst recht keine Aromenlampen und Ähnliches. Lieber einfach mal kräftig lüften und dabei tief durchatmen.

Der Zugang zum Inhalt

Gut, alles ist vorbereitet. Jetzt geht's los. Soll der Wein warm oder kalt sein, wie lange muss Weißwein in den Kühlschrank? Und wie, bitte, geht die Flasche auf?

Die richtige Trinktemperatur

Hat jeder schon gehört – Weißwein wird kalt, Rotwein warm getrunken. Warum? Weil wir bestimmte Inhaltsstoffe im Wein bei kühlerer oder wärmerer Temperatur unterschiedlich wahrnehmen. Die Süße eines Weins geht im Mund unter, wenn der Wein zu kalt ist. Das kann uns recht sein, wenn der Wein zu lieblich erscheint – einfach gut kühlen. Säure macht sich ebenfalls weniger bemerkbar, wenn der Wein kühl ist. Bei Rotweinen sind Gerbstoffe (Tannine) dagegen umso markiger, je kälter der Wein ist. Drum schmecken nur Rote mit wenig Tanninen auch gekühlt gut, gerbstoffreiche würden kalt bitter wirken. Aber auch wiederum nicht zu warm trinken. Bei Rotweinen sind die Aromen besser zu beurteilen, wenn sie ein wenig unter Zimmertemperatur probiert werden – sonst überdeckt der Alkohol, der bei Wärme stärker in die Nase steigt, die feinen Nuancen.

Es gibt immer Ausnahmen. Faustregel: Je leichter ein Wein, desto kühler soll er sein, je schwerer, desto wärmer. Die Flasche erst auf die Waage stellen? Nein, gemeint ist: wie viel Fülle ein Wein im Mund erzeugt. Ein leichter Weißwein ist z.B. ein Orvieto oder ein einfacher Müller-Thurgau (keine Spätlese!). Das weiß man erst, wenn man den Wein probiert. Oder merkt es am Preis: je günstiger desto leichter (meistens). Ein schwererer Wein ist z.B. der Chardonnay, ein ganz schwerer ein guter Rotwein aus dem Bordeaux.

Leichte Weißweine und Sekt, Champagner, Prosecco sollen am kältesten sein, wenn sie auf den Tisch gestellt werden. Fettere, kräftigere Weißweine wie ein Chardonnay und die Roséweine können ein bisschen weniger kalt sein. Am besten diese Weine in einen Weinkühler – mit Wasser und Eiswürfeln gefüllt – stellen, damit sie nicht warm werden.

Das zimmerwarme Missverständnis

Rotwein soll Zimmertemperatur haben, geistert noch der Spruch von annodazumal durch die Köpfe. Als die Regel aufgestellt wurde, waren die Zimmer in der kühlen Jahreszeit selten wärmer als 16 Grad. Das wäre auch die richtige Wärme für kräftige Rotweine wie Burgunder und Bordeaux. Noch schwerere entfalten sich bei 18 Grad am besten – also auch etwas kühler als unsere Zentralheizungstemperatur im Winter.

Leichtere, nicht so herbe Rotweine wie ein Beaujolais (vor allem der Primeur) werden leicht gekühlt serviert. Sie sollen gerade so kalt sein, dass man sie beim Trinken als frisch empfindet. Da kommt ihre Fruchtigkeit am besten zur Geltung.

Zugegeben, die Temperaturspielereien sind etwas akademisch. Es genügt auch, Weiß- und Roséweine rechtzeitig in den Kühlschrank zu stellen und Rotweine aus dem kühlen Schlafzimmer zu holen. Die Hand- oder Wangenprobe (kalt – kühl – warm) genügt. Ansonsten bietet der Handel einige Gradmesser für Weintemperaturen an (siehe Seite 78), mit denen die Temperatur von Flasche oder Inhalt gemessen werden kann.

Faustregel: Weißweine und Rosés drei bis vier Stunden vor dem Öffnen in den Kühlschrank stellen. Rotwein nicht zu warm platzieren, Schlafzimmertemperatur ist genau richtig. Und schon ein bis zwei Stunden vorher aufmachen, damit er Luft bekommt.

Jetzt geht's der Flasche an den Kragen

Einen Schraubverschluss oder einen Kronkorken entfernen kann jeder. Ist die Flasche aber mit einem Korken verschlossen, wird das Ganze schon schwieriger. Los geht's mit

Die beste Temperatur für Wein

- Leichte Weißweine, Sekt, trockener Sherry: 8–10 Grad. Tafelweine, einfache Qualitätsweine, Riesling, Grüner Veltliner, Pinot Grigio, Orvieto, Frascati und die meisten italienischen Weißweine, Retsina (3–5 Stunden im Kühlschrank).

- Kräftige Weißweine, Roséweine, halbtrockener Sherry, Portwein: 12–14 Grad. Chardonnay, Meursault, deutsche Spätlese und Weißherbst (2–3 Stunden im Kühlschrank).

- Leichte weiche Rote: 14 Grad. Beaujolais, Valpolicella, leichte Merlot-Weine, Pinot Noir aus dem Elsass (Kellertemperatur oder 2–3 Stunden Kühlschrank, 1 Stunde vorm Öffnen rausnehmen).

- Kräftige, üppigere Rotweine: 16–18 Grad. Cabernet-Sauvignon-Weine, Rotweine aus der Neuen Welt, Bordeaux, Chianti Classico, Rotweine von der Rhône (kühles Schlafzimmer oder 2 Stunden vorm Servieren aus dem Keller holen). Schwere, tanninreiche Rotweine 1–2 Stunden vorher entkorken, damit sie durch die Luftzufuhr ihre Aromen besser entwickeln können.

der Kapsel. Das ist die Hülse aus Plastik oder Metallfolie, die das obere Ende der Flasche umschließt und den Korken vorm Verderben schützen soll. Bei vielen Kapseln ist eine Reißleine außen zu erkennen – daran ziehen, und der obere Teil der Kapsel ist weg. Theoretisch. Meist versagt das Bändchen mittendrin. Also muss doch ein Messer oder, noch besser, ein Kapselschneider her. Diesen oben auf die Kapsel aufsetzen und einmal im Kreis herumfahren, bis sich die Kappe ganz einfach abheben lässt. Die meisten Flaschen aus der Neuen Welt tragen keine Kapsel, sondern nur eine runde Papierscheibe oder Siegellack auf dem Stopfen.
Papierscheiben erfüllen den gleichen Zweck wie Kapseln, sind aber umweltfreundlicher. Und Siegellack ist optimal. Der Korken trocknet nicht aus und Korkschädlinge (Korkmotten), die sich gern im Pfropf einnisten, haben keine Chance. Nicht abpulen, sondern einfach mit dem Korkenzieher durchbohren und samt dem Korken aus dem Flaschenhals ziehen.

So kommt der Korken raus

Jetzt ist nur noch der Korken zwischen uns und dem Wein. Er soll die Flasche dicht verschließen, damit auch bei einer liegenden Flasche nichts rauströpfelt. Heißt: Er muss sehr fest im Flaschenhals sitzen und ist ent-

sprechend schwer rauszubekommen. Das übliche Werkzeug für diesen Zweck ist ein Korkenzieher, in vielen Küchenschubladen gleich mehrfach zu finden.

Bei den meisten Modellen wird eine Spirale in den Stopfen eingedreht und beides zusammen aus dem Flaschenhals gezogen. Das Ganze hat aber seine Tücken und oft kommen nur Stückwerk oder Brösel oder sogar gar nichts heraus. Liegt an Material, Werkzeug oder Bediener.

Ehe man das Gerät ansetzt, erst den Korken ansehen und mit dem Fingernagel prüfen. Das kann ein elastischer guter Korken sein, der mit jedem Zieher klarkommt. Oder ein ausgetrockneter, spröder oder gar aus Bröseln zusammengeklebter Presskork. Dem kommt man am besten mit einem Doppelklingenzieher näher, bei dem zwei Stahlzungen mit einer wippenden Bewegung zwischen Korken und Flaschenhals gehebelt werden. Sollte man sich in einem Weingeschäft mal zeigen lassen, wie es funktioniert. Dann weiß man, warum er »Ah-so-Korkenzieher« genannt wird. Auch bei alten, durchfeuchteten Korken oft die einzige Möglichkeit, an den Flascheninhalt zu gelangen.

Oder es steckt ein Kunststoffkorken in der Flasche. Der kommt nur mit stabilstem Gerät heraus, am besten mit einem Korkenzieher, der von selbst den Stopfen heraushebelt.

Das Gerät kritisch ansehen: Spirale oder Spindel sollte so geschlungen sein, dass man in die Mitte ein Streichholz schieben kann. Dann hat er eine Seele und bohrt sich nicht einseitig in die Mitte, sondern schlängelt sich ausladend in den Kork. Der zerbröselt dann seltener beim Herausziehen. Hat das Werkzeug keine »Seele«, so ist es meist eines, das beim Eindrehen zwei Arme nach oben hebt. Die werden nachher wieder nach unten gedrückt und der Stopfen auf diese Weise aus dem Flaschenhals befördert. Dieses »seelenlose« Gerät ist kraftsparend, neigt aber dazu, nur das Innere eines Korkstopfens in seinen kleinsten Einzelteilen herauszuziehen. Ist aber (sofern stabil) gut für Kunststoffkorken zu gebrauchen.

Ein ganz breites Gewinde haben die Korkenzieher, die ein »Pull« (englisch für »ziehen«) im Namen haben. Sie werden gerade auf den Flaschenhals gesetzt und dann wird einfach gedreht. Erst bohrt sich die Spindel in den Stopfen, dann schraubt sie ihn langsam nach oben. Packt auch fest sitzende Korken und ist ohne viel Kraftanwendung zu handhaben.

Kein Korken kommt aber vernünftig raus, wenn der Bediener nicht das Gewinde genau in der Mitte des Stopfens ansetzt und senkrecht einbohrt. Wenn sich die Spirale am Flaschenhalsrand entlang ins Innere eindreht, wird der Stöpsel beim Herausziehen einseitig belastet und bricht. Dann den Korkenzieher vorsichtig noch einmal in der Mitte ansetzen und langsam eindrehen. Oder den »Ah-so-Korkenzieher« nehmen.

Wenn der Korken beim besten Willen nicht zum Herauskommen zu überreden ist: mit geeignetem Werkzeug (Holzstab, Hammer) in die Flasche klopfen und den Wein durch ein Sieb in eine Karaffe gießen.

Bei Rotwein möglichst eine Ausgießhilfe (siehe Seite 78) aufsetzen, damit's keine Flecken auf der Tischdecke gibt. So, endlich geschafft! Fast. Zuerst noch mit Schwung einen kräftigen Schwapps Wein ins eigene Glas gießen. Schließlich könnten Korkbrösel dabei sein, die man nicht gerne mittrinkt und mit der Fingerspitze herausfischen will. Dann die Gläser – jetzt langsam – nur zwei Fingerbreit füllen und probieren.

Degustieren

– was heißt denn das?

Wein ist doch eigentlich zum Trinken da. Und dann heißt es, man müsse ihn »degustieren«. Oder »verkosten«. Hallo, ihr Weinexperten, süffelt ihr 'nen Weißen oder Roten nie einfach so?

Die persönliche Weinprobe ist eine sehr subjektive Degustation. Die Umgebung, die Stimmung, die Gedanken, die einem noch durch den Kopf gehen, haben einen starken Einfluss darauf, wie uns ein Wein zusagt. Deshalb schmeckt ein Weißwein im Urlaub, in einer Taverne am Meer, völlig anders als der gleiche Wein zu Hause bei einer Bürofeier. Wein bleibt Wein, aber der Geschmack entsteht im Kopf. Deshalb degustieren. Möglichst viele objektive Kriterien abhaken, bis man zur Entscheidung kommt: Der Wein schmeckt hervorragend. Oder schmeckt (mir!) überhaupt nicht. Schon die alten Römer über-

»Unser Winzer aus Rheinhessen stellt am Freitag seine neue Kollektion persönlich bei uns vor und wir laden Sie herzlich zur Degustation ein.« Oh je, was passiert da? Spielt der Winzer Modeschöpfer und zieht selbst entworfene Klamotten an? Und was soll da »degustiert« werden? Experten unterhalten sich gerne in ihrer eigenen Sprache, einem Code, der eine Wissenschaftlichkeit vorgeben soll, wo eigentlich keine ist. Im schlimmsten Fall reden sie sogar von einer »organoleptischen Prüfung«. Ah ja. Wie bitte?

Nun, einen Wein bewusst mit Augen, Ohren, Nase, Zunge und Tastsinn wahrzunehmen, das sind keine wissenschaftlichen Analysen, sondern sinnliche Erlebnisse. Und die Kunst dabei ist, diese Eindrücke nach und nach in einer sinnvollen Reihenfolge auf sich wirken zu lassen und in Worte zu kleiden. Nichts anderes ist das Degustieren: einen Wein nacheinander nach seiner Farbe, seinem Duft, seinem Geschmack und seinem Eindruck im Mund kritisch zu prüfen, darüber mit anderen zu diskutieren und schließlich zu bewerten. Und wenn der Weinfuzzi von der »Kollektion« eines Winzers redet, meint er dessen neue Weine, also meist die verschiedenen Rebsorten- und Lagenweine eines Jahrganges.

prüften die Trinkbarkeit ihrer Weine durch die drei Merkmale »Color – Odor – Sapor«, Farbe, Duft, Geschmack. Und diese Reihenfolge hat sich bis heute als praktisch erwiesen.

Das Auge trinkt mit

Um die Farbe gut zu erkennen, das Glas (nur zweifingerhoch eingeschenkt) vor eine weiße Fläche halten. Jetzt versuchen, die Farbe zu beschreiben. Bei Weißweinen kann das von Wasserhell über Stroh- zu Honiggelb reichen. Bei Rotweinen von Blass- über Kirsch- zu Brombeerrot. Manchmal sind auch orange Töne dabei. Nur mal als Beispiele, jeder darf die Farben nennen wie er mag. Dann durchs Glas schauen, ob die Farbe sehr klar, wie eine blanke Fensterscheibe, oder eher matt oder sogar trüb ist. Ein blitzblanker Wein schmeckt später auch meist klar, ein trüber oft irgendwie unsauber.

Wird das Glas leicht schräg gehalten, ist die Farbe von Rotweinen besser zu erkennen. Auch wie dicht die Farbe ist – ob man durch den Wein hindurch sehen kann oder ob er in der Mitte fast schwarz wirkt. Auch mal auf den oberen Rand achten, der ist bei Rotweinen meist ganz hell, wie klares Wasser. Je älter ein Wein ist, umso breiter wird dieser Rand. Wenn die Flasche vorher nicht heftig geschüttelt wurde, sind die Farbpigmente bei reiferen Weinen dichter geworden und sinken schneller auf den Grund. Der Übergang zum »Kern« des Weines, zur dunkelsten Mitte, kann ganz unterschiedlich sein – manche werden schnell dunkler, andere sind einige Millimeter fast rosa und durchscheinend.

Auch auf Farbtöne achten – bei Weißweinen können bräunliche Töne auf zu viel Luftkontakt bei der Herstellung hinweisen. Junge Rotweine haben frische, leuchtende Farben, im Alter ändert sich das in eher bräunliche oder ziegelrote Töne.

Jetzt das Glas einmal vorsichtig schwenken – am einfachsten geht das, wenn man den Glasfuß auf dem Tisch stehen lässt, das Glas am unteren Teil des Stiels fasst und vorsichtig in eine kreisende Bewegung versetzt. Zuschauen, wie der Wein von der Glaswand abläuft. Manche fließen ganz schnell, andere bilden dünne Schlieren, die wie magere Beinchen aussehen. Und richtig gehaltvolle Weine mit viel Substanz haften zäh und hartnäckig an der Glaswand, bis sie schließlich bogenförmige Muster bilden, die aussehen wie eine Reihe gotischer Kirchenfenster.

Schmecken tun wir mit der Nase

Unsere Nase ist das wichtigste, vielleicht sogar das einzige Sinnesorgan, mit dem ein Wein richtig analysiert werden kann. Deshalb wird so viel Wirbel darum gemacht, welche Duftnoten ein Wein aufweist. Unser Geruchssinn identifiziert die Aromen, die der Geschmackssinn dann nur noch ergänzen kann.

Also Nase rein ins Glas. Nicht tief und anhaltend die Luft einziehen, sondern kurz schnüffeln. Beim Einatmen riecht man am meisten. Und der Geruchssinn gewöhnt sich sehr schnell an einen Duft, und sei er noch so unangenehm. Deshalb kurzes, heftiges Riechen – Glas weg, frische Luft dazwischen atmen, wieder schnüffeln. Wie ist der Duft? Zart, verhalten oder kräftig, angenehm und sauber, oder ist etwas Störendes dabei? Glas schwenken, wieder riechen. Viele zarte Aromen sind besser zu erkennen, wenn der Wein als dünner Film auf der Glaswand verdunstet.

Wie wirkt der Duft? Interessant und vielfältig oder einseitig, langweilig? Ist er angenehm oder nichtssagend? Erinnert er an bestimmte bekannte Gerüche – an Blumen, Früchte, Gewürze, Beeren? An Küche oder Kuhstall (doch, das kommt gar nicht so selten vor)?

Der entscheidende Moment

Jetzt endlich, der erste Schluck. Halt, nicht einfach runterschlucken! Ein gutes Schnapsglas voll Wein in den Mund nehmen. Den ersten Eindruck merken. Wie ist der? Dünn, wässrig, farblos, nichtssagend? Still und sanft oder leicht prickelnd? Oder mundfüllend, üppig, beerig, vielfältig, gehaltvoll? Wirkt der Wein leicht und alkoholarm – oder fett, schmalzig, alkoholisch? Jetzt runterschlucken, aufpassen, was für ein Feeling er hinterlässt – kurz angebunden, rasch weg, lang anhaltend, nachhaltig, überzieht lange die Geschmacksnerven wie ein schmelzendes Stück Schokolade im Mund?

Weiter geht's. Nochmals einen guten Schluck auf die Zungenspitze nehmen. Darauf achten, wie sich der Geschmackseindruck von der Zungenspitze bis in den hinteren Gaumen entwickelt und verändert. Wo ist die Säure zu spüren, an welchen Stellen schmeckt der Wein süß, klebrig oder fruchtig? Wo machen sich Bittertöne bemerkbar? Was für Aromen steigen vom hinteren Gaumen in die Nase? Wie zeigen sich die Gerbstoffe? Wird der Gaumen taub und pelzig, oder untermalen sie den Geschmack eines Rotweins so, dass er als sehr angenehm empfunden wird?

Nun versuchen bei Rotweinen, die Körnigkeit der Gerbstoffe zu beschreiben. Sind sie rau und kratzig wie Schleifpapier (bei einfachen oder noch zu jungen Weinen), sind sie nur so spürbar wie bei einem herben Tee oder sind sie so »feinkörnig« wie sehr feine Schokolade oder Kinderpuder im Mund (nicht alles ausprobieren, aber hier fehlen die Worte, das muss man am Wein selbst einmal spüren)?

Der Abschied

Auch diesen zweiten Schluck mit Andacht die Kehle hinabrinnen lassen. Einmal kräftig mit geschlossenem Mund durch die Nase ausatmen. Dabei einen »Nachhall« spüren, ein typisches Aroma, ein Signal, das über die Riechnerven geleitet wird. Was danach noch an Geschmack verbleibt, nennen die Experten den »Abgang«. So wie ein Schauspieler, der die Bühne verlässt und dem Publikum noch einmal zuwinkt. Ein guter Schauspieler wird einen längeren Eindruck hinterlassen, ein unbedeutender dagegen ist schnell vergessen. Diese »Nachhaltigkeit«, die Zeitdauer, die das Aroma des Weines noch im Mund verbleibt, bis es langsam verschwindet, ist ein gutes Kriterium für die Qualität eines Weines – je länger, desto besser.

Die Coolen:
Weißweine

Die Weißen werden nicht nur kühl getrunken, sondern auch bei der Herstellung möglichst kalt gehalten. Damit sie später schön frisch schmecken.

Warum gibt es eigentlich weißen und roten Wein? Mal einen Winzer fragen. »Ja weil es helle und dunkle Trauben gibt.« Aha, wenn ich also helle Trauben in den Entsafter gebe, kommt heller Saft raus. Und wenn ich rote Trauben reintue, gibt's roten Saft! »Nein, da kommt auch heller Saft raus.« »Wieso?« »Einfach mal eine helle und eine dunkle Weinbeere durchschneiden. Das saftige Innere ist bei beiden gleich hell, nur die Haut, die Schale ist unterschiedlich. Erst wenn diese bei roten Trauben mit in den Saft kommt, wird der auch rot. Und daraus wird dann Rotwein.«

»Bleiben die Schalen draußen, wird Weißwein draus, der gerne für Schaumweine genommen wird – so steckt in klassischem Champagner überwiegend der Saft von dunklen Beeren, von Pinot Noir. Bei hellen Trauben wird der Saft generell so schnell wie möglich abgepresst, also von den Schalen getrennt, damit nicht zu viele Gerbstoffe in den Most gelangen. »Most?« »Das ist der Traubensaft ohne die Schalen und Kerne, frisch gepresst oder schon gärend wie beim Federweißen.«

Das »German paradox«

Ist schon komisch, dass in Ländern, in denen es ohnehin das halbe Jahr kühl ist wie bei uns, mehr helle Trauben wachsen, obwohl ein Rotwein, wenn's frisch ist, besser schmeckt. Und dass die Länder, die fast das ganze Jahr Sommer haben, mehr Rotweine produzieren. Obwohl dort sicher ein kalter Weißwein besser den Durst löschen würde. Trauben brauchen zum Reifen Wärme, sonst

bleiben sie sauer. Aber zu viel Wärme ist für Weißweintrauben nicht gut, dann bilden sie viel Zucker, aber wenig Säure. Weil Zucker durch die Gärung zu Alkohol wird, gibt das schwere Weine, denen die Raffinesse fehlt. Was gerade bei Weißweinen stört. Ist das Wetter bei der Traubenreife nicht zu heiß, ist die Zuckerbildung gebremst und die Säure bleibt erhalten. Das gibt leichtere Weine, die durch ihre Säure frisch und knackig schmecken. Die besten Weißweine kommen so aus Gegenden, in denen die Winzer jedes Jahr um gutes Wetter bitten müssen. Wenn sie im Herbst reife und gesunde Trauben ernten, können sie daraus einen guten Wein machen. Spielt das Wetter nicht mit und die Trauben müssen geerntet werden, ehe sie richtig reif sind, gibt's saure Weine.

Coole Keller-Technik

Nehmen wir an, die Trauben können reif geerntet werden. Dann geht's so weiter: Schnell in den Keller damit und von den Stielen (den »Rappen«) befreien, die den Weißwein herb und bissig machen würden (siehe Seite 53). Beeren zermahlen, damit der Saft austreten kann, dann pressen. Nicht zu viel Druck, weil der Saft immer dünner wird, je stärker die Beeren ausgepresst werden. Most ins Fass geben und im Keller vergären lassen. Da es zu diesem Erntezeitpunkt bei uns schon sehr kalt ist, geht die Umwandlung in Wein langsam, »schaumgebremst« vonstatten. Eine solche »gezügelte« Gärung war schon immer das Ideal, um feine Weißweine herzustellen.

Bei Rotweinen sieht die Sache anders aus, sie vertragen bei der Herstellung höhere

Temperaturen, weil ihre Aromen schwerfälliger und behäbiger sind. Weißweine dagegen leben von ihrer Frische, ihren zarten Duft- und Geschmacksnoten. Ist es bei ihrer Herstellung zu warm, dann schäumen sie über, die Aromen verfliegen in die Luft.

Also kann aus heißen Ländern gar kein guter Weißwein kommen? Aber ja doch, »temperaturkontrollierte Gärung« heißt das Zauberwort. Man lasse also die Trauben nicht zu reif werden, ernte sie am besten in der Kühle der Nacht (dann ist ihr Säuregehalt höher als am Tag) und gebe den Most in einen großen Tank aus Edelstahl, der gekühlt werden kann. Im einfachsten Fall lässt man kaltes Wasser über den Tank rieseln. In heißen Ländern allerdings gäbe das nicht nur Probleme mit der Wasserversorgung, es würde auch nicht zur Kühlung ausreichen. Hier werden riesige doppelwandige Edelstahltanks mit Kältemaschinen wie bei Kühlschränken auf niedrige Temperatur gebracht.

Wird der Most übermütig, kriegt er eins auf die Mütze und wird gekühlt, bis er wieder schön langsam gärt. Die meisten Weißweine werden heute bei einer Temperatur um die 15 Grad vergoren. So wie es die alten Winzer schon immer in ihren kühlen Kellern machten.

Neue Weißwein-Welt

Und mit der Kühlung können nun auch Weißweine in Gegenden wie Süditalien und Spanien, Kalifornien und Australien erzeugt werden, aus denen vorher nur Rotweine kamen. Wäre ohne diese Technik gar nicht möglich. Doch in kühlen Ländern wird heute die Temperatur ebenfalls geregelt, weil sich so die Gärung besser lenken lässt.

Aber wieso gibt es aus einer Traubensorte so viele verschiedene Weine, wenn doch alles fast vollautomatisch abläuft? Weil es immer noch genügend Rädchen zum Drehen und Knöpfchen zum Drücken gibt, mit denen die Kellermeister das Ergebnis beeinflussen können. Z.B. durch die Wahl der Hefe, die den Zucker im Most vergären soll. Auf den Beeren sitzen zwar natürliche Hefepilze, die sich sofort an die Arbeit machen, wenn der Saft ausgepresst wird. Aber die sind oft nicht an die Kälte gewöhnt. Dann wird Reinzuchthefe zu-

halten, dass der Hefe die Puste ausgeht, ehe sie ihn vollständig aufgezehrt hat. Dann bleibt die Gärung stecken und ein natürlicher Restzuckergehalt im Wein. Besonders bei höheren Qualitätsstufen wie Beerenauslese oder Trockenbeerenauslese ist das regelmäßig der Fall. Das sind dann feine teure Weine für ganz Süße. Da es viele Weintrinker gibt, die zwar ein liebliches Tröpfchen bevorzugen, dafür aber nicht mehr bezahlen wollen als zweifuffzig, wurde der Gärstopp und die Süßreserve erfunden. Beim Gärstopp wird der Wein durch einen feinen Filter gejagt, damit die Hefe zurückbleibt und nicht den ganzen Zucker verdauen kann. Bei der Süßreserve zweigt man im Herbst einen Teil des Traubenmostes ab und macht ihn keimfrei. Nach der Gärung wird er dem fertigen und steril gefilterten Wein zugesetzt, der dadurch natürlich wieder süßer schmeckt. Richtig eingesetzt kann eine zarte Restsüße einen Wein fruchtiger und runder machen, wenn's der Kellermeister übertreibt, gibt's nachher eine süße Saftplempe.

Ein bisschen Holz zum Würzen

Edelstahl und Temperaturregelung erzeugen fruchtig-frische Weißweine, die alle ähnlich schmecken. Wie sich unterscheiden, fragten sich die Weinmacher. Und entdeckten das Holzfass. Nicht die großen, sondern die kleinen Barriques aus Eichenholz, in denen die Winzer in Bordeaux schon immer ihre besten Weine lagerten und die dadurch mehr Gerbstoffe und ein feines Vanillearoma bekamen. Also her mit den teuren Fässchen, möglichst einen üppigen Wein aus Chardonnay-Trauben eine Zeit lang darin lagern, bis er die feinen Aromen des Eichenholzes aus dem Fass aufgenommen hat. So entstand ein neuer Weißweintyp – Tannine und Holzaromen statt Säure. Da die Fassdauben, die Bretter, aus denen die Fässer zusammengesetzt werden, zum Biegen mit offenem Feuer geröstet werden, kamen auch noch Karamell- und Toastnoten sowie der Geschmack von gerösteten Mandeln in den Wein. Vor allem die Neue Welt war begeistert von diesen Weinen. Aber zu viel Holz schmeckt irgendwann auch wieder langweilig und so werden die Fässchen für Weißwein heute eher sparsam und nur bei Spitzenweinen eingesetzt.

gegeben, die auch in kaltem Most arbeitet – und die zudem den Charakter eines Weines bestimmen kann. Im Extremfall verwandeln spezielle Hefekulturen einen guten Riesling-Most in einen »fruchtbetonten« Allerweltswein, bei dem die Rebsorte nicht mehr zu erkennen ist.

Sanfte Nachhilfe

Was die Natur manchmal nicht richtig hinbringt, kann der Kellermeister nachholen. Die Weißweine der Neuen Welt hätten oft zu wenig Säure, dürften ihnen die Winemaker nicht mit einer Prise Zitronen- oder Ascorbinsäure auf die Sprünge helfen. Haben die Trauben in kühleren Ländern wie Frankreich, Deutschland und Österreich nicht genügend eigenen Zucker gebildet, kann der Kellermeister seine einfachen Weine mit Rübenzucker nachsüßen. Dieses »Anreichern« oder »Chaptalisieren« darf nur vor der Gärung erfolgen. Dann verarbeitet die Hefe diesen Zucker genau so wie den traubeneigenen, also wird der Alkoholgehalt des fertigen Weines höher, der Wein aber nicht süßer.

Süße oder milde Weine erhält man, wenn die Trauben bei der Ernte so viel Zucker ent-

Schnupperkurs  Weißweine

Fangen wir mit dem Degustieren beim Weißwein
an. Der ist meist ein lustiger Bursche, der
sein Herz auf der Zunge trägt. Einer, zu dem
man gleich »du« sagen kann.

Wie war das wieder mit dem Degustieren?
Steht auf Seite 58. Also dort nachlesen und
sich für den »Schnupperkurs« (nicht wörtlich
nehmen, wir wollen die Weine natürlich nicht
nur riechen, sondern auch probieren) vorbereiten. Aber für die Probe erst mal Einkaufskorb packen und die Musterweine suchen.
Wir brauchen jeweils eine Flasche:

• **Müller-Thurgau trocken** (manchmal »Riva-
ner« genannt) aus Deutschland (Qualitäts-
wein mit Prädikat Kabinett, Weinbaugebiet
Pfalz, Rheinhessen, Baden oder Franken)
• **Orvieto Classico** aus Italien (darf auch ein
»Superiore« sein, das sind immer noch preiswerte Weine)
• **Rueda** aus Spanien (nach ihm muss man
eventuell suchen, im Weinfachhandel oder in
Weindepots danach fragen)
• **Chardonnay** aus Italien (am besten einer
aus Südtirol oder dem Piemont)
• **Riesling Spätlese trocken** aus Deutschland
(Weinbaugebiet Rheingau, Pfalz oder Nahe;
eher in guter Weinabteilung als im Super-
markt suchen, er sollte schon an die 10 Euro
kosten).

Flaschen auf und los

Die Weine sind gekühlt und in der Reihenfolge des Einkaufs aufgebaut. Davor steht jeweils ein Glas und liegt ein Blatt Papier – mit
Weinnamen, Jahrgang, Erzeuger, Einkaufsquelle und Preis drauf (später auch

die notierten Beobachtungen). Die Flaschen
nur fast entkorken, damit nachher der erste
Duft beim Öffnen geprüft werden kann.

Der Müller-Thurgau

Vom Müller-Thurgau den Stopfen abziehen,
einen guten Schluck ins davor stehende
Glas gießen. Gleich daran schnuppern, an
was erinnert der Geruch? Dieser Duft kann
bei Weißweinen rasch verfliegen, also die eigene Duftbeschreibung notieren und später
nochmals riechen.

Weiter in der Reihenfolge: Klarheit prüfen.
Durch Filter gejagte Weine sind immer klar,
sogar »blitzblank«. Blitzblank meint: so rein
wie eine frisch geputzte Fensterscheibe.
Trübe kann ein frischer Wein sein, der noch
Kohlensäure enthält. Diese steigt dann nach
oben, bildet kleine Bläschen. Nicht ganz
blank kann ein Wein sein, der nicht gefiltert
wurde. Oder der sich in der Flasche noch verändert hat.

Die Farbe: typisch sind hell- oder strohgelbe
Farbtöne. Jetzt das Glas etwas schwenken.
Wenn sich dabei leichte Schlieren bilden, die
rasch verlaufen, heißt das, dass wir einen
leichten Wein zu erwarten haben.

Die Nase ins Glas. Schnüffeln, schwenken,
schnüffeln. Ein Duft nach gelben Trauben, Mirabellen, Melonen, Grapefruit, Ananas, Muskat. Typisch sind auch weiße Blüten, wel-

kende Rosen. (Noch nicht alles erkannt?
Macht nichts, braucht man auch schließlich
ein bisschen Erfahrung dazu).

Ein ordentlicher Schluck – frischer, fruchtiger
Geschmack, zart und duftig, an Holunderblüten und grüne Gräser erinnernd. Auf die
Säure achten: Müller-Thurgau hat eine deutliche, aber weiche Säure.

Müller-Thurgau ist ein Schöppelwein, also
ein einfacher für jeden Tag. Aus einer Rebsorte mit den Eltern Riesling und Gutedel,
von Professor Hermann Müller aus dem Kanton Thurgau in der Schweiz 1882 gezüchtet.
Der Name »Rivaner«, wie der Müller-Thurgau
auch heißt, erinnert daran, dass man früher
dachte, neben Riesling sei die Rebsorte Silvaner dran beteiligt gewesen.

Der Orvieto Clas-sico

Gleiche Zeremonie wie beim Müller-Thurgau.
Entkorken, Duft prüfen, Klarheit, Farbe. Der
Orvieto hat eine ähnliche Farbe, ein schönes
mittleres Strohgelb, auch er bildet meistens
nur leichte Schlieren.

Der Duft erinnert an reife Trauben, dann an
geschälte Äpfel, gelbe aromatische Birnen,
Honigmelone, Zitrusfrüchte und Ananas.
Auch Nüsse (Haselnüsse) sind zu erkennen.
Ein guter Orvieto lässt an die feine duftige
Leichtigkeit eines Zitronenfalters denken.

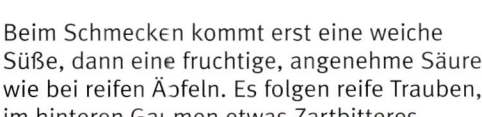

Beim Schmecken kommt erst eine weiche Süße, dann eine fruchtige, angenehme Säure wie bei reifen Äpfeln. Es folgen reife Trauben, im hinteren Gaumen etwas Zartbitteres.

Orvieto Classico ist ein unaufdringlicher, angenehmer Wein, der gut zu leichtem Essen passt. Ein Wein von Orvieto aus Umbrien, gemischt aus mehreren Rebsorten (Grechetto, Procanico, Verdello und anderen). Klassischer Orvieto ist sogar »amabile«, leicht süß.

Der spanische Rueda

Jetzt geht es ja fast von selbst. Duft, Klarheit und Farbe in Augenschein nehmen. Die Farbe ähnelt der vorherigen, ist vielleicht ein wenig goldgelber. Die Schlieren sind zäher, dicker. Der Duft ist zart, nach Stachelbeeren (oder Rhabarber), Äpfeln oder Ananas, roten Johannisbeeren und Nüssen.

Der Geschmack ist frisch und fruchtig, erfrischend »grün«, würzig und rund, aromatisch nach Nüssen. Ein guter Rueda schmeckt mit jedem Schluck besser, voller, mit oft einem cremigen Nachgeschmack.

Rueda ist ein Weißwein aus dem Nordwesten von Spanien, vor allem aus der Rebsorte Verdejo, einer eigenständigen Traube aus dieser Region. Neben dem einfachen Rueda gibt es im Eichenfass ausgebaute Rueda Superior, die vanilliger, aber oft etwas holzig schmecken.

Der Chardonnay

Farbe: mittleres Gelb, Strohgelb. Der Duft erinnert an Äpfel, Bananen, Ananas, geschälte Haselnüsse, Buttergebäck oder Toastbrot und zart an Minze. Die Schlieren sollten noch etwas behäbiger sein als beim Rueda.

Geschmack: weich-fruchtig, nach reifen gelben Birnen, Honigmelone oder Ananas, typisch ist ein »nussig-buttriger« Eindruck im Mund, ein feiner Nachgeschmack nach Walnüssen. Die Säure: dezent, verhalten.

Chardonnay ist ein Rebsortenwein von einer der besten Weißweinreben. Ihre Heimat ist das Burgund in Frankreich, inzwischen ergibt sie rund um die Welt gute und gehaltvolle Weine. Aus kühleren Regionen sind sie nicht so fett und weich wie aus wärmeren Gebieten.

Der Riesling

Farbe: kräftiges Strohgelb bis Goldgelb. Ein intensiver Duft nach weißen Pfirsichen, Rosen, Mirabellen und exotischen Früchten (Ananas, Mango, Litschi), Nüssen, Honig und Kräutern.

Die Schlieren rinnen zäh vom Glas ab, sie bilden richtige Beinchen, die lange haften.

Im Geschmack erinnert der Riesling vor allem an gelbe Äpfel, er ist frisch und am Gaumen etwas prickelnd. Eine Spätlese, wie wir sie

haben, sollte füllig und leicht honigartig sein. Die Säure lässt etwas an Grapefruit denken, aber ohne deren Bitternote.

Ein Riesling ist ein Rebsortenwein aus einer der besten Traubensorten der Welt. Sehr gute Rieslinge gibt es in Deutschland, Österreich und im Elsass. Typisch ist die kernige Säure, die auch bei sehr reif gelesenen Trauben erhalten bleibt.

⬅ Rückblick

Welcher Weißwein schmeckt mir jetzt am besten? Ein leichter, duftiger wie der Müller-Thurgau oder eher ein kräftiger, säurebetonter wie der Riesling? Ein weicher, cremiger wie der Chardonnay oder ein fast lieblicher wie der Orvieto? Weine sind so unterschiedlich wie die Geschmäcker.

Die Weinflaschen jetzt wieder fest verschließen, sie können zwei bis drei Tage im Kühlschrank aufgehoben werden. Weine auch mal zum Essen probieren, dann schmecken sie wieder anders.

Die Frischen: Roséweine

Für die einen ist's ein fauler Kompromiss, für die anderen die erfrischendste Art, einen Rotwein zu trinken. Die Hellroten liegen weltweit im Trend.

Also, Herr Winzer, wie ist das mit den Roséweinen, wenn rote Trauben einen hellen Saft abgeben? »Einen rosafarbenen Wein erhält man, wenn die roten Beeren gemahlen und kurz danach gepresst werden. Dann geht nur wenig Farbstoff aus den Häuten in den Most und der Wein wird hellrosa.«

Gibt es auch dunklere Roséweine? »Ja, je nachdem wie lange man die Maische stehen lässt.« Was heißt Maische? »Den Brei aus zerkleinerten Trauben samt Schalen und Kernen nennt man so. Da die Beerenhäute zerkleinert sind, können die enthaltenen roten Farbstoffe in den Saft übergehen. Lasse ich die Maische nur kurz stehen, bleibt der Saft heller. Lasse ich sie länger stehen, wird er dunkler. Es gibt eine ganze Skala von Roséweinfarben – von lachsfarben bis zum hellen Kirschrot wie beim Elsässer Pinot Noir, der im Elsass Rosé genannt wird, aber eigentlich ein Rotwein ist.«

Nicht weiß, nicht rot

Der Roséwein hat mit vielen Vorurteilen zu kämpfen. So mancher Weinkenner betrachtet ihn nur mit hochgezogener Augenbraue. Kein Weißwein mehr, aber noch lange kein Rotwein. Ein Wein, so eben dazwischen, für Leute, die sich nicht entscheiden können. In den 70er-Jahren des vorigen Jahrhunderts war es chic, zum Essen einen Rosé, vor allem einen Spätburgunder Weißherbst aus Baden, zu trinken. Der war nicht zu herb und trocken, der passte zu Fisch genauso wie zu Rindfleisch. Der Rosé vom Tuniberg füllte die Re-

gale der Supermärkte, üppig und weich im Geschmack traf er genau die Zunge von sehr vielen Weintrinkern. Der Name war ja auch Musik im Ohr – »Spätburgunder Weißherbst« (was oft genug zum »Weißburgunder Spätherbst« mutierte).

Warum »Weißherbst«, wenn der Herbst doch immer golden sein soll? Das kommt von »herbsten«, der badischen Bezeichnung für keltern. Zum Rosé oder Weißherbst wird ein Wein aus roten Trauben, der fast wie ein Weißwein »geherbstet« wird, also die Maische ohne langes Rumstehen gepresst wird – aber eben doch ein bisschen länger wie beim Weißen. Je kürzer die Ziehzeit der Maische, desto zarter und feiner sind die Aromen des fertigen Rosés. So wie beim Tee – je kürzer der Beutel im heißen Wasser hängt, desto feiner, zarter und aromatischer schmeckt der Tee, je länger, desto mehr Gerbstoffe werden freigesetzt. Wird mit der Restsüße sparsam umgegangen, können Rosés wie die Weißherbste sehr fruchtige, leichte Sommerwei-

ne sein, die gut gekühlt bestens zum Essen, zu Grillfesten und Partys passen. In der Regel haben sie mehr »Körper«, mehr Substanz zu bieten als ein Weißwein, sind also etwas fülliger, aber ohne die Schwere von Rotweinen.

Bleiben wir beim Beispiel Weißherbst. Der ist immer ein Rosé, aber nicht jeder Rosé ist auch ein Weißherbst. Der muss nämlich noch bestimmten Anforderungen genügen: Er darf nur aus einer einzigen Traubensorte (oft dem Spätburgunder) stammen und muss mindestens ein QbA (ein Qualitätswein bestimmter Anbaugebiete, siehe Seite 156) oder ein Prädikatswein (Kabinett, Spätlese) sein. Ebenfalls eine Spezialität aus Baden ist der »Rotgold«, bei dem zwei Traubensorten gemischt werden – Spät- und Grauburgunder, also eine »rote« und eine »goldene« Traubensorte. Aber nur die ganzen oder die zerquetschten Trauben dürfen gemischt werden, nicht mehr der abgepresste Saft (Most) oder

gar der fertige Wein. Ein »Badisch Rotgold« muss ebenfalls ein QbA oder ein Prädikatswein sein.

Was noch schillert und rötelt

Nicht nur auf Baden beschränkt sondern in allen deutschen Weingebieten möglich ist der »Rotling«, eine Mischung aus roten und weißen Traubensorten oder deren Maische, die gemischt vergoren werden. Das können z. B. Spätburgunder- und Müller-Thurgau-Trauben sein, die zusammen einen rötlich schillernden Wein ergeben. Solche Rotlinge sind leichte und spritzige Terrassenweine, die gut gekühlt getrunken werden sollten. Da sie meist wenig Säure haben, schmecken sie ebenso denen, die Probleme mit zu viel Magensäure haben. Den Rotling gibt es auch als Sekt. Aber leider scheint diese Spezies im Aussterben begriffen zu sein und wird immer mehr durch den nur aus einer Traubensorte bestehenden Rosé ersetzt. Eine Spezialität aus Württemberg ist der »Schillerwein«, der

nicht nach dem Dichter, sondern nach seiner schillernden Farbe benannt ist. Auch hier werden weiße und rote Trauben zusammen vergoren, auch er muss ein QbA oder ein Prädikatswein sein. Allerdings ist dies der einzige Rosé in Deutschland, bei dem auch die Moste gemischt werden dürfen, was in Deutschland eigentlich verboten ist. Der Schillerwein ist eine so uralte Spezialität Württembergs, dass die Gesetzgebung nicht an dem Brauch rütteln mag.

Wahrscheinlich ist diese Weinart durch den früher gebräuchlichen »Mischsatz« entstanden, bei dem in einem Weinberg gemischt rote und weiße Rebsorten gepflanzt wurden.

Rosés gibt's überall

Auch in Österreich, in der Steiermark, gibt es rosa Weine, dort »Schilcher« genannt. Ein echter Rosé gewonnen aus nur einer Rebsorte, die ausschließlich in der Steiermark angebaut wird – Blauer-Wildbacher-Traube.

In der Westschweiz schätzt man den »Œil de Perdrix«, das »Rebhuhnauge«, mit seinem hellen, leicht ins Gräuliche spielenden Rosa. In der Ostschweiz wird der Rosé »Süßdruck« oder »Süßabdruck« genannt. In Südtirol kennt jeder den »Kretzer« (vorwiegend aus Lagrein-Trauben gekeltert), der seinen Namen der »Kretze«, einem korbartigen Sieb aus Weidengeflecht, verdankt, in dem die Trauben ursprünglich gepresst wurden. Typisch ist seine fruchtige Frische und seine fast lebhafte Art. Ein prima Wein für eine zünftige Vesper mit Vintschgerl, Wurst und Speck. Auch aus dem übrigen Italien, besonders aus dem Veneto, kommen nette Roséweine wie der Bardolino Chiaretto, der oft besser als der rote Bardolino ist. Und auch ein rosa Pinot Nero als »Frizzante«, also ein zartperlender Sekt. Weiter südlich schätzt man ebenfalls die erfrischenden Rosés. Aus der Toskana stammen der Cipresseto, aus Apulien Rosatos aus Bombino-Trauben und von Sardinien Rosé oder Rosato genannte unkomplizierte Weine vor allem aus der Nero-d'Avola-Traube.

Genauso gibt es in Frankreich in den Rotweingebieten Rosés, vor allem natürlich im heißeren Süden, weil da der Durst danach größer ist. Z. B. der »Tavel« vom rechten Ufer der Rhône, der zu den trockensten Rosés überhaupt zählt. Die Trauben, vor allem von der Grenache-Rebe, werden zerkleinert und in den Gärbehälter gepumpt. In nur wenigen Stunden nimmt der Most seine hellrote Farbe

an und wird dann ohne die Häute und Kerne in einen zweiten Gärbehälter geleitet und dort vollständig vergoren. Dann kommt er zur Reifung für wenige Wochen in ein Holzfass, bis er in die typischen flötenförmigen schlanken Tavel-Flaschen aus hellem Glas gefüllt wird. Der Tavel ist ein spritziger, junger und gut gekühlt zu trinkender Wein, der mit seiner kräftigen Statur auch bestens zu deftigem, gut gewürztem Essen passt. Er kann, im Gegensatz zu den meisten anderen Roséweinen, sogar einige Jahre reifen und verströmt dann einen wunderbaren Duft nach reifen Himbeeren.

Das Bordeaux steuert seine markanten »Clairets« aus Cabernet-Sauvignon-Trauben bei, die gern als »Frühlingsweine« angepriesen werden – die Rosés kommen im Frühjahr nach der Ernte auf den Markt und schmecken dann besonders frisch und fruchtig.

Und die Provence mit der Region Côtes du Rhône gehört ebenfalls zu den klassischen Roséweingebieten Frankreichs. 60 Prozent der dortigen Weine sind rosa, trocken und nicht zu alkoholreich. Schon äußerlich kann man sie an ihrer geschützten Keulenflasche erkennen, die Roséweine werden aber auch in weiße Bordeaux-Flaschen gefüllt. Manchmal sind die Preise hoch und die Qualität ist nicht gerade berauschend, allerdings die besseren Sorten passen immer sehr gut zu knoblauchduftender Mittelmeerküche.

Auch aus dem Languedoc kommen einige erfreuliche Rosés, z. B. aus den Rebsorten Syrah, Carignan, Cinsault oder Grenache gekeltert, die gut zu mediterranen Gemüsegerichten schmecken.

Ja und dann gibt es noch den »Rosé d'Anjou« aus dem Loiretal. Zu Zeiten, als noch richtig süßer Wein getrunken wurde, ein Modewein. Heute ist dieser Billigwein den meisten zu süß und zu mild. Höchstens eiskalt kann man ihn noch runterbringen. Seine Süße ist allerdings vom französischen Weingesetz vorgeschrieben, da können die Winzer nicht aus. Oder doch? Heute bieten sie eher einen »Cabernet d'Anjou« oder einen »Cabernet de Saumur« aus den Rebsorten Cabernet Franc und Cabernet-Sauvignon (die dürfen – zumindest theoretisch – auch trocken sein) oder einen wirklich trockenen »Rosé de Loire« an.

Schnupperkurs 2

Roséweine

Roséweine sind nette Sommer- und Terrassenweine. Sie vereinen die zarte Frische von Weißweinen mit der Fruchtigkeit und der Herbheit von Rotweinen.

Zur Erinnerung: Die Grundlagen fürs Degustieren sind auf der Seite 58 zu finden. Und »Schnupperkurs« heißt nicht nur reinriechen, sondern auch probieren. Ebenfalls geht's vor dem Testen – wie bei den Weißweinen – erst zum Einkaufen. Wir suchen je eine Flasche:

• **Spätburgunder Weißherbst trocken** (Weinbaugebiet Baden, manchmal steht auch Rosé statt Weißherbst drauf, gibt's um die 5 Euro in Supermärkten und Kaufhäusern)
• **Côtes de Provence** (Südfrankreich, oft in der typischen keulenförmigen Flasche, aber auch in klaren Bordeaux-Flaschen zu finden; preiswerter Supermarktwein)
• **Tavel** (von der Côtes du Rhône, Südfrankreich, typische flötenartige Tavel-Flasche; im Fachhandel oder in Weindepots erhältlich)
• **Cipresseto Rosato** (von Antinori aus der Toskana, Italien; in sehr gut sortierten Supermärkten oder Kaufhäusern zu finden)
• **Bardolino Chiaretto** (Gardasee, Italien, kann man in besseren Supermärkten, Weindepots kaufen – sollte um 5 Euro kosten).

Nicht vergessen, die Roséweine gut zu kühlen (so wie die Weißweine). Auch sie haben viele leicht flüchtige Aromen, die ganz schnell verloren gehen, wenn Rosés zu warm getrunken werden.

Probiert wird wieder wie beim Weißwein-Schnupperkurs. Also die Flaschen nebeneinander mit Glas und Notizblatt aufreihen, Korken fast herausziehen, erst zum Eingießen vollständig entfernen.

Der Spätburgunder Weißherbst

Die Farbe lässt sich am ehesten mit Lachsrot beschreiben. Beim Schwenken bilden sich leichte Schlieren an der Glaswand, der Weißherbst ist meist ein leichter Wein.

Der Duft ist eher verhalten, erinnert an Himbeerbonbons, Erdbeeren, helle Kirschen und reife Aprikosen. Manche riechen auch »lachsrosa« wie frisches Lachsfilet, aber ohne den Fischgeruch.

Erster Probeschluck: wirkt meist recht süß (auch wenn »trocken« auf dem Etikett steht), mild-fruchtig, in der Mitte weich, am Gaumen zeigt sich ein leichter Bitterton, etwas bonbonhaft. Die Säure ist sehr zart, Gerbstoffe (Tannine) sind kaum zu spüren.

Spätburgunder Weißherbst ist ein hellrot gekelterter (geherbsteter) Rebsortenwein aus Spätburgunder-Trauben, Spezialität vor allem aus Baden. Die besten (und teuersten) kommen vom Bodensee.

Der Côtes de Provence

Junge Weine der Côtes de Provence riechen beim Öffnen der Flasche manchmal leicht nach Hefe, das verfliegt aber relativ rasch wieder. Die Farbe ist ein helles bis dunkles Lachsrot.

Der Duft ist zart und fruchtig, nach roter Konfitüre, Himbeeren und Kräutern (Thymian, Oregano). Zeigt nur leichte Schlieren.

Probeschluck – frisch, feines Prickeln auf der Zunge, wirkt ziemlich trocken und fruchtig mit zartem Hefeton, guter schmeckt leicht pfeffrig. Auf der Zunge vor allem Himbeeren mit wenig Säure, im Nachgeschmack ein ganz zarter Bitterton.

Côtes de Provence ist ein Wein aus verschiedenen Rebsorten (Mourvèdre, Syrah, Cinsault und andere) von der Mittelmeerküste entlang der Côte d'Azur. Die Roséweine sind trocken, frisch und fruchtig und passen gut zum Sommerfest und zur Knoblauch-Olivenöl-Küche.

Der Tavel

Farbe: helles Rot. Beim Schwenken eher wenig Schlieren. Beim Schnuppern entdeckt man viele rote Früchte – Himbeeren, Erdbeeren, Kirschen und rote Bonbons, Pfirsiche, Hagebutten.

Auch im Geschmack tauchen die roten Früchte wieder auf, dazu gesellen sich Karamellbonbons, Oliven, Wacholder und eine Prise Salz. Ein guter Tavel ist von kräftiger

Rebsorten (Corvina Veronese, Rondinella, Molinara). »Classico« darf er sich nennen, wenn die Trauben aus dem Bezirk um das Dorf Bardolino stammen. Der Rosé ist meist besser als der normale rote Bardolino und schmeckt gut zu gebratenem Gemüse und Fisch mit rotem Fleisch. Den Chiaretto gibt es auch als Schaumwein, italienisch Spumante.

Statur und recht gehaltvoll, im Alter von etwa zwei Jahren wird der Duft nach Himbeeren noch intensiver und die Säure geht spürbar zurück.

Der Tavel ist einer der berühmtesten Roséweine Frankreichs vom rechten Ufer der Rhône. Aus der Mischung mehrerer Rebsorten (vor allem der Grenache-Traube) bereitet. Einer der trockensten Rosés überhaupt, lebhaft, fruchtig und pikant. Schöner Sommerwein, wirklich prima zu Lammkeule mit Ratatouille.

Der Cipresseto Rosato

Aus dem Glas leuchtet ein helles Kirschrot, versetzt mit einem leichten Stich ins Violette. Beim Schwenken gibt es eher leichtflüssige Schlieren am Glasrand.

Der Duft ist fein und zart nach hellroten Sauerkirschen, nach Mandeln und Biskuit. Dann erschnuppert man Kräuter, vor allem Thymian.

Probeschluck – der Wein schmeckt frischfruchtig, fein und delikat. Ein bisschen nach Kräutern, würzig nach Muskat und Zimt. Die Säure ist pikant, aber nicht zu intensiv.

Cipresseto Rosato ist ein Markenwein von einem Hersteller (Marchesi Antinori) aus der Toskana. Eine Mischung aus Sangiovese und anderen roten Traubensorten, die rosa gekeltert werden. Herrlich pikanter Menüwein zu italienischen Antipasti und auch zu Fisch aller Art.

Der Bardolino Chiaretto

Die Farbe kann man als helles Himbeerrot mit zarten violetten Nuancen beschreiben. Leichte Schlieren beim Schwenken. Junge Weine haben am Glasrand manchmal ganz kleine Bläschen.

Er riecht fruchtig-aromatisch, nach verschiedenen Kirschen – hellen, Sauerkirschen, gekochten Kirschen oder Kirschkonfitüre, auch nach Himbeeren und halbreifen Pflaumen.

Im Geschmack überwiegen dann Himbeeren und Himbeerbonbons, er wirkt frisch und lebendig mit erfrischender Säure, oft etwas pfeffrig. Nachher kommen dann ganz zart Bittermandeln und getrocknete Kräuter.

Bardolino Chiaretto ist ein hellrot gekelterter Rosé aus der Region zwischen Verona und dem Gardasee aus diversen Rotwein-

⬅ Rückblick

Na, welcher Roséwein wird zum Favorit ernannt? Es gibt doch mehr Typen als gedacht, im Geschmack von Himbeeren bis Kirschen, als Typ vom herzigen Bonbonwein bis zum kernigen Menübegleiter, im Säuregehalt von mild bis kräftig.

Vielleicht ist auch aufgefallen, dass liebliche Roséweine weniger süß schmecken, wenn sie eiskalt getrunken werden. Oder anders herum: Je trockener ein Rosé, desto weniger stark muss er gekühlt werden. Also für Picknick und Party besser einen trockeneren Wein nehmen.

Die Rosés aufheben wie die Weißweine, also verschließen und in den Kühlschrank stellen. So kann man sie gut zwei bis drei Tage genießen. Zum Essen oder zu einer Schinkenbrotzeit probieren.

Die Spätzünder:
Rotweine

Die Beerenhaut muss Farbe bekennen. Rotwein machen ist harte Arbeit. Und die kleinen Holzfässchen können endlich zeigen, was so alles in ihnen steckt.

Also, Herr Winzer, wenn ich jetzt alles richtig verstanden habe, muss ich die zerkleinerten roten Weintrauben jetzt stehen lassen, dann geht die Farbe aus den Häuten in den Saft über. »Richtig, vor allem wenn die Hefe zu arbeiten beginnt, lösen sich die roten Farbstoffe aus den Beerenhäuten und färben die Maische dunkel. Erster Schritt zum Rotwein.«

Die rote Farbe ist zwar auch wichtig, es sind aber die Gerbstoffe der Beerenhäute, die die Seele des Rotweins ausmachen. Diese Gerbstoffe oder Tannine der Beeren sind die feinsten, zartesten. Die gröberen, raueren sitzen in den Stielresten, die nach dem Entfernen der grünen Stängel noch an den Beeren verbleiben. Und die derbsten, kratzigsten befinden sich in den Kernen. Das merkt man, wenn man die Kerne von roten Trauben zerbeißt. Sie schmecken sehr herb. Kernlose Beeren ergeben aber keinen guten Wein. Also schaut man, dass möglichst viel feinkörniges Schalentannin in den Wein kommt. Das bringen die Edelrebsorten, die kleinere Beeren mit dicker Haut und wenig Kernen bilden, von selbst mit, z.B. die Cabernet-Sauvignon-Rebe.

Stufe 1: Von Hefe, Luft und Wärme

Farb- und Gerbstoffe gehen ziemlich leicht aus den Häuten heraus, dafür sorgt die Hefe, die zu gären und Alkohol zu bilden beginnt. Schon geringe Alkoholmengen lösen die Inhaltsstoffe. Noch besser funktioniert das, wenn sich die Maische durch die Arbeit der Hefe von selbst erwärmt oder noch zusätzlich erhitzt wird. Bei Temperaturen über 35 Grad, bei manchen Verfahren kurz bis 80 Grad, werden die Weine dunkler, haben aber nicht mehr Gerbstoffe als normal vergorene. In Deutschland ist das bei farbschwachen Rebsorten wie Lemberger, Trollinger und Spätburgunder üblich. Und die wirken am Anfang recht ansprechend, werden dann allerdings schneller in der Flasche fade als die bei niedrigeren Gärtemperaturen hergestellten.

Ein wichtiger Unterschied zur Weißweinherstellung: Bei der Maischegärung der roten Trauben ist der Gärbehälter offen, so kann Luft eindringen, die Hefen (natürliche oder zugesetzte) arbeiten schneller und bilden mehr Kohlensäuregas, das schäumt und die Häute und Stielreste nach oben treiben lässt. Dieser »Tresterhut«, wie das Gebilde auf der Oberfläche der gärenden Maische genannt wird, muss immer wieder untergerührt werden, damit Farbstoffe und Tannine weiter ausgelöst werden können. Eine Knochenarbeit, die heute durch Quirls, sich drehende Gärtanks oder Pumpen erleichtert wird.

Ebenfalls wichtig: Die rote Farbe wird wesentlich schneller aus den Beerenhäuten gelöst als die Gerbstoffe. Da hängt es von der Kunst des Kellermeisters ab, ob farbkräftige oder tanninreiche Weine entstehen. Der Most für farbkräftige, schnell trinkbare Rotweine (z.B. ein fruchtiger Côtes de Provence) wird nach vier Tagen von den Beerenhäuten getrennt, der für gehaltvollere (z.B. Rioja Reserva) nach gut einer Woche. Richtige Tanninbomben (z.B. Brunello di Montalcino, klassische Zinfandels) brauchen mindestens zwei Wochen und die Klassiker (z.B. Barolo), die erst nach sieben Jahren Flaschenreife trinkbar sind, etwa vier Wochen Maischegärung, bis sie vom Trester abgetrennt werden.

Stufe 2: Von Apfel-, Milch- und Kohlensäure

Jetzt kommt das sogenannte Abziehen. Dabei wird der Wein (ja, jetzt ist es schon ein richtiger Rotwein) ohne Häute und Kerne vom Gärbehälter in ein Fass oder einen Tank gepumpt und reift weiter bis zur Flaschenabfüllung. Wenn früher ohne Kühlung die Temperatur im Frühjahr langsam anstieg, setzte bei Rotwein von selbst eine zweite Gärung ein, die eigentlich keine ist: die malolaktische Gärung, auch »biologischer Säureabbau«, kurz BSA genannt. Dabei wandeln Bakterien die Apfelsäure im Wein in mildere Milchsäure um. Hier entsteht wie bei der normalen Gärung Kohlensäure, so dass man denken könnte, es sei eine zweite Hefegärung (ist aber Bakterienarbeit). Hinterher schmeckt der Rotwein milder und weicher. Diese Bakterien arbeiten aber nur, wenn es wärmer als 20 Grad ist.

Um ihnen die Arbeit leichter zu machen, werden heute die Gärräume nach der Hefegärung sanft auf gute Zimmertemperatur beheizt. Ohne biologischen Säureabbau würde später der Rotwein in den Flaschen bei Erwärmung (im Sommer oder im warmen Zimmer) zu gären anfangen und die Korken flögen nur so aus den Flaschen. Die malolaktische Gärung wird auch bei manchen Weißweinen gefördert, allerdings ergibt sie dort einen eher zu weichen, buttrigen Geschmack.

Nachteil der malolaktischen Gärung ist, dass sich der Ablauf schwer beeinflussen lässt und dass Bakterien überhand nehmen können, die unerwünschte Stoffe wie bio-

gene Amine (verursachen Kopfschmerzen) oder störende Aromen (Sauerkrautgeruch) entwickeln. Deshalb setzen seit einigen Jahren die Kellermeister rein gezüchtete Milchsäurebakterien zu, die beim BSA saubere, milde, weniger saure Weine produzieren.

Barrique und Holzfass

Kaum ein edler Rotwein kommt heute mehr ohne die Umarmung durch das kleine Eichen-

---

Macération carbonique

→ Oder auf deutsch: Kohlensäuremaischung. Diese Methode, fruchtigmilde Rotweine wie den Beaujolais Primeur zu erzeugen, geht auf Louis Pasteur zurück, der beobachtete, dass Weinbeeren, die in Kohlensäuregas aufbewahrt wurden, anders schmeckten als solche, die an der Luft lagen. Man stellte fest, dass in ganzen, unverletzten Beeren ohne Hilfe von Hefen ein Gärprozess einsetzt, der die fertigen Weine besonders weich und fruchtig macht. Dabei werden mehr Farbstoffe, aber weniger Tannine aus den Beerenhäuten gelöst. Alle Primeurs, Nouveaus, Novellos und auch fruchtbetonte Rotweine aus Corbières werden nach dieser Methode erzeugt.

Fassregeln

1. **Regel:** Ein Barriquewein muss sehr gehaltvollen Traubenmost als Grundlage haben, sonst schmeckt er nur nach Holz und nicht nach Wein.

2. **Regel:** Billige Barriqueweine kann es nicht geben, die Fässer sind viel zu teuer.

3. **Regel:** Ein Winzer wird Barriquefässer für die Weine einsetzen, die lange zu lagern sind. Nichts für den sofortigen Genuss, sondern für den Keller.

---

holzfässchen, das Barrique, aus. Ursprünglich wurden in Frankreich, im Bordeaux, die Weine in etwa 225 Liter fassende Fässer gefüllt und gleich darin auch verkauft. (Ein Fass dieser Größe konnte ein kräftiger Mann gerade noch wegbewegen.) Und dann musste ein neues her. So hatten die Fassmacher Arbeit und der Wein im Fass bekam etwas mit, was ihn haltbar machte: Gerbstoffe aus dem Eichenholz. Allerdings schmeckte er auch an-

---

ders als ein Wein aus einem großen alten Fass mit 1.000 Liter Inhalt oder einem »fût de chêne«, denn durch die große Holzfläche im Inneren kleiner Fässchen treten weit mehr Holzaromen in den Wein über (große Fässer werden vorher ausgelaugt, damit sie keine Aromen an den Wein abgeben). Da die Holzbretter fürs Barrique bei der Verarbeitung über offenem Feuer erhitzt, »getoastet« werden, bringt ein neues Fass auch Röstaromen in den Wein. Das können Karamell-, Kaffee- oder Schokoladendüfte sein. Aber am markantesten ist vielleicht der Vanilleduft, den französische Eichenbretter dem Wein verleihen. Ein solches Fässchen ist teuer – mindestens 500 Euro – und erhöht entsprechend den Preis einer Flasche Wein. Da selbst die besten Winzer in Bordeaux sich nicht den Luxus erlauben, jedes Jahr neue Fässer zu kaufen (die natürlich frisch die intensivsten Holzaromen abgeben), werden meistens ein-, zwei- und dreijährige Barriques nebeneinander verwendet und zum Schluss der Wein aus den Fässchen gemischt.

Der Feinschliff

Dass die Rotweine aus den kleinen Fässchen so fein schmecken, hat noch einen anderen Grund: die Mikrooxidation. Eine fein dosierte Zufuhr von Luft durch die Fassdauben (die Holzbretter, aus denen das Fass gebaut wird) und die Poren des Holzes über eine längere Lagerzeit im Fass (den Ausbau) hinweg. Diese Mikromengen an Sauerstoff lassen die Tannine zu größeren Elementen zusammenwachsen, die Weine werden weicher und schneller trinkbar. Schon schlagen schlaue Techniker neue Lösungen vor. Die künstliche Mikrooxidation, bei der durch feinste Düsen Luft in den Wein im Edelstahltank geblasen wird. Oder die geregelte Luftzufuhr beim Umfüllen vom Gärtank in ein Holzfass. Statt teurer Fässchen getoastete Eichenholzlatten oder -schnipsel (»Chips«) in den Stahltank werfen, dann fein dosiert etwas Luft dazu gesprudelt, schon hat man die beliebten Rotweine mit dem Aroma von dunklen Beeren, Pflaumen und einem Hauch Cassis, etwas Leder und Vanille, die den modernen Weintrinker so faszinieren. Ist wie Industrie-Konfitüre mit zugesetzten Aromen. Nur wer Mutters selbst gekochte kennt, wird den Un-

Schnupperkurs  3

Rotweine

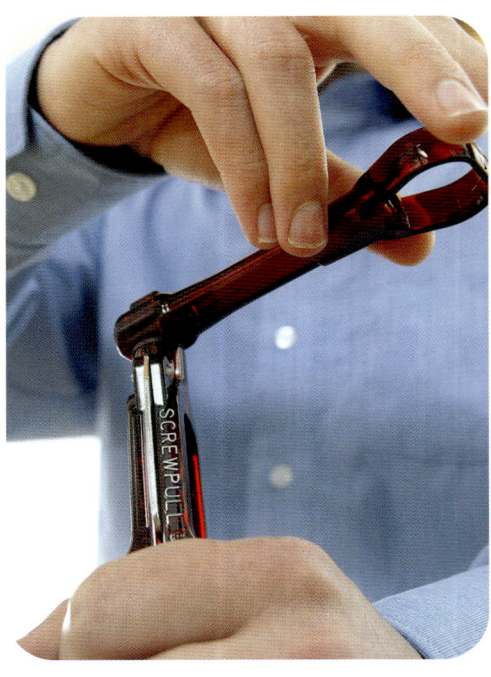

Rotweine sind zurückhaltender. Nicht so einfach zu erschließen. Aber dafür tiefsinniger.
Eher was für kühle Tage bei Kerzenlicht.

Vielleicht das Degustieren (auf Seite 58)
nachlesen. Auch beim letzten »Schnupperkurs« wollen wir die Weine nicht nur riechen,
sondern probieren. Und ein drittes Mal geht
es auf Einkaufstour. Diese Weine sind allerdings eher in Weindepots, in gut sortierten
Weinabteilungen von Kaufhäusern und in
Weinfachgeschäften zu finden. Wir brauchen:

• **Pinot Noir** (Spätburgunder aus dem
Elsass, Frankreich, für rund 7 Euro, steht
auch in gut sortierten Supermärkten)
• **Merlot del Veneto** (Venetien, Italien, um
die 4 Euro überall zu finden)
• **Cabernet-Sauvignon** aus Chile (am
leichtesten in Weindepots zu bekommen,
Preis um die 7 Euro)
• **Shiraz** aus Australien, McLaren Vale (Weinfachhandel, Weindepots, um 9 Euro; aufpassen, es gibt oft Mischungen von
Shiraz und Cabernet).
• **Bordeaux** – Médoc (Cru Bourgeois) oder
Graves (Pessac-Léognan; Achtung, davon
gibt's auch weiße), am besten in einem Weinladen nach einem trinkreifen fragen,
ab 10 Euro findet man ordentliche.

Pinot Noir sollte kalt sein (ein bis zwei Stunden in den Kühlschrank stellen), der Merlot
wird leicht kühl probiert (12 bis 14 Grad –
Kellertemperatur). Die übrigen Weine mit
etwa 16 Grad (wärmer werden sie sowieso
im Glas) auf den Tisch stellen. Flaschen diesmal öffnen und die Weine in die Gläser
gießen, damit sie Luft bekommen. Den Bordeaux möglichst schon zwei Stunden vorm
Probieren öffnen, er braucht am meisten Luft.

Der Pinot Noir

Die Farbe ist eher ein helles Kirschrot, häufig
sind orangefarbene Töne dabei. Eher leichtflüssige Schlieren.

Im Duft überwiegen frische rote Beeren wie
Himbeeren, Erdbeeren, Johannisbeeren und
Kirschen, bei älteren Weinen kann sich die
Anmutung nach Bauernhof oder feuchtem
Waldboden bemerkbar machen.

Dem duftigen, blumigen Geruch entspricht
ein fast süßer Kirsch- und Himbeergeschmack,
der aber nicht dick oder plump wirkt. Säure
und Gerbstoffe sind verhalten und dezent.

Pinot Noir ist ein sanfter Rotwein aus der edlen Rebsorte Blauer Spätburgunder, die vor
allem im Burgund angebaut wird. Im Elsass
entsteht daraus fast ein Rosé, ein
unkompliziertes Leichtgewicht, das jung zu
trinken ist. Gute erkennt man an der Fruchtigkeit und der feinen Herbe. Fein zu Wurst,
Schinken und Schweinebraten.

Der Merlot

Seine Farbe ähnelt der des Pinot Noir, ist
aber etwas dunkler mit zart-violetten Tönen.
Die Schlieren beim Schwenken sind schon
ausgeprägter, oft ist deutlich ein heller Rand
am Glas zu erkennen.

Er riecht nach dunklen Kirschen, gekochten
Früchten (Himbeerkonfitüre), schwarzen Johannisbeeren und Brombeeren. Typisch sind
auch Röstaromen wie von gebratenen Auberginen. Sein Geschmack ist eher weich, das
heißt, er hat weniger Säure. Aber kräftige
Gerbstoffe (die sich bei guten Merlots in der
Frucht verstecken) sind da. Pflaumig und rauchig, in der Regel sehr eigenständig.

Merlot del Veneto ist ein Rebsortenwein aus
Oberitalien, preiswert, leicht, für jeden Tag.
Die Reben ergeben im etwas kühleren Klima
bessere Weine als in zu warmem, wo sie oft
flach und fade wirken. Merlot-Trauben ergänzen auch oft Cabernet-Sauvignon-Weinen,
um deren Rauheit zu mildern.

Der Cabernet-Sau-
vignon

Die Farbe ist noch dunkler als die des Merlot,
tiefrot, mit violetten Tönen. In der Mitte des
Glases sehr dicht, am Rand eine weiße Zone.
Bei kräftigen schon dickere Schlieren.

Im Duft überwiegen schwarze Aromen:
schwarze Johannisbeeren, Brombeeren,
Pflaumen, Holunderbeeren. Dazu feine Zartbitterschokolade und ein Hauch von Minze,
Vanilleschote und Holz (Bleistift).

Auch im Geschmack wirkt er dunkel: herb-fruchtig, schokoladig, in der Mitte schwarze Johannisbeeren oder Cassis-Likör, Mokka oder Espresso, ein bisschen Holz und Gewürze (Zimt, Gewürznelken, Thymian). Erinnert ein wenig an Glühwein oder Rumtopf. Säure und Gerbstoffe (Tannine) sind ausgeprägt, wirken aber weich.

Cabernet-Sauvignon ist ein Rebsortenwein aus der bedeutendsten Traubensorte für Rotweine, heute weltweit angebaut. In Chile gerät er reif und üppig, ist aber meist nicht zu schwer und wird mit einer kleinen Menge Merlot-Trauben verschnitten, um ihm die kratzige Note zu nehmen (steht aber nicht auf dem Etikett). Sonst ist er oft rauer und herber, nicht so früh trinkreif.

Der Shiraz

Ein tiefes, dichtes Brombeerrot schimmert im Glas, leichte violette oder bräunliche Töne dabei. Ein schmaler heller Rand, beim Schwenken deutliche Schlieren.

Riecht intensiv nach gekochten schwarzen Beeren (vor allem schwarzen Johannisbeeren oder Cassis), Konfitüre von Brombeeren oder Himbeeren, Pflaumenkompott, etwas frisch gemahlenem Pfeffer, Vanilleschoten, Schokolade und Kaffee. Schmeckt intensiv fruchtig

nach gekochten Brombeeren. Die Gerbstoffe (Tannine) sind weich, aber kräftig wie bei schwarzem Pflaumenmus. Füllt den Mund wie schmelzende Schokolade aus, Kräuter, fast ein Hauch von Terpentin. Im Nachgeschmack reife Beeren, Cassis-Likör. Schön gereifte erinnern an einen schwarzen Panter mit seidigem Fell.

Shiraz ist ein Rebsortenwein, auch Syrah genannt (stammt ursprünglich aus dem nördlichen Rhônetal in Frankreich). In Australien ist der Shiraz die meist angebaute rote Traubensorte und bringt hier die besten Rotweine der südlichen Erdhälfte hervor.

Der Bordeaux

Die Farbe spielt um ein dunkles Kirsch- oder Brombeerrot mit violetten Tönen, dicht, ein schmaler rosa Rand, kräftige Schlieren, fast schon dicke Beine, laufen am Glas herunter.

Beim Riechen steigen kräftige Düfte nach schwarzen Beeren wie Brombeeren, Johannisbeeren (Cassis-Likör) und Holunderbeeren in die Nase. Röstaromen wie frische Kaffeebohnen, Schokolade, dann auch Lakritz, Teer, schwarze Pfefferkörner und Trüffel. Und ein bisschen Bauernhof (Stall, Leder) sollte zu erahnen sein.

Im Mund sind kräftige Tannine zu spüren, am Gaumen fast rau und kratzig. Dann ein schmeichelnder Früchteton nach schwarzen Beeren, Schlehen, Holunderbeeren und Kirschen. Es folgt eine bittere Note nach Espresso, Schokolade oder sogar Tusche.

Bordeaux ist ein Rotwein aus dem Gebiet um die Stadt Bordeaux, Médoc liegt nordwestlich, Graves (mit den Rotweinen von Pessac-Léognan) südöstlich davon. Die Weine sind eine Mischung (Cuvée) von Cabernet-Sauvignon-, Merlot- und ein paar Cabernet-Franc-Trauben. Spitzenweine sind als »Crus Classés« eingestuft, »Crus Bourgeois« sind einfacher und preiswerter.

Rückblick

Das war jetzt schon recht schwierig, vom sanften Pinot Noir bis zum gewöhnungsbedürftigen Bordeaux, aber die weltweit wichtigsten Rebsorten und Mischungen sind dabei vertreten. Der Pinot Noir und der Cabernet-Sauvignon aus Chile lassen sich noch am ehesten solo trinken, die anderen genießt man hauptsächlich zum Essen, vor allem zu geschmortem Fleisch. Also die Flaschen wieder zustöpseln, im Schlafzimmer aufheben und in den nächsten Tagen zur Mahlzeit probieren.

Jetzt aber bitte Zahlen!

Bisher ging's ja locker zu beim Probieren. Aber nun beginnt der Ernst des Weins – es gibt Noten und Punkte. Wie in der Schule und an der Uni.

Bei der Weinbewertung ist es ein bisschen anders als bei der Notengebung in der Schule – man kann nie früh genug damit anfangen. Je eher man beginnt über die probierten Weine penibel Buch zu führen, desto besser kann man später vergleichen. Ganz praktisch und nicht so streng für den Anfang ist die Sternchen-Methode nach Grundschulart: kein Sternchen für die Schulnote 6, ein Sternchen für die 5, zwei für die 4, drei für die 3, vier für die 2, fünf für die 1. Und schmeckt ein Wein doch noch besser als der bisherige Klassenbeste, bekommt er eben ein Sternchen mehr auf der nach oben offenen Trinkerskala. Mit diesem Prinzip kommt man gut weiter und wird später sicher amüsiert feststellen, wie sich der Weingeschmack doch ändern kann.

Die mittlere Reife: Von mangelhaft bis sehr gut

Für etwas Fortgeschrittenere geht auch das Schulnoten-System von eins bis sechs mit Zwischennoten. Beispiel: ein »Note-6-Wein« ist verdorben, essigsauer, umgestanden, also »mangelhaft«. Note 5 wie »ungenügend«: schmeckt mir(!) nicht, ist zum Ausspucken, nicht mal zum Kochen geeignet. Note 4 wie »ausreichend«: nur trinkbar, wenn nichts anderes mehr im Haus ist; geht noch als Kochwein. Note 3 wie »befriedigend«: ein Alltagswein, nicht unangenehm, fruchtig, kann man gut zum Essen trinken, preiswert. Note 2 wie »gut«: richtig leckerer Wein, von dem man gerne öfter ein Glas trinken würde, von dem auch die dritte oder die zehnte Flasche (nicht am gleichen Tag) immer noch so gut

schmeckt wie die erste. Bei dem man immer wieder dieses »Aha«-Erlebnis hat: reinriechen, schmecken, genießen – ahaaa!

Ja was bleibt jetzt für die Note 1 wie »sehr gut«? Nun, ein Einser-Wein muss schlicht den Quantensprung vom Zweier in die Unsterblichkeit schaffen. Diese Note kann eigentlich nicht schon beim ersten Probieren vergeben werden. Weil der Wein zu vielschichtig ist für die Liebe auf den ersten Schluck, denn er entwickelt immer neue Aromen bei jedem Riechen und Trinken. Er löst bei mir eine

Zum Umrechnen – Sternchen, Punkte, Parker			
Bewertung	Sterne	20er-Punkte	Parker-Punkte
Annehmbar	★	10 – 11,9	70 – 75
Gut	★★	12 – 13,9	80 – 84
Sehr gut	★★★	14 – 15,9	85 – 89
Ausgezeichnet	★★★★	16 – 17,9	90 – 95
Perfekt	★★★★★	18 – 20	96 – 100

Überraschung aus, fast einen Schock. Wie ein großartiges Kunstwerk. Erst im Nachhinein, im Rückblick auf viele probierte Weine wird der Einser so im Gedächtnis bleiben, dass er die Messlatte für alle folgenden Weine ein Stück höher setzt. Ein Einser ist die persönliche Sinnesfreude, einen einmaligen Wein in einer unwiederbringlichen Stimmung erlebt zu haben, der über allem anderen steht. Mit der Note 1 sollte man aber vorsichtig umgehen. Gerade am Anfang gibt es ganz schnell viel zu oft neue Einser-Kandidaten.

Die Oberstufe: Der lange Weg von Punkt zu Punkt

Wer viel probiert und das auch weiterhin tun will, der kann Weine ebenso nach Punkten bewerten wie in der gymnasialen Oberstufe. Für die ersten maximal 15 Punkte werden die einzelnen Sinneseindrücke beim Weingenuss nacheinander festgehalten und bepunktet. Als erstes die Farbe: 0 Punkte, wenn sie der Rebsorte oder dem Weintyp nicht entspricht, wenn also ein Chardonnay z. B. fast farblos, ein Riesling bräunlich ist. 1 Punkt, wenn die Farbe in Ordnung ist, 2 Punkte für einen besonders ansprechenden Farbton. Macht maximal 2 Punkte für die Farbe.

Nun Aussehen und Klarheit: 0 Punkte für einen trüben, neblig wirkenden Weißwein oder einen stumpfen, matten Rotwein.
1 Punkt bekommt er, wenn er klar und rein aussieht, 2 Punkte wenn er glänzt und schimmert, in ihm kleine Sterne zu funkeln scheinen. Maximal 2 Punkte fürs Aussehen.

Drittes Prüfkriterium: Duft und Aroma in der Nase. Hier sind 0 bis 4 Punkte zu vergeben. 0 Punkte für einen fehlerhaften oder unangenehmen Geruch, 1 Punkt wenn er nur schwach und verhalten ist. 2 Punkte für einen sauberen, der Rebsorte oder dem Weintyp entsprechenden Duft. 3 Punkte dürfen es sein, wenn das Aroma dem Weintyp gut entspricht, es fein und duftig ist. 4 Punkte: Der Wein riecht besonders ausgeprägt und fein.

Bis zu 7 Punkte gibt's für den Geschmack. Dabei auf Fruchtigkeit, Substanz, Süße und Säure, Tanningehalt, Reintönigkeit im Geschmack achten. 0 Punkte wenn der erwartete Geschmack fehlt oder fehlerhafte Töne zu spüren sind. 1 Punkt: schmeckt leer und dünn. 2 Punkte: Der Wein »geht geradlinig durch den Mund«, ohne einen nachhaltigen Eindruck zu hinterlassen. 3 Punkte: Der Wein ist ok, aber eher schlank und hager, es fehlt das geschmackliche Volumen. 4 Punkte: Der Wein ist ausdrucksstark und gehaltvoll, schon sehr ordentlich. 5 Punkte: schmeckt »hhm!«, sehr aromatisch, reiche Fülle im Mund, hat Charakter. 6 Punkte: Jetzt wird's langsam schwierig, dafür Worte zu finden. Überragend sollte er sein, einfach super gemacht, eindrucksvoll, kurz vor der Perfektion. 7 Punkte: der perfekte Wein, der Überknaller, ein Wein wie ein Kunstwerk, ein Wein zum Meditieren.

Das Abitur: Wie ist der Gesamteindruck?

Bevor der Kenner nun mit seinem 15-Punkte-Wein davon schwebt, bitte noch die letzte Wertung geben: maximal 5 Punkte für den Gesamteindruck, die Harmonie, die Reife, den Nachgeschmack. 0 Punkte für ungenügend. 1 Punkt für unharmonisch, untypisch für die Weinsorte. 2 Punkte: Naja, die Harmonie könnte besser sein, irgendwo stimmt was nicht ganz. 3 Punkte: Ja, jetzt kommt's in etwa hin, schmeckt schon rund und auch der Nachgeschmack ist zwar nicht sehr an-

haltend aber in Ordnung. 4 Punkte: Delikat, Säure, Süße und Tannine, alles ist im rechten Verhältnis zueinander. Und der Nachgeschmack hält schon sehr lange an, ohne störenden Ton dabei. 5 Punkte: Großartig, da passt alles perfekt zusammen. Der Wein ist reif, absolut harmonisch, super, der Nachgeschmack würzig und fast unendlich lang. Im Bestfall ein 20-Punkte-Wein.

Das Studium: Punkten nach Parker

Wir wissen nun: Einen Wein nach Punkten zu bewerten, ist eine schwierige Sache. Ganz besonders, wenn nach der Methode »Parker« gepunktet wird. Who is Mr. Parker? Robert Parker ist ein Weinkritiker aus den USA, der in seinem Infodienst »Wine Advocat« Weine nach einem 100-Punkte-Schema bewertet. Das System ist aber typisch amerikanisch: Er gibt jedem Wein erst mal dafür, dass er überhaupt existiert, schon 50 Punkte. So wie bei amerikanischen Schulprüfungen jeder 50 Punkte bekommt, der anwesend ist.

Also hat ein benoteter Wein mindestens 50, höchstens aber 100 Punkte. Ein 51-Punkte-Wein ist ganz schlecht, ein 100-Punkte-Wein der absolut beste Wein der Welt, z. B. ein 1990er Château Margaux, in ein oder zwei Jahren. Aber alle Weine, die Robert Parker mit mehr als 90 Punkten versieht, sind in kürzester Zeit ausverkauft, weil alle Welt sich darauf stürzt. Man sollte aber wissen, dass Parker sehr persönliche Vorlieben hat – goldgelber Chardonnay oder tiefdunkle Rotweine, alle im Barrique ausgebaut, üppig und füllig, nach Vanille und Röstaromen duftend. Das ist doch eine einfache Gebrauchsanleitung, wie ein guter Wein zu sein hat. Kapiert jeder.

Und so bemühen sich viele Winzer mit Ehrgeiz, es Herrn Parker recht zu machen. Weswegen es heute weltweit teure Weine gibt, die geschmacklich darauf abzielen, jede Menge Parker-Punkte zu ergattern. Ob die mir persönlich aber auch zusagen, ist eine andere Sache. Schließlich ist es etwas anderes, ob ein Wein bei einer lustigen Feier getrunken wird. Oder bei 'nem feinen Essen. Oder in der Küche aus einem Wasserglas. Jedesmal wird er anders munden. Und andere persönliche Noten bekommen.

Das Stundenglas
und andere Luftzufuhr

Zu viel Sauerstoff bekommt dem Wein eigentlich gar nicht gut. Aber manchmal kann ein herzhaftes Belüften Rotwein schöner machen.

Der Wein ist schon ein wundersames Wesen. Solange er in seiner Flasche luftdicht verschlossen ruht, verändert er sich kaum. Sobald aber der Korken herausgezogen wird und Luft an den Wein kommt, erwacht er zum Leben. Vorher, bei der Weinbereitung, musste die Luft möglichst ferngehalten werden, sonst hätten sich Bakterien vermehrt, die den Wein verderben und zu Essig werden lassen. Aber ein bisschen Luft (besser: Sauerstoff, Oxigenium) braucht er auch, damit sich die typischen Weinaromen entwickeln. Schon mal aufgefallen, dass Wein nach einigen Stunden anders riecht und schmeckt? Ist die Flasche aber ein paar Tage oder gar Wochen offen, bekommt dem Wein der Sauerstoff gar nicht gut. Bakterien können ihn zu Essig verwandeln, er kann langweilig und abgestanden schmecken wie altes Bier. Das hängt von der Dicke des Luftpolsters ab, das über dem Wein ist. Eine fast volle Flasche, gut verschlossen, hält sich einige Tage bis zu ein oder zwei Wochen. Ist die Flasche nur noch zur Hälfte voll, bleibt der gleiche Wein vielleicht nur zwei oder drei Tage gut genießbar. Also halb geleerte Flaschen nicht zu lange aufheben.

Andererseits ist der Sauerstoff in der Luft für die Langzeitentwicklung von Wein auch wieder wichtig. Die winzige Menge, die im Lauf von Jahren durch den Korkstopfen (so einer auf der Flasche ist) wandert, lässt vor allem die Gerbstoffe (Tannine) in Rotweinen reifen – sie werden sanfter, weicher und runder, die Weine entwickeln dabei auch mehr Aromen. Diese winzige »Mikrooxidation« lässt sich zur massiven »Makrooxidation« steigern, wenn der Wein in ein Glas gegossen und über ein paar Stunden immer wieder probiert wird.

Das Stundenglas

Am besten gleich mal ausprobieren: einen Notizzettel bereitlegen, eine Flasche Rot- oder Weißwein aufmachen, Glas halb füllen und den Wein probieren wie geübt – vor allem Duft und Geschmack. Beobachtungen notieren. Glas aber nicht austrinken, sondern etwa jede Stunde erneut dran riechen und einen kleinen Schluck testen. Nach Belieben am nächsten Tag fortsetzen.

Viel oder wenig Luft

- ● Halb geleerte Flaschen nicht zu lange aufheben. Reste am besten in kleinere Flaschen umfüllen und gut verschließen. Je kleiner das Luftpolster über dem Wein ist, um so länger hält er.

- ● Wird ein Wein nach dem Öffnen immer besser, sollte er noch ein paar Jahre aufgehoben werden.

- ● Säurereiche Weiß- und ruppige, raue Rotweine (bis drei Jahre alt) schwungvoll in eine Karaffe umgießen, damit sie viel Luft bekommen.

- ● Mittelalte Rotweine einfach nur entkorken und etwas stehen lassen.

- ● Alte Rotweine (über sieben Jahre) mit Bodensatz vorsichtig dekantieren, damit sie so wenig Sauerstoff wie möglich aufnehmen können. Nicht lange stehen lassen, sonst bauen sie ab.

Ein junger Weißwein (vor allem ein Riesling), der beim ersten Schluck neutral und schwammig wirkt, kann nach einiger Zeit feiner riechen und Charakter entwickeln, die Säure macht sich stärker bemerkbar. Oder umgekehrt – kommt häufiger bei weichen, säurearmen Weinen vor – vom süßen Früchtekorb zum langweiligen Butterkeks werden. Noch deutlicher sind die Wandlungen bei Rotweinen, vor allem denen der knorrigen Art. Ein Pinot Noir (Spätburgunder) öffnet oft erst nach einigen Stunden sein süßes Erdbeeraroma. Einer vom Typ »rauer Franzose«, der anfangs im Gaumen kratzt, wird nach einigen Stunden oft deutlich sanfter und weicher. Es ist so, als ob ein Vorhang langsam aufgezogen wird und nach und nach den Blick auf den Wein freigibt.

Ist ja ganz unterhaltsam, aber was sagt uns das? Das »Stundenglas« ist eine Möglichkeit, Veränderungen, die der Wein sonst langsam in der Flasche durchmacht, im Zeitraffer zu beobachten. Schmeckt der Wein mit der Zeit besser, wird er sich auch in der Flasche noch gut entwickeln. Grobe Faustregel: Drei bis sechs Stunden im Glas entsprechen etwa einem Jahr in der Flasche. Ist er am nächsten oder übernächsten Tag noch prächtig, hat er eine große Zukunft vor sich. Hat er dagegen nach ein paar Stunden seinen Genusshöhepunkt überschritten, gehört er zu den kurzlebigen Weinen, die besser jetzt zu trinken sind. Ist nur ein Anhaltspunkt, ob ein Wein reifen kann. Die feinen Aromen kann er nur durch Flaschenreife, nicht im »Stundenglas mit Makrooxidation« entwickeln. Sonst würden es die Winzer schon so machen.

Raus aus der Flasche

Nehmen wir an, wir wollen Wein zum Essen trinken, machen die Flasche auf und stellen fest, er schmeckt noch rau und ruppig. Da hilft nur die Radikalmethode: »Sturzdekantieren«. Dekantieren heißt, den Wein langsam aus der Flasche in ein anderes Gefäß (im Idealfall eine Karaffe, im Notfall eine saubere Blumenvase) umzufüllen. Beim Sturzdekantieren wird der Wein mit gut Schwung und viel Geblubber umgefüllt. Dabei kommt viel Luft (Sauerstoff) hinein, der Reifevorgang wird beschleunigt und der Wein ist schon nach einer Stunde gut trinkbar. Sturzdekantieren ist bei jungen Rotweinen aus Südfrankreich, Italien und Spanien (vor allem aus Cabernet-Sauvignon-Trauben) bis zum Alter von drei Jahren angesagt, wenn sie reichlich Gerbstoffe enthalten, herb und zusammenziehend schmecken. Aber auch gute Weißweine mit kräftiger Säure, vor allem Rieslinge, profitieren meist vom heftigen Umgießen.

Das »Dekantieren« haben Chemiker erfunden, die damit eine Flüssigkeit von einem Bodensatz abgießen. Das ist auch die klassische Methode, um ältere Rotweine, die ab einem Alter von etwa sieben Jahren einen Bodensatz ausbilden können, von eben diesem zu trennen. Sie ist etwas aufwändiger: Am Tag vorher die Flasche aufrecht stellen, damit sich der Satz (aus Tanninen und Farbstoffen) am Flaschenboden versammelt. Dann den Korken behutsam entfernen und den Wein ganz langsam in eine schräg gehaltene Karaffe gießen.

Um zu sehen, wann der Bodensatz als feiner Streifen im Flaschenhals auftaucht, Flasche von unten beleuchten – Kerze darunter stellen, Taschenlampe geht auch. Bei diesem Dekantieren soll der Wein nur wenig Luft abbekommen. Also langsam an der Wand der Karaffe herabfließen lassen und danach bald trinken, da ältere Weine oft schon in ein bis zwei Stunden ihre Frische verlieren.

Wer merkt, dass ihm die ruhige Hand dazu fehlt, kann sich einen Dekantiertrichter zulegen. Der enthält ein feines Sieb, das den Bodensatz (auch »Depot«) herausfiltert. Im Idealfall hat ein solcher Trichter noch einen gebogenen Auslauf, der den Wein an der Karaffenwand entlang fließen lässt.

Ja und Rotweine, die älter als drei, aber jünger als sieben Jahre sind? Schwierig, könnten verschlossen sein (siehe Seite 112). Am besten eine Stunde vorher entkorken und offen stehen lassen. So bekommen sie genug Sauerstoff, um ihr Aroma zu entfalten. Weißweine müssen nicht vom Bodensatz dekantiert werden, bei ihnen ist dieser so schwer, dass er beim vorsichtigen Einschenken ganz von selbst in der Flasche verbleibt.

Trocken oder mit Restsüße - was ist besser? Zwei Meinungen dazu:

Pro Trocken

»Knochentrockene Weine - vor allem Weißweine - sind nicht jedermanns Sache. Vor allem Anfänger tun sich schwer damit. Ein wirklich trockener Wein ist für mich einer, bei dem der Zuckergehalt, den die Trauben mitbringen, vollständig vergoren ist, der nicht in der Gärung abgestoppt oder nachher mit Süßreserve versetzt ist. Zum Essen gibt es für mich keinen besseren. Und auch zum So-Trinken ist mir ein herber Tropfen lieber, bei Spätlese trocken ist für mich Ende, Auslesen und so mag ich nicht.

Ob ein Wein wirklich trocken schmeckt, kann man aber am Etikett nicht erkennen. Nach EU-Regel darf ein Wein »trocken« genannt werden, der bis zu 9 Gramm Restzucker im Liter enthält, wenn der Säuregehalt genügend hoch ist. Das ist kein Wein zum Essen, sondern Fertig-Bowle ohne Obst, da hat man deutlich einen süßen Geschmack im Mund.

Früher hießen solche Weine »halbtrocken«, »trocken« galt nur bis 4 Gramm Restzucker und das war o.k. Heute weiß ich bei einem Kabinett, wo trocken draufsteht, nicht mehr, ob er herb ist oder schon wie süße Limo schmeckt. Ich will ihn aber zum Essen trinken und nicht zu Schokoladenkuchen und Plätzchen. Ganz trockene deutsche Weine findet man am ehesten unter der Bezeichnung »Diabetikerwein«, nur bei ihnen steht auf dem Rückseitenetikett, wie viel unvergore-nen Zucker sie enthalten.

Kürzlich hat mich ein Pfälzer Winzer seinen Riesling trocken probieren lassen. 7,5 Gramm Restzucker, die Säure ging dabei unter. Mir zu süß. Sagt der Winzer: »Unsere Kunden wollen ihn nicht so herb, da setzen wir jetzt mehr Süßreserve zu!« Und was trinkt er? Einen mit gerade 3,5 Gramm Restzucker. Fand auch ich fein. Kann ich wohl nur noch Weine aus Italien oder Frankreich kaufen, um sicher zu sein, keinen Traubensaft in der Flasche zu haben. Weil die noch nicht »sec« oder »secco« draufschreiben, wenn »doux« oder »dolce« drin ist.«

Pro Restsüße

»Das Dogma, nur trockener Wein ist ein guter Wein, ist ein typisch deutsches Missverständnis. In anderen Weinbauländern wird sowohl herber als auch süßerer Wein getrunken, je nachdem, zu welchem Anlass oder zu welchem Essen. Trockenen Weinen mit viel Säure fehlt die Süße, die sie erträglicher macht und den Geschmack abrundet. Um die Salatsauce milder zu machen, gibt man eine Prise Zucker dran. Und keine italienische Mama wird vergessen, etwas Zucker an die Tomatensauce zu geben, um die Säure zu mildern. Beim Wein ist es nicht anders. Überwiegt der saure Geschmack, wirkt er unharmonisch. Ein bisschen mehr Süße und schon ist er rund.

Knochentrocken ist schon lange nicht mehr das allein Seligmachende. Wer das behauptet, denkt recht einseitig. Zum Essen passen sehr wohl auch Weine mit ein bisschen Restsüße, z.B. zu Fisch und Meeresfrüchten mit Butter oder Sahnesauce und zu asiatischen Gerichten.

Ob man ganz süße Weine mag, ist eine persönliche Angelegenheit. Aber Qualität nur an der Bezeichnung »trocken« festmachen zu wollen, ist einfach falsch. Es gibt außergewöhnliche Dessertweine, die von Natur aus einen hohen Zuckergehalt haben und die zu den besten der Welt gehören wie Beerenauslesen, Sauternes, Muscat de Rivesaltes, Banyuls. Wichtig ist nur, dass der Wein harmonisch wirkt. Süße und Säure, Alkohol und Aromen müssen ein stimmiges Gesamtbild ergeben.

Mal ehrlich - ganz schön viele trinken doch lieber einen Wein mit ein bisschen Restsüße, der nicht gleich Löcher in den Magen frisst. Zwischen ganz trocken und süß gibt es gerade beim Wein so viele Übergänge, dass jeder das finden kann, was ihm am besten schmeckt. Und vielleicht könnten sich die Vorschriftenmacher einmal dazu durchringen, auf jeder Weinflasche den Restzuckergehalt anzugeben. Das wäre für den Einkauf schon eine große Hilfe.«

Basic-Werkzeuge

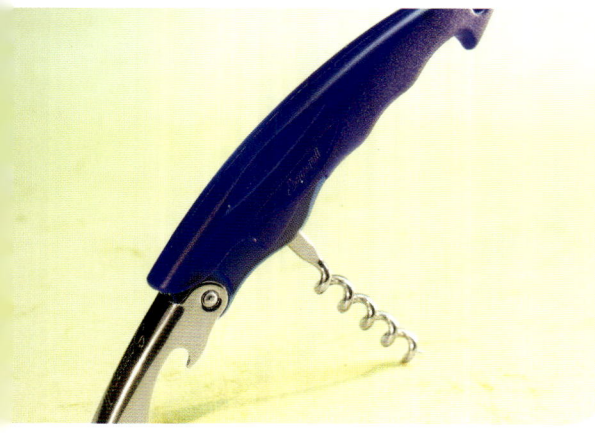

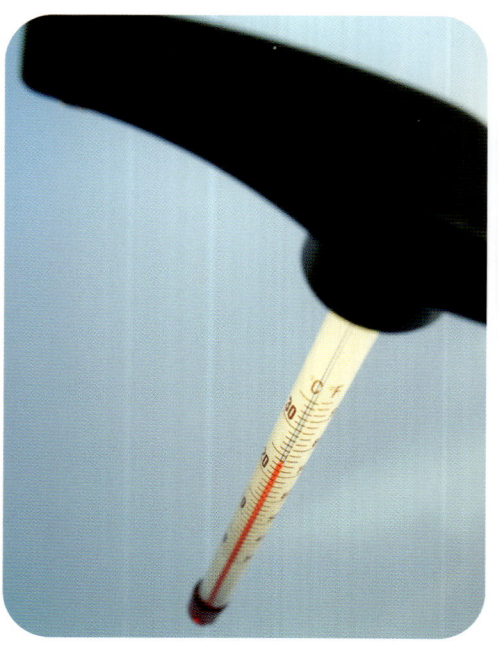

Korkenzieher

Ohne den geht gar nichts (mal von Flaschen mit Schraubverschluss abgesehen). Preis reicht von geschenkt bis sauteuer. Für Geschickte das Beste: ein Kellnermesser wie im Bild. Darauf achten, dass die Spirale eine »Seele« hat (man kann ein Streichholz durchstecken) und dass das Gerät stabil ist, gut in der Hand liegt und keine taschenunfreundlichen Ecken hat. Mit einem kleinen Messer daran lässt sich die Kapsel abschneiden. Spirale senkrecht auf den Kork setzen und gerade (!) eindrehen. Beim Herausziehen hilft der Hebel, der auf den Flaschenhals aufgesetzt wird.

Unkompliziert und leicht zu handhaben ist einer, der durch einfaches Weiterdrehen auch fest sitzende Korken von selbst langsam herauszieht. Gibt es aus Kunststoff in vielen Farben oder aus Metall und hört auf den Zunamen »Pull«. Die Spirale sollte breit und glatt, die Spitze wirklich spitz sein, dann wird der Korken nicht zerbröselt. Für Vielflaschenöffner gibt es dieses Gerät auch als große Zange mit Hebelmechanik.

Ein Öffner für Spezielles nennt sich »Butlers Friend« oder »Ah-so-Korkenzieher«, bei dem zwei Stahlfedern zwischen Stopfen und Glas gehebelt werden (siehe Seite 57).

Ausgießhilfe

Ein ebenso unscheinbares wie nützliches Gerät vor allem für Rotwein, der ohne dieses regelmäßig die Tischdecke mit Flecken versieht. Die Ausgießer verhelfen dem grobschlächtigen Flaschenhalsende zu einer scharfen Kante, die herablaufende Tropfen verhindert. So ein Teil sollte stabil und leicht zu reinigen sein. Die Formen der massiven Hilfen (im Bild) reichen von elegant-unauffällig bis klotzig-technisch (manche sprudeln als »Dekantierausgießer« sogar noch Luft in den Wein).

Eher in die Kategorie Software gehört der »Drop-Stop«. Eine runde, metallische Plastikscheibe, die zu einer Röhre zusammengedreht und in den Flaschenhals gesteckt wird (nicht zu tief, sonst ist sie weg und kann nur mit einem Hammer wieder aus der Flasche geholt werden). Beim Ausgießen sollte es jetzt nicht mehr tropfen, auf der Beschichtung der Scheibe läuft der letzte Tropfen in die Flasche zurück. Vorsicht beim Herausziehen der Folienscheibe, sie springt kraftvoll in ihre ursprüngliche Form zurück.

Weinthermometer

Praktisch, um das eigene Temperaturempfinden mit den tatsächlichen Celsiusgraden zu vergleichen und unverzichtbares Requisit für Genießer, die Wein mit der richtigen Kühle oder Wärme servieren wollen. Ein Weinthermometer aus Glas (im Bild) wird in den Wein gehängt und zeigt nach kurzer Zeit die Temperatur gradgenau an. Es gibt kurze für das Weinglas und längere für die Flasche. Sie sollten leicht ablesbar, stabil und gut verstaubar sein.

Anders funktionieren die Banderolen, die außen um die Flasche gelegt werden und mit einem Leuchtband oder Leuchtziffern die Temperatur anzeigen. Sie funktionieren auch bei geschlossenen Flaschen, geben aber nur die Außentemperatur der Flasche, nicht die des Inhalts an.

Weniger dekorativ, aber schnell und robust: ein Digitalthermometer mit langem Fühler aus dem Elektronikladen. Funktioniert in Flasche und im Weinglas.

Weinkühler

Nicht nur für Party und Picknick wichtig, sondern auch auf dem Tisch sehr praktisch, damit der Wein nicht so schnell warm wird. Unkompliziert sind die Weinkühler aus doppelwandigem Kunststoff (im Bild), die wie eine Thermosflasche funktionieren und die gekühlte Flasche darin lange auf ihrer Temperatur halten.

Eine Alternative sind die Röhren aus porösem Ton, die sich erst in kaltem Wasser vollsaugen müssen. Dann ausleeren, Flasche reinstellen und vom verdunstenden Wasser kühlen lassen. Bei feiner Tischdecke aber auf eine Unterlage stellen, sonst gibt's Wasserflecken darauf.

Sektkühler, die mit Wasser und Eiswürfeln bestückt werden, halten natürlich auch Weißweine und leichte Rotweine kalt.

Für die Blitzkühlung gibt es kleine Eismanschetten, die mit einer speziellen Gefrierflüssigkeit gefüllt sind, die nicht erstarrt. Im Tiefkühler frosten und dann über die Flasche ziehen. Ideal, um den Wein schnell kalt zu kriegen (nicht zu lange innig umschlingen lassen, sonst wird er schnell zu kalt).

Karaffe

Braucht man, um jungen Wein zu belüften oder älteren zu dekantieren. Sollte aus klarem Glas sein, damit man in der Karaffe die Weinfarbe schon erkennen kann. Anfangs (oder für verdeckte Proben mit mehreren Rotweinen) tun es auch die billigen Bistrokaraffen mit einem Liter Inhalt (sonst passt keine ganze Flasche hinein).

Unter den Edelgefäßen gibt es zwei Typen: schmale hohe, die zum Depot-Dekantieren älterer Rotweine gedacht sind, die nicht zu viel Luft bekommen dürfen (siehe Seite 74). Und die unten weit ausladenden mit schmalem Hals (im Bild). Oben dürfen nicht zu viele Aromen entweichen, unten soll der Wein über die große Oberfläche sehr viel Luft aufnehmen können. Diese sind die richtigen zum Sturzdekantieren und für jüngere, gerbstoffreiche Rotweine.

Daneben gibt es auch noch entenförmige Glaskaraffen mit Silberausgießer und Deckelchen, ursprünglich zum Depot-Dekantieren und blubberfreiem Ausgießen gemacht, heute aber vorwiegend als edler Tischschmuck gebraucht.

Flaschen-
verschluss

Es soll ja Leute geben, die Flaschen nur halb austrinken. Bei einer größeren Runde passiert das sogar öfter. Dann wäre ein Verschluss nicht schlecht. Eigentlich würde ja der flascheneigene Korken genügen, aber oft ist er zerbröselt oder lässt sich, weil er aus Kunststoff ist oder der Kork sich ausgedehnt hat, nicht mehr eindrehen. Ideal ist ein Korkenersatz, der in verschieden dicke Flaschenhälse passt und auch im Getränkefach des Kühlschranks – bei Weißweinen – nicht zu sperrig ist (im Bild).

Für Sekt- und Champagnerflaschen gibt es verschiedene Systeme, die die Flasche dicht verschließen und das Teil so am oberen Flaschenhals festklemmen, dass es durch den Kohlensäuredruck nicht rausploppt.

Technikfans können Vakuumpumpen kaufen, mit denen über einen speziellen Verschluss die Luft aus der Flasche gezogen wird. Zarte, duftige Weine verlieren dabei aber an Aroma und Spritzigkeit.

Die einfachste Methode: Die Weinreste in kleinere, gerade passende Flaschen (Mineralwasserfläschchen) umfüllen und fest verschließen.

Auf Weinreise in
Frankreich

Ganz Gallien wird vom Weinbau beherrscht. Ganz Gallien? Nein, die Reben wachsen eigentlich nur auf vielen kleinen Inseln im Land. Aber es gibt wohl keinen Franzosen, der nicht auf die Weine seines Landes stolz wäre.

Frankreich mit seiner Tradition hat den Weinstandard für alle Newcomer vorgegeben. Heimat der berühmtesten Rebsorten wie Cabernet-Sauvignon, Pinot Noir und Chardonnay. Hüter alter Ausbaumethoden und Erfinder eines ausgeklügeltes Systems von »Appellationen«, die sich am »Terroir« orientieren, was außer den Franzosen kaum einer versteht. Terroir ist das Zusammenwirken von Klima, Boden, Untergrund, Ausrichtung zur Sonne, Bearbeitung und vielem mehr. Das Terroir bestimmt, welche Rebsorten am besten gedeihen und wie sie zu pflegen sind – und somit auch, welcher Wein daraus entsteht. Eine Appellation ist also ein Terroir, in dem ähnliche Weine entstehen. Und da es Unmengen Terroirs in Frankreich gibt, findet man auch unzählbar viele Appellationen.

Fluss hier, Fluss da

Ähnlich wie in Deutschland sind es die Flüsse, die die Linien für den Weinanbau vorgeben. Aber in Frankreich ist es weniger ein verzweigtes Netz, sondern eher eine Anordnung wie die Speichen eines Rades. Und im Mittelpunkt liegt, mal großzügig gesehen, das Allier – wo zwar keine Reben, aber die Eichenbäume wachsen, aus denen die besten Barriquefässer gefertigt werden.

Nördlichstes und kühlstes Weinbaugebiet ist die Champagne an der Marne, die mitten in Paris in die Seine fließt. Der Name steht nicht nur für das Gebiet, sondern auch für sein Produkt: den Champagner, den feinsten

Schaumwein der Welt, der fast immer aus drei Rebsorten gemischt wird: Pinot Meunier und Pinot Noir (beides rote Burgundersorten!) sowie Chardonnay. Die Reben wurzeln in hellem Kreideboden, der die Sonnenstrahlen reflektiert und die Trauben besser reifen lässt.

Nur ein wenig südlicher findet sich das Elsass mit Blick auf den Rhein. Vor nasskalten Winden durch den Bergzug der Vogesen geschützt, profitiert es von der Wärme der Rheinebene. Hier gedeihen überwiegend weiße Rebsorten wie Riesling, Sylvaner (die Elsässer Schreibweise für den Silvaner), Pinot Gris, Gewurztraminer (ohne Tüttelchen auf dem »u«) und ein bisschen roter Pinot Noir, die alle zu sehr trockenen Weinen ausgebaut werden.

Der schönste Fluss

Im Westen liegt das Gebiet der Loire, die von den Cevennen in der Mitte Frankreichs zum Atlantik fließt. Dieser von Burgen und Schlössern gesäumte Weißweinfluss bietet anfangs die frisch-rauchigen Weine von Sancerre und Pouilly-Fumé und zieht dann durch das Kreidegebiet von Vouvray, dessen Chenin-Blanc-Trauben auch zu Schaum- und Süßweinen verarbeitet werden. Ausreißer sind die Gemeinden Chinon und Bourgueil, von deren Kies- und Tuffsteinböden feine Rotweine aus Cabernet-Franc-Trauben kommen. Das angrenzende Anjou hat sich in den letzten Jahren zu einem guten Rotweingebiet entwickelt, nachdem seine süßen »Rosé d'Anjou«-Weine immer weniger Abnehmer fanden. Fast schon an der Mündung der Loire

Seine · *Marne* · Paris · *Loire* · *Allier* · *Rhone* · *Gironde* · Bodeaux · *Garonne* · Marseille

haltigen Lehmböden die feinsten Chardonnay-Weine gedeihen. Weltberühmt aber die Rotweine aus Pinot-Noir-Trauben von der Côte d'Or, den »Goldhänger«, die als Burgunderweine an Königstafeln serviert wurden, heute aber mit Absatzproblemen zu kämpfen haben.

Die Rot- und Weißweine der südlich anschließenden Côte Chalonnaise sind weniger berühmt, aber oft erstaunlich gut. Es folgt das Mâconnais mit seinen weißen Chardonnay-Weinen und schließlich das Beaujolais, auf dessen granithaltigen Böden die Rebsorte Gamay am besten gedeiht. Obwohl die meisten dabei nur an den jung zu trinkenden Primeur denken, gibt es hier »Crus«, die lagerfähig sind wie Moulin-à-Vent, Chénas, Fleurie, Juliénas oder Morgon. Der Beaujolais Primeur wird schnell produziert, schnell verkauft, ist schön fruchtig und frisch und hat in anderen Ländern aus anderen Rebsorten (vor allem in Italien als »Vino Novello«) viele Nachahmer gefunden.

Die südliche Rhône wird überragt vom Châteauneuf-du-Pape, Namensgeber für den knorrigen Klassiker aus vielen Rebsorten. Aber auch die übrigen Regionen hier mit ihren Weinen, die so wie sie heißen, sind keine Unbekannten: die Coteaux du Tricastin, Côtes du Rhône (mit Villages), Gigondas und Vacqueyras (wer kann den Namen auswendig schreiben?), Tavel, Lirac, Rasteau, Vaucluse, Lubéron und Aix-en-Provence (gut, diese letzten drei sind schon ein bisschen weiter im Osten), die Weinberge von Nîmes und Bellegarde.

Bleibt zum Schluss noch das Midi im Süden mit seiner langen Küste, vom Fluss Aude nach Süden das Kalksteinmassiv La Clape, die Gebiete Roussillon und Corbiéres, nach Nordost das Minervois und die große Ebene des Languedoc im Departement Hérault mit seiner Einzellage Pic Saint-Loup und seinen Vin de Pays d'Oc. Das Midi ist, man glaubt es kaum, das größte Weinbaugebiet (mehr als dreimal so groß wie das Bordeaux) und auch das revolutionärste in Frankreich. Vor allem die Rotweine werden nach Methoden der Neuen Welt ausgebaut, so dass man vermuten kann, hier ist der Nachfolger von Kalifornien und Co. am Kommen. Fast in Vergessenheit gerät der traditionelle Süßwein, der Vin Doux Naturel wie der Banyuls und der Maury.

in den Atlantik befindet sich das Gebiet des Muscadets, eines trockenen Weißweins aus der Rebsorte Melon de Bourgogne. Der Großteil des Anbaugebiets wird von der Region »Sèvre-et-Maine« abgedeckt, nach den beiden Flüsschen Sèvre und Maine benannt, die vereint bei Nantes in die Loire münden.

Die teuersten Weine

Südlich davon ist die Gironde, die Vereinigung der Flüsse Garonne und Dordogne. Noch nie davon gehört? Wohl doch, vielleicht nur unter anderem Namen. Denn dies ist der Bereich des Bordelais mit seinen berühmten Bordeaux-Weinen. Dieses größte Qualitätsweingebiet Frankreichs, benannt nach der Stadt Bordeaux, produziert vor allem Rotweine von preiswert bis superteuer. Typisch für sie ist die Mischung aus verschiedenen Rebsorten, vor allem Cabernet-Sauvignon, Merlot und Cabernet Franc.

Ihren Ruf verdankt die Region ein paar Weingütern, die das Glück hatten, vor 150 Jahren in den erlesenen Kreis der »Grands Crus Classés« aufgenommen zu werden. Als bestes Gebiet galt damals das linke (westliche) Ufer der Gironde mit Médoc und Graves (wo auch Weißwein erzeugt wird), auf dessen

wasserdurchlässigen Kiesböden die Cabernet-Sauvignon-Rebe am besten gedeiht. Das östliche Ufer mit seinen schwereren Lehmböden gefällt der sanfteren Merlot-Rebe besser, die den Weinen von St-Emilion und Pomerol Weichheit und Würze gibt. Der teuerste Wein der Welt, »Pétrus« aus dem Pomerol, besteht sogar fast nur aus Merlot.

Im Dreieck der Flüsse Garonne und Dordogne ersteckt sich die Region »Entre-Deux-Mers« (»zwischen zwei Meeren«) mit einfachen, aber ordentlichen Weißweinen, die gut zu Fisch und Meeresfrüchten passen. Aber auch das nicht mehr zum Bordelais gehörende Bergerac und der ganze Flickerlteppich des unter dem Namen »Sud-Ouest« (Südwesten) zusammengefassten Hinterlandes, das bis an die Pyrenäen reicht, liegt großräumig in dieser Flusslandschaft.

Nächste Superlativen

Die längste Fluss-Wein-Ader Frankreichs ist die Rhône, die das halbe Land von Nord nach Süd, von den Vogesen bis zur Provence durchzieht. Das Highlight im Norden: das Burgund (Bourgogne) mit seinem nördlichen Weißwein-Satelliten Chablis, auf dessen kalk-

81

Wein ve

Zwischen Weinstock und Flasche

rstehen

Zwischen Weinstock und Flasche passiert eine ganze Menge. Was
die Winzer das Jahr über treiben, wie sie ihre Rebstöcke hätscheln
und tätscheln ist schon mal ganz wichtig. Bei der Ernte zeigt sich's,
ob auch die Natur ihnen wohlgesonnen war. Im Keller wird dann
oft manches nachgeholt, was die Sonne versäumt hat. Manchmal
könnte man denken, da sind die alten Alchemisten wieder am Werk,
die aus Eisen Gold machen wollten.

Nur nicht stehenbleiben. Es gibt noch eine gute Menge mehr zu erkennen als Rot und Weiß, Rebsorte oder Anbaugebiet. Der an-
gehende Weindetektiv muss vor allem üben. Beim Wein sollte
das ja kein Problem sein.

Hähnchen in Riesling

Für 4 Mistkratzerfreunde:

1 küchenfertiges Hähnchen (1,5 kg) waschen, trocknen und mit der Geflügelschere in 8 gleich große Stücke zerteilen. Mit Salz und Pfeffer würzen. 60 g Frühstücksspeck (Bacon) klein würfeln. Je 2 Zwiebeln und Knoblauchzehen schälen und fein hacken. 2 Möhren schälen und klein würfeln. Je 1 Zweig Rosmarin und Thymian mit 1 Lorbeerblatt zu einem Bündelchen zusammenbinden. Im breiten Topf 1 EL Öl erhitzen, Speck leicht anbraten. 3 EL Butter dazugeben, Fleisch reinlegen und rundum anbräunen. Darf 10 Minuten dauern. Zwiebeln, Knoblauch und Möhren zugeben, noch 5 Minuten braten, dabei Rühren und Wenden nicht vernachlässigen. 3/4 l trockenen Riesling (Rheingau, Rheinhessen, Elsass) zugießen, Kräuter zugeben, zudecken und 40 Minuten leise köcheln lassen. 200 g kleine Champignons mit Küchenpapier sauber abreiben und vierteln. Zum Hähnchen geben, noch 10 Minuten garen. Damit's schöner aussieht, etwas gehackte Petersilie drüberstreuen. Schmeckt richtig französisch, deshalb gibt's Baguette dazu.

Ein Winzer rechnet vor
Kosten für Weinlese und Flaschen?

Friedhelm Rinklin, Bio-Winzer: »Bei der Lese muss jeder von der Familie ran, außerdem haben wir ein gut funktionierendes Nachbarschaftshilfesystem. Zusätzlich kommt unsere Saisonarbeitskraft, die will knapp 5 Euro für die Stunde netto auf die Hand. Dazu kommen noch Sozialversicherung, Gebühren fürs Visum, freie Kost und Logis. Durchschnittlich kann ein Helfer 300 bis 500 kg Trauben pro Tag ernten. Die Menge hängt von der Blätterdichte (wie leicht die Trauben zu finden sind), von der Traubenzahl pro Stock (je weniger Ertrag, desto höher der Leseaufwand), dem Sortieraufwand bei der Entfernung schlechter Beeren und so weiter ab. Unsere fünf Hektar ergeben bei einem Ertrag zwischen 50 und 60 Hektolitern pro Hektar etwa 20.000 Flaschen Wein (einen kleinen Teil der Ernte verkaufen wir an befreundete Winzer und einen weiteren Teil als Federweißen über den Naturkosthandel). Eine Flasche mit einem anständigen Korken kostet um 50 Cent.« Macht rund 12.000 Euro für Winzer Rinklin.

12.000

Das Glas

Rotweine sind voller und schwerfälliger als Weißweine, deshalb brauchen sie größere Gläser. Das Bordeaux-Glas verengt sich nach oben, damit der Duft konzentriert wird. Zu eng darf die Öffnung aber wieder nicht sein, damit der Wein optimal auf die Zungenspitze trifft.

Der lange Stiel ist wichtig, damit die Nase genügend Abstand von der Hand hat, deren Geruch den Duft des Weines beeinflussen könnte. Also Stiel unten anfassen.

Das Bordeaux-Glas ist das richtige für junge Bordeaux- und Cabernet-Sauvignon-Weine, Chianti, Rioja und Zinfandel. Faustregel: Alles, was in Bordeaux-Flaschen gefüllt wird, kann aus dem Glas mit gleichem Namen getrunken werden.

Neffe Andys Weingeschichten

Ruft mein Onkel, der sich für einen Weinkenner hält, an und fragt, ob ich Lust auf eine Winzertour hätte. Na klar. Weil seine Uraltkarre kurz vor Schrott ist, fahren wir mit meinem Auto. Hat er sich clever ausgedacht, so braucht er nicht fahren und kann nach Herzenslust probieren. Morgens um elf fallen wir beim ersten Winzer ein (dann, sagt Onkel, ist der Geschmackssinn gerade in Hochform). Er schaut sich erst die Liste an und probiert nur vier oder fünf Weine. Quetscht dabei den Winzer, so einen richtig urigen knorrigen Typen, aus. Hektarer-

trag und Zeilenbegrünung, Barriqueausbau und Restzucker. Du meine Güte, so viele Fachbegriffe, da konnte ich nur gescheit dreinblicken und sie mir hinterher erklären lassen. Noch einen Blick in den Keller werfen, das war schon ein Erlebnis. Holzfässchen neben Holzfässchen, Barriques heißen die, und alles pieksauber. Hat auch mir eingeleuchtet, dass da was Gutes rauskommen muss. Der Onkel lädt dann gleich kistenweise ein, ich begnüg' mich mit ein paar Fläschchen. Und er hat sich schon vorher schlau gemacht, wo er weiter hin will. Näch-

stes Weingut, gleiches Spielchen. Anschauen, gezielt probieren, diesmal schwatzt er dem Winzer sogar noch ein paar Flaschen ab, die eigentlich für andere Kunden reserviert sind. Kisten einladen und weiter geht's. Von einem Original zum nächsten. Zum Schluss ächzen die Stoßdämpfer, der Onkel ist selig und ich ärger' mich nachträglich, dass ich nicht mehr Wein eingekauft hab'. Aber jetzt war ich mal richtig da, wo Wein gemacht wird. Hab' die Winzer kennengelernt und gesehen, was so hinter dem Job steckt. Ist doch was anderes als Flasche nur vom Händler kaufen. Machen wir wieder, gell?

Bastelstunde

Wie Rotweinflecken rausgehen

Ein Rotweinfleck auf Hemd oder Bluse ist genauso hartnäckig wie ein Kaugummi auf der Schuhsohle. Am besten das Entfernen mal an einem alten weißen T-Shirt probieren, dann klappt es auch im Ernstfall. Also Rotweinglas in die Hand und so viel vom Inhalt auf das Probestück gekippt, dass ein schöner Fleck entsteht. Und dann ...

Ganz wichtig:
Der Fleck darf unbehandelt nicht eintrocknen. Wenn kein Wasserhahn zum sofortigen Auswaschen in der Nähe ist, den Fleck mit einer sauren Flüssigkeit wie Weißwein (nicht mit Rotwein!), Zitronensaft oder Mineralwasser anfeuchten, dann kann er sogar wieder trocknen und geht trotzdem bei der Wäsche (meist) raus.

Wirkt fast immer:
Den Fleck sofort dick mit feinem Salz bestreuen und leicht einreiben (falls Damenbluse getroffen: Salzstreuer in die Hand drücken und Weg zur Toilette zeigen). Eine halbe Stunde einwirken lassen, dann ausspülen.

Bei Teppichböden:
Den Fleck ebenfalls dick mit Salz bestreuen und vorsichtig einmassieren. Nach einer halben Stunde das Salz mit dem Staubsauger entfernen, Reste mit einem feuchten Schwamm abnehmen. Den Schwamm nur so feucht machen, dass man etwas Wasser in den Teppich pressen und gleich wieder aufsaugen kann. Schwamm ausspülen und fortfahren, bis der Fleck weg ist.

Brutalo-Methode (nur für weiße, unempfindliche Stoffe):
Fleck mit konzentrierter Chlorbleichlauge (Clorix, Domestos) behandeln, kurz einwirken lassen, dann gründlich ausspülen. Vorsicht – die Lauge greift die Haut an und kann farbige Stoffe völlig verfärben! Also an einer »unauffälligen Stelle« (z. B. dem Rocksaum) testen, wie sich der Stoff verhält.

Das große Zittern bis zur Ernte

Wo es das ganze Jahr über warm und sonnig ist, haben die Winzer kaum Sorgen. Wohl aber die, denen das Wetter öfter in die Quere kommt.

Lassen wir mal ein Jahr im Zeitraffer an einer Riesling-Rebe in Deutschland vorüberziehen. Nehmen wir das erste Jahr des neuen Jahrtausends. Noch im Winter hat der Winzer den Rebstock beschnitten, damit er nicht ins Kraut schießen und nur kleine, mickrige Trauben bilden kann. Bei diesem »Winterschnitt« kann er sich entscheiden, ob er viel oder wenig Trauben ernten will. Viele Trauben an einer Rebe geben viel dünnen Wein, wenige geben wenig, aber gehaltvollen Wein. Unserer Rieslingrebe hat er gerade mal acht Knospen (»Augen« genannt) belassen, weil er einen guten Wein machen will.

Wenn er Pech hat, gibt es danach noch einen scharfen Nachtfrost und es erfrieren einige dieser Knospen. Dann erhält er noch weniger Wein. Aber dieses Jahr läuft alles gut, die Knospen brechen auf und sprießen. Die fast hochsommerlichen Temperaturen im Mai lassen unsere Rebe früher als sonst und dazu noch mit rekordverdächtiger Geschwindigkeit wachsen. Bereits Ende Mai/Anfang Juni sind die Blüten ausgebildet, der Winzer atmet auf. Doch schon naht die nächste Gefahr: nasses, kühles Wetter kann die Bestäubung der Blüten verhindern, sie fallen ab und bilden keine Beeren. »Verrieseln« nennt der Winzer das. Aber wieder hat unser Riesling Glück, die sommerliche Witterung hält bis in den Juni an. Unsere Rebe ist kräftig am Wachsen und Gedeihen, der Winzer befestigt nun die jungen Triebe an den zwischen den Reben gespannten Drähten, damit sie möglichst viel Sonne abbekommen. Die kleinen grünen Perlchen, die sich aus den Blüten entwickelt haben, werden größer. Jetzt ist unser Weinstock am stärksten durch Schädlinge und Rebkrankheiten gefährdet, Pilzkrankheiten

wie echter und falscher Mehltau warten nur darauf, bei feucht-warmer Witterung das junge Grün und die kleinen Beeren mit hellen Belägen zu überziehen und sie zu schädigen. Der Winzer möchte dem natürlich vorbeugen und besprüht die Pflanzen mit Schwefel- und Kupferlösungen, die wieder vom Regen abgewaschen werden, oder anderen Spritzmitteln.

Ein Pilz mit zwei Seiten

Nun setzt zwar eine Schlechtwetterperiode ein, aber auch im Juli ist die Entwicklung unserer Rebe weiter fortgeschritten als üblich, sie hat einen Vorsprung von etwa zwei Wochen. Die Trauben sind schon gut entwickelt und stehen bereits kurz davor, mit der Reife zu beginnen. Doch da macht sich ein kleiner mieser Schädling an die Trauben heran: der Sauerwurm, der aus den Eiern der Traubenwicklerfliege schlüpft und auf Nahrungssuche die Beeren durchlöchert und aushöhlt. So beschädigte Trauben können leicht von einem Pilz befallen werden, der sich »Botrytis« nennt. Unreif wie die Beeren jetzt noch sind, würden sie dann faulen, verderben und benachbarte gesunde Beeren anstecken – es käme zur »Sauerfäule«. Gegen diese helfen chemische Insektenvertilgungsmittel oder Pheromonfallen, die die männlichen Fliegen anlocken und mit einer Klebeschicht festhalten. Funktioniert aber nur, wenn sie alle Winzer der Region anwenden.

Befällt der Botrytispilz aber erst im Herbst die reifen Beeren, so ist das bei unserer Riesling-Rebe sogar erwünscht. Die Beeren enthalten dann so viel Zucker, dass sie nicht

mehr verderben. Der Pilz durchlöchert die Beerenhaut, Wasser verdunstet und der Zucker reichert sich noch mehr an. Aus solchen rosinenähnlich verschrumpelten Trauben werden die feinen Beerenauslesen und Trockenbeerenauslesen gewonnen. Deshalb wird diese spätherbstliche Fäule »Edelfäule« genannt.

Noch aber freut sich der Winzer über Sonne und Wärme im Juli und August, allerdings verursachen zwischendurch starke Regenfälle ein üppiges Wachstum von Blättern und Beeren. Anscheinend ist das aber gar nicht so günstig, die Beeren werden zu groß und anfällig für innere Fäulnis. Immer noch ist die Riesling-Rebe etwa eine Woche früher dran als im Jahr davor. Der Winzer geht noch einmal die Reben durch und entfernt unterentwickelte grüne Trauben. Mit diesem Sommerschnitt, der »Grünlese«, wird erneut der Ertrag verringert, um die Qualität zu verbessern. Je mehr es auf den Herbst zugeht, umso mehr zittern und bangen die Winzer um jeden trockenen Sonnentag bis zur Ernte.

Nass macht faul

Der Entwicklungsvorsprung durch den heißen Mai geht langsam dahin und von September bis Anfang Oktober verzögert ungünstige Witterung die Reifung. Unser Riesling ist eine späte Sorte, er braucht im Süden Deutschlands wie Baden bis Anfang, in den nördlichen Regionen wie Mosel, Saar und Ruwer sogar bis Ende Oktober, bis er reif ist. Aber nun kommen immer wieder Regenschauer, die den Boden nicht mehr trocknen lassen und die den Trauben an unserer Rebe gar nicht gefallen. Die Beeren saugen sich jedesmal mit Wasser voll und bilden zu wenig Zucker. Die Reife wird ständig geprüft und dann kommt die Empfehlung der Weinbauberatungsstellen: aufpassen, sonst verderben die Trauben. Soll der Wein was werden, müssen die Beeren bei der Ernte optimal ausgereift sein. Sie sollen genügend Zucker gebildet haben, aber etwas Säure muss auch noch da sein, damit der spätere Wein frisch und fruchtig schmeckt. Wann das der Fall ist, entscheidet der Winzer in eigener Verantwortung selbst. Den offiziellen Beginn der Lese eröffnet jedes Jahr symbolisch die Deutsche Weinkönigin.

Diesmal ist bei unserem Riesling Eile angesagt: Obwohl er sich dank seiner dicken Beerenschalen tapfer hält, sind etliche Beeren an den Trauben innen verfault. Rebstock für Rebstock muss angeschaut und faule Beeren mit der Hand ausgeschnitten werden. Aber kaum sind die Helfer mit einem Weinberg fertig, fällt die Fäule am anderen Ende schon wieder über die verbliebenen Beeren her.

Zum Glück hat sich unser Winzer bereits im Frühjahr genügend Erntehelfer gesichert, sonst hätte er jetzt mit dem Vollernter durch die Reben fahren müssen und viele faule Beeren mit eingesammelt. In diesem Jahr ist es nötig, von Hand zu ernten und zu verlesen – und das in mehreren Durchgängen, damit die Beeren reif, aber noch nicht verdorben sind. Und anschließend muss sich dann der Winzer auch noch alle Trauben einzeln ansehen und schlechte Beeren aussortieren.

Jede Menge Handarbeit

Die Jahrtausendwende hat den Winzern ein problematisches Jahr gebracht. Viele Beeren waren bei der Ernte im Inneren faulig. Nur mit Handlese, nochmaligem Aussortieren und Verlesen konnten reine und sauber schmeckende Weine erzeugt werden. Bei unserer Rebe hätte der Wein einen unsauberen Geruch nach faulen Bananen und einen bitteren Beigeschmack bekommen, hätte der Winzer nicht so gnadenlos ausgelesen. So ist ihm aber doch noch ein guter Riesling gelungen. Aber mit welchem Aufwand! Und die geschätzten höheren Prädikate fielen diesmal fast gänzlich aus, weil sich durch die Feuchtigkeit keine Edelfäule entwickelt hat. Nur aus einigen Weinbaugebieten wurden ein paar Beerenauslesen gemeldet.

Ein paar gute Seiten hat der Jahrtausendwendewein schließlich doch noch gezeigt. Hat der Winzer bei Lese und Verarbeitung die drei »s« berücksichtigt – sauber, schnell, schonend –, hat er also so sorgfältig gearbeitet wie bei unserer Rieslingrebe, sind ihm gegenüber dem vorigen Jahrgang Weine mit mehr Fülle und mehr Säure gelungen, so dass vor allem die Kabinettweine (nicht mit Zucker angereichert) schöner ausgefallen sind.

Wie aus Trauben Wein wird

Die Trauben sind reif, jetzt wird Wein gemacht. Beeren auspressen, den Saft ins Fass und gären lassen. Ganz so einfach ist's natürlich nicht.

Im Herbst gucken die Winzer dauernd in die Röhre. Was wie ein Fernrohr aussieht, ist ein »Refraktometer«, ein Messgerät für den Zuckergehalt. Ein Tropfen Beerensaft wird auf ein Glasprisma vorn am Gerät gegeben. Beim Durchschauen kann der Winzer an der Lichtbrechung erkennen, wie viel Zucker in den Beeren steckt. In Deutschland, wo die Trauben spät reifen, ein wichtiger Faktor. Ob aus den Trauben ein einfacher Qualitätswein oder eine teure Auslese entsteht, darüber entscheidet vor allem, aber nicht allein, die Zuckermenge, die im Traubensaft enthalten ist (Mostgewicht). Gemessen wird sie in Grad Oechsle, einer Maßeinheit, die nach dem Pforzheimer Goldschmied Christian Ferdinand Oechsle benannt ist. Der entwickelte eine Mostwaage (Aräometer) zur Serienreife, die um 1830 zum Verkaufshit wurde. Prinzip: Mit jedem Gramm Zucker wird der Liter Traubensaft um ein Gramm schwerer, weil sich Zucker in Flüssigkeit löst, ohne dass das Volumen zunimmt. Ein Liter Saft, der ein Kilo und 90 Gramm wiegt, hat 90° Oechsle. Alle Weinbauländer verwenden solche Geräte, haben aber unterschiedliche Maßeinheiten. Österreich z.B. die »Klosterneuburger Mostwaage«, die August Wilhelm Freiherr von Babo entwickelte. Maßeinheit ist das »KMW«, 1 KMW sind etwa 5° Oechsle.

Je süßer desto besser. Oder?

Die einfachste Methode aber geht so: Beere in den Mund stecken und probieren. Machen alle Winzer der Welt. Enthält der Beerensaft genügend Zucker – in Deutschland z.B. mehr als 80° Oechsle, in Österreich ab 19 KMW (rund 95° Oechsle) –, dann darf der Wein das Prädikat »Spätlese« tragen. Wird der Zucker durch die Hefe vollständig zu Alkohol vergoren, entsteht daraus ein trockener Wein mit etwa 10,5 % Vol, in Österreich einer mit etwa 12,5 % Vol Alkohol. Aha, eine deutsche Spätlese trocken ist also ein leichterer Wein, eine entsprechende österreichische Spätlese hat schon ganz schön Umdrehungen. Enthält der Traubensaft weniger Zucker (70° bis 80° Oechsle), kann er noch als »Kabinett« durchgehen. Noch weniger Zucker, dann wird er zum »Qualitätswein«, bei dem Zucker bis zur Höhe des Mindestgehalts des Kabinetts in den Most gerührt werden darf, damit er als fertiger Wein mehr Alkohol hat. Diese »Anreichern« oder »Chaptalisieren« genannte Methode ist nicht nur in Deutschland gebräuch-

lich, sondern auch in Österreich und Frankreich (Bordeaux, Burgund). Besonders in nicht so sonnenverwöhnten Rotweingebieten werden die Trauben lieber früher bei bester Gesundheit geerntet als zu spät, wenn sich Fäulnis breit gemacht hat. Der kleine Kick mit etwas mehr Alkohol aus dem Zuckersack bringt dann die Wärme in den Wein.

Aber nicht nur der Zuckergehalt macht's, genauso wichtig ist der Reifeindex, das Verhältnis von Zucker zum Säuregehalt. Ein Rieslingmost von 95° Oechsle müsste z.B. acht bis neun Gramm Säure pro Liter enthalten, damit daraus ein Klassewein wird. Liegt der Säuregehalt niedriger, schmeckt der Wein langweilig. Zudem sind natürlich auch die Aromastoffe entscheidend, die aber nicht so leicht zu bestimmen sind. Bleibt die Erkenntnis: Zuckergehalt der Trauben ist wichtig, aber nicht alles, und die endgültige Entscheidung über das Prädikat fällt deshalb nicht bei der Ernte, sondern nach der Abfüllung des Weins in Flaschen mit der amtlichen Weinprüfung.

Wie Weißwein, Rosé und Rotwein entstehen wissen wir ja von unseren ersten Weinproben. Zur Erinnerung: Die Beeren werden von den grünen Stängeln abgetrennt und zerkleinert. Für Weißwein kommt der Beerenbrei (die Maische) schnell in die Presse, für Rotwein muss die Maische erst noch gären, damit die Farbstoffe aus den Häuten gelöst werden,

Alles Wichtige in Sachen Schwefel

- Schwefel, genauer die schweflige Säure, ist ein starkes Antioxidanz. Kleine Mengen verhindern, dass zu viel Luftsauerstoff den Wein angreift. Schwefeln macht ihn haltbarer und auch bekömmlicher, weil beim Gären unerwünschte Bakterien unterdrückt werden.

- In der Regel wird dreimal geschwefelt: erst Most oder Maische, damit die Gärung sauber verläuft. Nach der Gärung bindet Schwefel Aldehyd, das sich aus Alkohol bildet und dem Wein einen unangenehmen Geruch und Geschmack geben würde. Die letzte Schwefelung erfolgt bei der Flaschenfüllung, um den Wein haltbarer zu machen.

- Die Schwefelgehalte im fertigen Wein sind so gering, dass sie weder gesundheitlich schädlich noch schmeckbar sind (um 35 Milligramm freier Schwefel pro Liter).

dann wird der Saft (der Most) abgepresst. Wir wollen einem klassisch arbeitenden Winzer mal still über die Schulter schauen. Den Weißweinmost füllt er gleich nach dem Pressen in einen großen Tank, gibt Schwefel zu, damit der Most nicht oxidiert, und lässt ihn über Nacht ruhen. Dabei sinken die Trübstoffe nach unten. Am nächsten Tag wird der klare Saft darüber in einen zweiten Tank gepumpt und den natürlichen Hefen, die bei uns reichlich auf den Beerenhäuten sitzen, überlassen. Reinzuchthefe mag der Winzer nicht, die verändern »den Charakter«. Für seinen Rotwein lässt er die Maische, in die ebenfalls etwas Schwefel gehört, offen angären. In dieser Zeit muss er die Mischung regelmäßig durchrühren, damit die Farbstoffe und Tannine in den Beerenhäuten auch in den Most übergehen. Die Arbeit ist anstrengend, aber so entstehen noch heute traditionelle Rotweine. Der ausgegorene Traubenbrei wird in die Presse befördert und gekeltert. Der rote Saft wird nochmals geschwefelt, dann pumpt unser Winzer ihn in ein großes Holzfass, das rund tausend Liter fasst. Das Fass wird verschlossen und der Wein muss bis zu einem Jahr darin reifen, damit die anfangs noch rauen Gerbstoffe weicher werden und der Wein rund schmeckt. Einen Teil der Trauben, die besonders reif und gesund waren, hat er extra vergoren und gepresst. Deren Saft füllt er in kleine Barriquefässer, die 225 Liter fassen. Ein Drittel der Fässer ist neu, ein Drittel ist ein Jahr alt und in einem Drittel befand sich schon zweimal ein Wein. In diesen Fässchen reift der Rotwein feiner.

Und je frischer die Fässer sind, umso mehr Holzaroma geben sie ab. Deshalb mischt er nach einigen Monaten den Wein aus den unterschiedlich alten Barriquefässchen, damit der Holzgeschmack nicht zu aufdringlich wird.

Wein braucht auch mal Ruhe

Der Weißwein ist bis Ende November meist ausgegoren. Der Winzer pumpt den klaren Wein über dem Bodensatz aus Hefe in ein anderes Fass, er sagt, »der Wein wird abgestochen«, und gibt erneut etwas Schwefel zu. Nun bleibt der Weißwein auf den verbliebenen kleinen Heferesten, der »Feinhefe«, bis etwa April. Dann wird der fertige Wein in Flaschen gefüllt. Die Anlage unseres Winzers ist schon älter und erfordert viel Handarbeit, aber das ist ihm lieber als ein Transport zu einer Großabfüllanlage. Dabei würde der Wein nur unnötig strapaziert, meint er.

Vor dem Füllen müssen die Flaschen gewaschen und sterilisiert werden. Der Wein wird so oft gefiltert, bis alle Hefereste, Bakterien und Keime entfernt sind. Dann bekommt er noch eine Portion Schwefel und ab in die Flasche. Mit Kohlensäuregas wird die Luft aus dem Flaschenhals gepustet, dann der Korken eingedrückt. Das Kohlensäuregas löst sich im Wein, dadurch entsteht ein leichter Unterdruck im Flaschenhals und der Korken kriecht nicht so leicht aus der Flasche, wenn es mal sehr heiß werden sollte.

Mit seinem Weißwein ist der Winzer jetzt schon ganz zufrieden, aber verkaufen würde er ihn noch nicht. Der »Füllschock« hat ihm doch recht zugesetzt, der Wein wirkt dumpf und unfertig. Er soll jetzt doch noch ein paar Wochen im kühlen Keller zur Ruhe kommen können, dann ist er wunderbar ausgegoren und schmeckt frisch und fruchtig.

Seine Rotweine lässt er sowieso lieber noch bis zum Herbst im großen oder kleinen Fass, damit sie durch die »Mikrooxidation«, die winzige Sauerstoffzufuhr durch die Poren im Holz, noch feiner und runder werden. Aber dann muss der Rote raus aus den Fässern, denn der nächste Jahrgang muss ja rein. Die roten Weine werden wie die weißen in Flaschen gefüllt, aber dann erst einmal ein bis zwei Jahre im kühlen Kellergewölbe gestapelt, bis sie optimal gereift sind. Erst danach werden die Flaschen noch einmal außen gereinigt, die Kapseln über den Flaschenhals gestülpt und die Etiketten aufgeklebt. So viel Aufwand muss sein, sagt der Winzer, sonst sind meine Weintrinker enttäuscht.

Reine Erfolgs- typen

Manche Rebsorten haben genug Power, um ganz al- leine zum Star zu werden. Zur Belohnung winkt eine Weltreise.

Es gibt hunderte von Rebsorten weltweit und viele taugen auch für sortenreine Weine. Für alle ist hier kein Platz. Drum eine Auswahl mit dem Motto »Original und weit gereiste Kopie«.

Gamay

Gamay steht zwar nicht auf dem Etikett, ist aber die Rebsorte des Beaujolais in Frank- reich. Hier, südlich des Burgunds, entwickelt sie kräftige und füllige Weine wie Moulin-à- Vent, Brouilly, Morgon. Aber vor allem der »Primeur«, der frisch-fruchtige Wein, der tri- ste Novembertage erhellt, hat diese Rebsorte populär gemacht. In anderen Gebieten wirkt sie reinsortig »ernster« und herber (Loire, Touraine, Savoyen), säuerlicher (türkischer Villa Doluca) oder sie wird mit anderen Reb- sorten verschnitten wie in der Schweiz mit Pinot Noir für den Dôle. Auch in Amerika, in Kanada und Ontario wird Gamay angebaut, die Weine ähneln schon dem Original.

Cabernet-Sauvignon

Der Kosmopolit unter den roten Sorten. Heimat ist das Bordeaux-Gebiet in Frank- reich, genauer das Médoc mit seinen kalk- armen, kieselhaltigen und wasserdurchlässi- gen Böden. Je klassischer ein Médoc-Wein, desto mehr Cabernet-Sauvignon enthält er, außerdem noch etwas Merlot, um die herben Tannine zu mildern. Ist teuer, rau und braucht viele Jahre, bis er trinkbar ist.

Als spätreifende Sorte mag diese Rebe ein warmes Klima, außerdem einen mageren, durchlässigen Boden. Kräftig gestutzt und gut gepflegt bringt sie zustande, was viele Reben nicht können: den Standort, das Ter- roir, so aufzusaugen, dass es im Wein zu er- kennen ist. Deshalb gibt es in Italien und Spanien, in Australien und Kalifornien, in Chile und Südafrika Cabernet-Sauvignon- Weine, die landestypisch und nicht nach Mé- doc-Kopien schmecken. Im Gegensatz zum Original sind im wärmeren Klima die Tannine weicher, die Weine schneller trinkbar. Außer- dem bringt hier die Rebsorte so viel Süße und vielfältige Aromen mit, dass sie nicht mit anderen Traubensorten verschnitten wird wie im Bordeaux. Trotzdem müssen sich die Nachfolger anstrengen, um mit gereiften Mé- docs mithalten zu können.

Pinot Noir oder Spätburgunder

Noch mal Frankreich, jetzt nördlichstes Rot- weingebiet: Burgund (Bourgogne), genauer Côte d'Or. Kalkhaltige Böden, kontinentales Klima mit heißen Sommern und trockenen Herbsten – das gefällt der Pinot-Noir-Rebe, die hier in guten Jahren weltbeste Weine ent- stehen lässt: Vosne-Romanée, Vougeot, Chambolle-Musigny, Gevrey-Chambertin. Der Burgunder-Wein ist ein feiner, verhalte- ner, sanfter Rotwein mit einem Duft nach Erd- beeren und Himbeeren, der erst nach Jahren seine Raffinesse entwickelt und sich in einen

dichten, kraftvollen Wein mit Aromen von Le- der, Waldboden und Pilzen verwandelt.

Der schwierigen Rebe blieb die Weltkarriere versagt. In Deutschland heißt die Sorte »Blauer Spätburgunder« und bringt nur auf besten Lagen und in guten Jahren anständi- ge Weine hervor. Sie sind leichter, fruchtiger als die aus dem Burgund, aber mit Barrique- ausbau ähneln sie schon eher dem Original. Leichter und beschwingter sind die Pinot Noirs aus dem Elsass, nachhaltiger die »Blauburgunder« aus der Bündner Herr- schaft (Schweiz). In Amerika wird die Rebe im kühleren Oregon, in Australien in Victoria im Yarra Valley angebaut und bringt dort teil- weise Weine hervor, die Crus aus dem Bur- gund ähneln. Zur roten Pinot-Familie zählt auch der Pinotage (Kreuzung aus Pinot Noir und der Rebsorte Cinsault), der in Südafrika angebaut wird und sehr dunkle, wuchtige Weine liefert, die nicht mit Pinot-Noir-Weinen zu vergleichen sind. Das Original bleibt noch vorn (vor allem im Preis), die Nachfolger ste- hen aber dicht dahinter.

Zinfandel oder Pri- mitivo

Sprung über den Ozean nach Kalifornien. Star ist der rote Zinfandel. Ein Kind der Alten Welt mit unbekanntem Vater, ziemlich sicher mit der Primitivo-Rebe aus Apulien identisch. Die Rebe liebt trockenes Klima mit nicht zu hohen Temperaturen. Aus dem nördlichen

Sonoma um Sacramento kommen die besten Weine: dunkel, kräftig, manchmal rustikal, aber immer würzig nach schwarzen Beeren. Klassische Zinfandels mit langer Gärung und Barriqueausbau sind gut lagerfähig, moderne aus dem Stahltank sind fruchtiger und sollten nach vier Jahren getrunken sein.

Der Primitivo von Apulien ist nach dem Erfolg des Zinfandels aus seinem Dornröschenschlaf erwacht, nennt sich jetzt auch »Zinfandel«, wird heute sorgfältiger an- und ausgebaut und sieht öfter ein Barriquefass von innen. Die kraftvollen, sehnigen Italiener können durchaus mit den Kaliforniern konkurrieren. Die nächsten Zinfandels sind aus Südafrika und Australien zu erwarten. Die Spitze wird also ernsthaft bedrängt, wir dürfen gespannt sein.

Chardonnay

Eine der besten Weißweinreben aus dem Burgund: Meursault, Pouilly-Fuissé und Chablis sind Namen, bei denen der Griff in die Geldbörse tief werden muss. Eine Rebe des kühlen Nordens, früh reifend mit kleinen, dickschaligen Beeren, die viel Zucker und Aromastoffe bilden. Bei den Böden ist die Rebe äußerst vielseitig, aber gerade die Kalklehmböden im Chablis prägen einen bestimmten Stil: füllig, nachhaltig gelbes Obst (Äpfel, Bananen, Honigmelonen), kräftige Säure und ein buttriger Geschmack. Aber wie bei allen nördlichen Weingegen-

den liegen Licht und Schatten, gute und schlechte Jahre dicht beieinander.

Da die Chardonnay-Rebe auf fast allen Böden gedeiht, ist sie heute weltweit vertreten – in Australien und Neuseeland ebenso wie in Österreich (in der Steiermark »Morillon« genannt) und in Südtirol, in Deutschland und in Kanada. Vor allem aber in Kalifornien, wo man anfangs sehr holzbetonte, alkoholreiche und füllige, jetzt aber vorwiegend leichte und elegante Weine daraus herstellt. Diese Chardonnays vom Rest der Welt übertrumpfen das Original in seinen schlechten Jahren, in guten liegt es aber vorn.

Pinot Gris, Grigio oder Grauburgunder

Die Rebe, in Frankreich Pinot Gris, im Elsass auch Tokay d'Alsace genannt, ist vermutlich aus dem Burgund in die Welt gereist: In Italien heißt sie Pinot Grigio, Grauburgunder oder Ruländer in Deutschland, Malvoisie de Valais in der Schweiz und Szürkebarát (grauer Mönch) in Ungarn. Die violettrötliche Farbe, die reife Beeren haben, zeigt die Verwandtschaft mit dem Blauburgunder (Pinot Noir). Ihr Name stammt von den »grauen Mönchen« des Zisterzienserordens, die die Rebe verbreitet haben.

Der Grauburgunder braucht tiefgründige, warme Böden. Deshalb gedeiht die Rebe in Deutschland am besten in Baden und in

der Pfalz. Den Namen »Ruländer«, der hier für schweren, lieblichen Wein stand, hat sie weitgehend abgelegt. Moderne »Grauburgunder« sind oft so trocken wie die Elsässer es mögen, haben viel Aroma und eine angenehme Säure. Gute Pinot Grigio findet man in Südtirol und in Österreich, eher anständige im Trentino und in Venetien. Stand: Rheintal und Alpenländer liegen weit vorn.

Sauvignon Blanc

Die französische Rebsorte, die in den berühmten weißen Loireweinen Pouilly-Fumé und Sancerre und, meist gemischt mit Sèmillon, in Bordeaux-Weißweinen (Pessac-Léognan, Graves) steckt, mag am liebsten karge Böden und liefert dort knackige, erfrischende und fruchtige Weine mit typischen grünen Aromen nach Farn, Brennnesseln, grünen Paprikaschoten oder Stachelbeeren. In kurzer Zeit ist sie zur internationalen Erfolgsrebe geworden und gedeiht in Österreich (Steiermark und Burgenland) und in Ungarn, in Norditalien (Südtirol, Trentino, Friaul, Venetien) wie in den kühlen Regionen von Südafrika, Israel, Australien, Neuseeland, Kalifornien (aus dem Holzfass »Fumé Blanc« genannt) und Chile, wo sie füllige, pikante und würzige Weine ergibt, die wie Quittenkompott oder auch wie Sahneschokolade, Kaffeebohnen und Marzipan schmecken können. Aktueller Stand: Das Original tut sich schwer, mit den Newcomern mitzuhalten. Es gibt ein hartes Kopf-an-Kopf-Rennen.

Die Mischung macht's

Das Verschneiden von verschiedenen Traubensorten ist nichts Schlechtes. Wenn der Winzer
ein gutes Händchen dafür hat.

Verschnitt, was ist das denn? Eine Mischung aus verschiedenen fertigen Weinen aus unterschiedlichen Rebsorten, Regionen oder Jahrgängen. Der berühmteste »Verschnitt« ist der Champagner, bei dem viele Grundweine zu einer »Cuvée« verschnitten werden, damit er den markentypischen Geschmack erhält. Gibt's auch billig als »Markenweine« wie Viala aus Italien, Toscanello aus der Toskana, Servus aus Niederösterreich oder Amselkeller aus Spanien. Das sind Mischungen aus diversen Weinen, die so komponiert werden, dass der Geschmack immer ziemlich gleich ist. Auch die »Großlagenweine« aus deutschen Landen, bei denen Trauben oder Weine verschiedener Weinberge und Winzer gemixt und als Lagenverschnitt unter einem Namen wie »Oppenheimer Güldenmorgen« verkauft werden, sind Verschnitte.

Viele Verschnittweine, jedenfalls die über 7 Euro, gehören in die Klasse fein bis super. Deshalb ist die französische Bezeichnung »Cuvée«, die das traditionelle Vermischen verschiedener Rebsorten aus den einzelnen Weinbergen eines Winzers meint, hier besser angebracht. Ein klassisches Cuvée ist der Chianti: eine Mischung aus den roten Rebsorten Sangiovese und Canaiolo, früher wurden sogar noch ein paar weiße Trauben zugegeben. Nimmt ein Winzer nur Sangiovese und verschneidet ihn mit dem hier nicht zugelassenen Cabernet-Sauvignon, der ihn kräftiger macht, darf er ihn nicht mehr Chianti nennen, sondern muss ihn als Tafelwein klassifizieren. So sind die »Super-Toskaner« wie Tignanello oder Solaia entstanden, die mit hohen Preisen zu Legenden wurden.

Weißwein-Cuvées sind gegenüber den roten Cuvées in der Minderheit. An den nördlichen Côtes du Rhône (Hermitage, St-Joseph) wird die Rebsorte Marsanne mit Roussanne verschnitten, ein Pendant dazu gibt es in Kalifornien. Sauvignon Blanc und Sèmillon stecken in einem weißen Bordeaux. Die Mischung von Colombard oder Sèmillon und Chardonnay ist in Australien beliebt und ergibt herzhafte, etwas milde Weine.

Der Bordeaux-Typ

Die Bordeaux-Rotweine sind grundsätzlich Cuvées. Basis sind die Cabernet-Sauvignon-Trauben, dazu kommt eine gewisse Menge Merlot (eine Mischung, die viele Winemaker verwenden) und eine kleine Menge an Cabernet-Franc- und Petit-Verdot-Trauben. Ist auch vernünftig, denn auf den kieselreichen Lagen am Fluss gedeihen die Cabernet-Reben am besten, die Kalklehmböden dahinter sind gut für die Merlot-Rebe. Das Rezept vom Châteaux Margaux: 75 Prozent Cabernet-Sauvignon, 20 Prozent Merlot und insgesamt 5 Prozent an Cabernet Franc und Petit Verdot. Die beiden Cabernet-Sorten ergeben das feine Aroma, den festen Knochenbau, die lange Lebensdauer und die Eleganz. Merlot sorgt für Weichheit, Duft und das Vollmundige. Und die Petit Verdot (oder auch die Malbec, die aber langsam verschwindet) für Kraft, Alkohol und Farbe. Man könnte sagen, dass männliche und weibliche Eigenschaften der Trauben so gemischt werden, dass ein harmonischer, in sich geschlossener Wein entsteht.

Der Neue-Welt-Typ

Beispiel: Australien. Hier wird gern gemischt und aus diesen »Blends« entstehen ganz ordentliche bis sehr gute Weine. Für »Multi-District-Blends« werden die Trauben aus verschiedenen Gebieten angekauft, die Weine sind Lagen-Cuvées (dann steht z.B. nur »South Eastern Australia« drauf). Für die Rebsortenangabe auf dem Etikett gilt die magische Zahl 85: Sind mindestens 85 Prozent einer Sorte in der Flasche, darf die Rebsorte allein darauf stehen. Aber man kann immer davon ausgehen, dass z.B. Cabernet-Sauvignon mit etwas weniger als 15 Prozent Merlot »geblendet« wird – aus den gleichen Gründen wie im Bordeaux. Ist der Merlot-Anteil größer als 15 Prozent, steht »Cabernet-Sauvignon – Merlot« auf dem Etikett. Ein ähnliche Regelung gibt es in Kalifornien: Auch hier entscheiden die 85 Prozent der Trauben darüber, ob nur eine Rebsorte genannt wird. Beim Cabernet ist ebenfalls ein Zusatz von Merlot üblich. Steht aber nur »Merlot« auf der Flasche, so enthält sie sicher noch einige Prozent Syrah (Trauben jener Rotweinrebe von der Rhône), die noch Tannin und feine Säure beisteuert.

parfümierte Weine mit weicher Säure und einem leicht bitteren Nachgeschmack nach Mandeln. Die Corvina steuert den fruchtigen Kirschgeschmack und eine würzig-pfeffrige Note bei, die anderen sorgen für die Substanz, den Körper. Manchmal wird beim Valpolicella auch etwas Sangiovese darunter gemischt – durch sie kommen dann noch Aromen von Rauch, Ruß und Autoreifen dazu. Das ganze gibt richtig schöne, feinherbe Weine, die etwas gelagert werden sollten, bevor man sie trinkt. Zu den ganz großen Weinen gehört der »Amarone della Valpolicella«, allerdings werden für ihn die Trauben vor dem Pressen in Holzkisten zu Rosinen getrocknet. Das gibt zwar wenig Saft, der ist aber so konzentriert, dass der Wein daraus umwerfend schmeckt.

Der Syrah-Typ

Die Syrah ist neben Cabernet-Sauvignon und Pinot Noir eine der großen Rotweintrauben, stammt aus dem nördlichen Rhônetal und wird meist mit anderen Rebsorten verschnitten. Pur ergibt sie kräftige, stämmige Weine mit rauchigem Geschmack. An der nördlichen Rhône ist der Zusatz von etwas Viognier üblich, einer Weißweintraube, die den Wein weicher und viel eleganter macht. Mit dieser Cuvée wird auch in Australien (wo die Syrah »Shiraz« genannt wird), experimentiert. An der südlichen Rhône werden rote Grenache-Trauben mit Syrah vermischt. Die gleiche Mischung ist im Languedoc üblich. Im Roussillon wird Syrah auch mit Grenache und Carignan, aber auch mit Mourvèdre, einer würzigen, farbkräftigen Traubensorte

kombiniert – auf jeden Fall immer mit zwei anderen Rotweintrauben. In Australien und Südafrika wird Syrah/Shiraz auch mit Cabernet-Sauvignon-Trauben gemischt, was dann einen Wein mit Aromen von schwarzen Johannisbeeren und der syrah-typischen Kräuter-Gewürznote ergibt.

Der Corvina-Typ

Die Corvina ist eine tiefdunkle Rotweintraube aus Norditalien, die die Basis für den Valpolicella und den Bardolino aus Venetien abgibt. Corvina verleiht diesen Weinen die Finesse. Aber sie wird selten rebsortenrein ausgebaut. Bei den beiden Weinen wird sie mit Rondinella-, Molinara- und Negrara-Trauben gemischt und ergibt sehr fruchtige, leicht

Der Tempranillo-Typ

Tempranillo ist die verbreitetste und beste Rotweintraube Spaniens, Leitrebe der Rioja- und Valdepeñas-Weine (dort und in der Mancha wird sie »Cencibel«, im Penedés »Ull de Llebre« genannt) wie auch der Weine von Kastilien. Typisch sind eine kräftige Säure und die Aromen von Kirschen und schwarzen Beeren, Kaffee und Leder, beim Lagern kommen noch Düfte nach Bleistift und Zigarrenkiste dazu. In der Rioja wird Tempranillo mit Graciano und Mazuelo (für höheren Alkoholgehalt) und auch Garnacha (Grenache) gemischt, die die Weine weicher machen. Der Trend geht zu reinsortigen Tempranillo-Weinen oder zur Mischung mit Cabernet-Sauvignon wie in den Regionen Utiel-Requena und Valencia, die den Weinen mehr Eleganz und Würze gibt. In Navarra setzt sich die Mischung aus Tempranillo, Merlot und Cabernet-Sauvignon langsam durch. Es kommen dabei beerige, schwarz-rauchige Weine heraus, die lange lagern können. In Portugal heißt die Tempranillo »Tinta Roriz« und steckt zu 50 Prozent neben Touriga Francesa und anderen auch im besten portugiesischen Rotwein, dem »Barca Velha« aus der Region Douro, wo der Portwein herkommt. Auch in Argentinien gibt es Tempranillo-Weine, denen oft Syrah- oder Bonarda-Trauben beigemischt werden.

Who is who beim Mischen

- **Verschnitt:** Mischung unterschiedlicher Trauben oder fertiger Weine, um den Geschmack zu verbessern, z.B. Weine aus verschiedenen Rebsorten oder Regionen zu einem neuen Wein kombinieren (»Markenwein«, »Großlagenwein«).

- **Cuvée:** ursprünglich der Verschnitt junger Weine bei der Sekt- und Champagnerherstellung, um eine immer gleiche Geschmacksrichtung zu erzielen. Allgemein auch für die Komposition von Weinen aus verschiedenen Rebsorten.

- **Assemblage:** das Vermischen von gleichartigen Weinen aus verschiedenen Fässern in einen Großtank, um die Fassunterschiede auszugleichen. Oder von separat ausgebauten Weinen aus unterschiedlichen Rebsorten wie im Bordeaux.

Pure Klasse
statt Masse

Große Weine kann man nicht gegen die Natur machen, das begreifen immer mehr Winzer.

Ein Weinberg ist eigentlich ein Unding, eine Monokultur mit nur einer Pflanzenart. Auf immer mehr Ertrag getrimmte Weinreben brauchen immer mehr Kunstdünger, immer mehr Schädlings- und Pilzbekämpfungsmittel. Das killt die Kleinstlebewesen, die sich im Boden tummeln und die eigentlich die natürlich vorhandenen Nährstoffe aufbereiten sollen. Bei künstlicher Ernährung wird schließlich die Rebe faul und sie treibt ihre Wurzeln nicht mehr in die Tiefe. Sie ist nun unfähig, die erdeigenen Mineralien zu nutzen und fängt zu kränkeln an, neigt stärker zu Rebkrankheiten und wird schneller von Schädlingen befallen. Aber nicht nur die Rebe hat zu leiden, auch der Mensch ist davon betroffen. Ständig steigende Trinkwasser- und Luftverschmutzung schädigen ihn mehr und mehr.

Der Boden – des Winzers größtes Kapital

Dass man dem Boden Beachtung schenken sollte, merkte vor vielen Jahren ein Weinbauer in Rheinhessen, als seine Weinberge trotz Kunstdünger unfruchtbarer wurden. Weil die Rebzeilen unkrautfrei gehalten wurden und die Erde kaum noch Humus enthielt, konnte das Wasser nicht mehr versickern und jeder kräftige Regenguss schwemmte die oberste Bodenschicht weg. Der Weinberg wurde fast zur Wüste. Was tun? Er stieß auf den ökologischen Landbau und kam zu dem Schluss, dass sein Boden mehr biologische Aktivität braucht. Pflanzen, die in ihren Wurzeln Stickstoff sammeln wie der Klee wurden zwischen den Rebzeilen ausgesät und dann als natürlicher Stickstoffdünger untergepflügt.

Sonst kommen nur noch Mist, Kompost und Stroh unter die Erde. Es dauerte einige Zeit, bis der Boden wieder funktionierte und aktiv wurde. Es bildete sich dunkler Humus, die Erde wurde fruchtbar und entwickelte eine stabile Krümelstruktur, die nicht mehr vom Regen weggespült werden konnte. Zusätzlich angepflanzte Büsche und Hecken sowie angelegte grobe Natursteinmauern boten Nützlingen, die die Rebenschädlinge vertilgen, Schutz und wurden wieder gepflegt und erhalten. Ja und heute schaut er seinem Enkel zu, der nun in den Weinbergen des ältesten deutschen Bio-Weingutes arbeitet.

Bio-Wein schmeckt besser

Lange Zeit galten die Bio-Winzer als Weltverbesserer mit seltsamen Ideen. Inzwischen haben aber auch die traditionell arbeitenden Winzer verstanden, dass es ohne »Bio« im Weinberg nur halb so gut geht. Vor allem seit die Weine aus biologischem Anbau eine Auszeichnung nach der anderen kassieren. Das hängt auch mit dem »Terroirgedanken« zusammen – dass ein Wein den Boden, in dem die Reben wachsen, wiederspiegeln soll. Und das kann er nur, wenn der Boden o.k. ist. Seitdem die Bio-Weine überproportional viele Medaillen abstauben, hat sich auch bei den Weintrinkern die Einstellung dazu geändert. Dass ein Bio-Wein etwas teurer sein muss als ein konventioneller wird akzeptiert. Schließlich steckt viel mehr Arbeit darin.

Aus den Aussteigern von gestern sind heute die Vordenker des Weinbaus geworden. Viele Winzer entdecken die Vorteile des Bio-Anbaus, begrünen die Rebzeilen und setzen lie-

ber biologische Schädlingsbekämpfungsmittel als chemische Keulen ein. Die Wirksamkeit naturnahen Anbaus wird nicht mehr kritisch gesehen, sondern ist anerkannt. Mehr als 300 Bio-Winzer gibt es allein in Deutschland. Auch in Frankreich und Italien, in Spanien, Griechenland und in der Neuen Welt produzieren immer mehr Weingüter echten Bio-Wein. Und warum? Gut gemachte Bio-Weine schmecken einfach gut, oft sogar besser als vergleichbare herkömmliche Weine, weil die Beeren von natürlich wachsenden Rebstöcken mehr Aromastoffe im Saft und dickere Beerenhäute haben. Diese Häute geben den Rotweinen dann eine besonders kräftige Farbe, sehr gute Tannine und reichlich gesundes Resveratrol – den Stoff, der Infarkten vorbeugt. Sogar französische Spitzenweingüter sind aus all diesen Gründen schon zum Bio-Anbau konvertiert, selbst wenn auf deren Etiketten noch kein Bio-Emblem zu finden ist. Für Güter wie Pétrus, Châ-

teau Ausone und Romanée-
Conti ist »Bio« selbstverständlich geworden.
In Spanien ist Albet i Noya seit über 20 Jahren
ein leidenschaftlicher Verfechter des alternativen Weinbaus und auch in der Neuen Welt
tut sich einiges, wie Robert Mondavi und Fet-
zer in Kalifornien es vormachen.

Von biologisch zu biodynamisch

Ist der biologische Weinbau noch halbwegs
zu verstehen, ist die anthroposophische
Richtung, die viele Öko-Winzer verfolgen,
eine schwierige Materie. Die biologisch-
dynamische Bewirtschaftung der Weinberge,
die auf den über 70 Jahre alten Regeln von
Rudolf Steiner basiert, bezieht die kosmi-
schen Kräfte des Universums mit ein. Für
die Arbeiten im Weinberg sind die Mond-
und Sternekonstellationen, wie sie in den
verschiedenen Mondkalendern (astrologisch
oder astronomisch) dargestellt werden, wichtig. Nicht nur das Zu- und Abnehmen des
Mondes (synodischer Mond), sondern sein
Durchlauf durch den Tierkreis (die Fixsterne
am Himmel, siderischer Mond) und sein Auf-
und Absteigen (tropischer Mond) zählt. Alle
Rhythmen dauern etwa vier Wochen.
Während der einzelnen Phasen reagieren die
Weinreben unterschiedlich. Biodynamisch ar-
beitende Winzer nutzen die zwei Wochen des
absteigenden Mondes (wenn die Pflanzen
weniger Wasser verdunsten) zum Pflanzen
neuer Weinreben. Die beste Zeit für die Wein-

lese dagegen ist dann, wenn der Mond in seiner aufsteigenden Phase ist. Früher wären
Winzer (und vor allem die Winzerinnen), die
an solche Einwirkungen glaubten und danach handelten, als Hexer(n) verbrannt worden. Heute sagen viele: »Ich habe keine Ahnung, wie das funktioniert, aber ich weiß,
dass es funktioniert!«

Zwei wichtige Begriffe des biodynamischen
Anbaus sollte man kennen: die Wirkung des
Horns und das »Dynamisieren«. Das Horn,
das hohle Kuhhorn, stellt nach Rudolf Steiner
eine Hülle dar, die die Lebenskräfte festhält.
Wird ein Horn nun im Herbst mit Kuhmist gefüllt und bis zum Frühjahr im Boden vergra-
ben, so konzentrieren sich in dieser Zeit die
wachstumsfördernden Kräfte des Mists. Im
Frühjahr wird das Horn wieder ausgegraben
und sein Inhalt »dynamisiert« – in Wasser
aufgelöst und kräftig gerührt, einmal links-
herum, dann wieder in umgekehrter Richtung, bis nach einer Stunde alle wertvollen
Stoffe des Mists ins Wasser übergegangen
sind. Diese Lösung wird zu bestimmten
Mondphasen im Weinberg versprüht, um das
Wachstum der Reben anzuregen.

Auch Extrakte aus Pflanzenblättern, die gekocht und »dynamisiert« werden, dienen als
Spritzmittel zur Stärkung der Rebe und zur
Abwehr von Schädlingen. Das alles wird in
homöopathischer Dosierung angewendet
und verblüfft immer wieder aufs Neue die Experten – weil's wirkt. Die Weinrebe, das un-
bekannte Wesen …

Grundsätze des Bio-Weinbaus

1. Grundsatz: Auf Kunstdünger und syn-
thetische Spritzmittel verzichten. Nur orga-
nische Düngung, Pheromonfallen (künstliche Sexualduftstoffe zum Anlocken von
Schädlingen), Bakterienpräparate, Netz-
schwefel und (noch) Kupferbrühen sind erlaubt.

2. Grundsatz: Rebzeilen mit Pflanzen begrünen, die im Herbst als natürlicher Stickstoffdünger verwendet werden können.

3. Grundsatz: Nützlinge wie Vögel und
Marienkäfer stärken, die die Schädlinge
vernichten. Z. B. durch Hecken, Rebzeilen-
begrünung, Natursteinmauern.

4. Grundsatz: Reben kräftigen durch
Spritzen mit Pflanzenextrakten (z.B.
Brennnessel- und Schachtelhalmbrühen).

5. Grundsatz: Ökonomischen Wasserver-
brauch anstreben, den Wein kaum schwefeln, Beerenschalen und Hefereste von der
Weinbereitung als Dünger einsetzen.

6. Grundsatz: Künstliche Schönungs-
mittel wie PVPP sind verboten, Bentonit
(Tonerdepulver) und Kieselgurfilter zum
Entfernen der Trübstoffe im Wein erlaubt.

Weinkosmetik & Weinskandale

Es gibt lautere und unlautere Methoden, einen Wein zu verändern, zu optimieren. »Schönen« und »Panschen« sind zwei Paar Stiefel.

Wenn ein Fass umkippt, ist das ein herber Verlust für einen Winzer. Mit Umkippen meint er aber nicht, dass das Gärgefäß umfällt, sondern dass der Wein darin ungenießbar wird. Wer einmal einen Hefeteig angesetzt hat, weiß, dass sich die kleinen Hefepilze recht unberechenbar verhalten. Steht der Teig in der warmen Küche zu lange herum, riecht er zum Schluss nach Essig. Das kann dem Wein, der durch Hefepilze gärt, ebenso passieren. Bei ihm heißt das dann, er hat einen »Fehlton« oder »Essigstich«. Auslöser sind faulige Beeren oder Bakterien. Solche Weine müssen behandelt werden, damit sie trinkbar sind. Dafür gibt es eine Reihe von Stoffen,

die wie Ingredienzen aus der Hexenküche wirken. Die meisten Mittelchen sind aber natürlicher Herkunft und werden nur eingesetzt, wenn es wirklich notwendig ist.

Schön klar

Die Weinbehandlung wird in Fachkreisen »Schönen« und »Klären« genannt und hat nichts mit »Panschen« zu tun. Das Klären dient vor allem dazu, den Wein von unerwünschten Trübstoffen zu befreien, die darin herumschwimmen. Das passiert schon vor der Gärung, vor allem bei Weißweinmost.

Macht man's nicht, können bei der Gärung muffelige Gerüche entstehen. Ursache sind Eiweißstoffe. Feine Tonerde (Bentonit) wird in den frischen Most gerührt, sie quillt auf und bindet Eiweiß und auch die später während der bakteriellen Gärung entstehenden Aminosäuren wie Histamin (verursachen Kopfschmerzen und allergische Reaktionen). Die Tonerde bleibt während der Gärung im Fass, sinkt nach unten und wird beim Abziehen des klaren Jungweins gleichzeitig mit der ebenfalls am Boden sitzenden Hefe entfernt. Ist also eine prima Sache, die den fertigen Wein besser verträglich macht. Fortschrittlicher ist die Zugabe von Enzymen und die Filtration oder andere Verfahren, die die Trübteilchen entfernen. Wein wird schließlich nach seinem Aussehen und seiner Klarheit beurteilt. Weist er nicht die Rebsorten-typische Farbe auf oder ist er nicht ganz »blank« beim Durchschauen, gibt es Punktabzug.

Zum Klären des fertigen Weins wird einerseits Eiweiß (Eiklar von frisch aufgeschlagenen Eiern) oder Hausenblase (Schwimmblase der »Kaviarfische« Hausen oder Stör), andererseits auch fein gemahlene Tonerde verwendet, also natürliche Produkte. Sie werden in den Most oder den Wein gerührt und bilden mit den Trübstoffen größere Flocken, die sich am Boden des Fasses absetzen. Das ist ein rein physikalischer Vorgang, bei dem zwei Stoffe mit unterschiedlicher elektrischer Ladung zusammentreffen und vereint nach unten sinken. So werden dann Trübung und Klärmittel zugleich entfernt. Der nun klare Wein darüber wird abgepumpt und meist durch einen Filter geschickt, so dass er wirklich »blitzblank« ist.

Schönen kann auch angebracht sein, um Fehltöne (unangenehme Aromaeindrücke) zu beseitigen. Riecht der fertige Wein ein wenig komisch, so können jetzt diese Fehltöne mit Aktivkohle (das ist fein gemahlene Holzkohle, die mit ihrer porösen Oberfläche alle möglichen Stoffe ansaugt) entfernt werden. Hat der Wein zu viel Säure, weil zu viele unreife Trauben in die Presse kamen, so kann diese durch den Zusatz von Karbonaten (wie Kalkstein) gebunden werden.

Bei jedem Schönen und Klären geht man aber auch erwünschten Aromen an den Kragen und der Wein schmeckt hinterher ärmer.

Schönen – gut oder schlecht?

- Je gesünder und reifer die Trauben sind und je sauberer gearbeitet wird, desto seltener muss geschönt werden.

- Durch die Behandlung verliert der Wein Aromen. Das kann erwünscht sein, um damit Fehler zu entfernen.

- Beim Schönen bleiben auch erwünschte Geschmacksstoffe auf der Strecke. Deswegen versucht ein guter Winzer so wenig wie möglich zu schönen.

Profitgierige Gift-mischer

Gepanscht (Zugabe von unerlaubten Stoffen zum Wein) wurde schon im alten Rom mit Bleiverbindungen, die den Wein lieblicher machten, die Römer aber sterben ließen. Seitdem gelingt es Weinhändlern immer wieder, dem Rebensaft etwas unterzumischen, was anscheinend die Qualität erhöht, im schlimmsten Fall aber die Weintrinker umbringt. Den übelsten Weinskandal des letzten Jahrhunderts haben ein paar Gauner vom Neusiedlersee verursacht, als sie österreichische Weine mit Diethylenglykol (zur Familie der Frostschutzmittel gehörend) aufpeppten. Chemisch verwandt ist das Diethylenglykol mit Zucker, es macht den verfälschten Wein süßer und geschmeidiger, aber auch gesundheitsschädlich. Nun gab es nicht nur in Österreich, sondern auch in Deutschland betrügerische Kellereien (darunter eine der größten Weinhandelsfirmen), die verbotenerweise deutschen Wein mit Austria-Importen mischten und als deutschen Prädikatswein mit einer fingierten amtlichen Prüfnummer etikettierten. »Germanisierung« nannte man das. Mit dem Glykolskandal flog auch diese Praxis auf. Für die Österreicher hatte der Skandal letztendlich auch etwas Gutes. Sie

Wie ich reinen Wein erkenne

→ Auf den Preis achten. »Edle« Weine (Spätlesen, Auslesen) zu Schleuderpreisen kann es nicht geben.

Auf den Abfüller achten. Winzer und Genossenschaften sind am zuverlässigsten. Je anonymer eine Weinfirma auf dem Etikett erscheint, umso eher könnten schwarze Schafe sich einen Profit verschaffen wollen.

Auf den Abfüllort achten. Wenn ein Wein aus Chile im Elsass auf Flaschen gefüllt und in Deutschland verkauft wird, sollte das stutzig machen.

räumten in relativ kurzer Zeit gründlich mit ihren Weingesetzen auf und zeigen seitdem dem übrigen Europa, wie ehrliche Tropfen zu produzieren sind.

Der Glykol-Cocktail von 1985 war noch nicht aufgearbeitet, da erschütterte 1986 schon der nächste Skandal die Freunde des reinen Weines: Riesige Mengen an italienischem Billigwein waren mit Methanol, einer giftigen Alkoholart, versetzt worden und kosteten 19 Menschen das Leben, viele erlitten schwere Gesundheitsschäden. Ein groß angelegter Subventionsbetrug, bei dem die Weinüberschüsse, die zur Destillation vorgesehen waren, alkoholreicher gemacht wurden, um eine höhere Prämie zu kassieren. Als der Betrug von einer Zollprüfstelle entdeckt wurde, muss sich das schnell herumgesprochen haben und die Weinhändler ließen ihre giftigen Mixturen verschwinden. Die landeten aber nicht im Ausguss, sondern auf geheimnisvolle Weise in Flaschen und kamen als billiger Barbera in den Handel. Kurz danach gab es in Mailand die ersten Opfer. Der Ruf des Piemonts war erst einmal im Eimer. Wenige Jahre später, wieder war es in Italien, wurden Millionen Liter Wein mit Methylisothiocyanat verseucht – einem Mittel, das eigentlich zur Entseuchung des Bodens gebraucht wird.

Panschen heißt aber auch, andere Weine in die Flasche zu füllen, als Etikett und Gesetz es vorschreiben: Im Jahr 2000 entdeckten italienische Behörden sechs Millionen Flaschen gepanschten Chiantis, der mit süditalienischem Wein gestreckt war. Nur die Spitze des Eisberges. Es geht weiter. 2001 stellt das Agrarministerium in Rumänien fest, dass der Inhalt jeder zweiten Flasche, die im Land verkauft wird, gepanscht oder sogar gesundheitsschädlich ist. 2002 sind die Franzosen dran – die für Belgien bestimmten Rotweine von fünfzehn Weingütern wurden mit billigem Rebensaft verlängert, der eigentlich für die Essigherstellung vorgesehen war.

Der Weindetektiv auf Spurensuche

Ein ganz schön langer Weg ist das ja, vom Rebstock bis in die Weinflasche. Und jeder Schritt
hinterlässt seine Spuren. Gute wie verdächtige.

Nur Auge, Nase und Mund braucht man, um die Spuren zu entdecken, die Boden und Wetter, Keller und Korken im Wein hinterlassen. Plus Kombinationsgabe. Detektivische Kleinarbeit ist angesagt. Indizien sammeln und zu einem Bild zusammenfügen, so wie es Sherrylock Holmes und Doc Watson gerade tun: Im Schloss von Lord Botrytis knistert das Feuer im Kamin. Auf dem Tisch eine Reihe von Gläsern, mit weißen und roten Weinen gefüllt. Sherrylock Holmes hat seine Pfeife beiseite gelegt, der Tabakrauch würde ihn jetzt stören. Er nimmt das erste Glas zur Hand und versenkt seine große Nase darin. Schnüffelt, reicht das Glas an Watson weiter. »Was meinen Sie, Watson? Ist da nicht eindeutig Feuerstein zu erkennen?« Doc Watson riecht, schüttelt den Kopf. »Wo soll denn der Feuerstein herkommen?« Holmes doziert: »Mineralische Noten wie Feuerstein, Kalk oder Schiefer nehmen die Reben aus dem Boden auf und geben sie an die Trauben weiter. Ganz typisch: die Lage Kirchenstück in der Pfalz. Riechen sie noch einmal richtig hin, die leicht rauchigen Düfte, dezentes Grapefruitaroma, getrocknete Mangos – das kann nur ein Riesling vom Kirchenstück sein. Oder vom Kastanienbusch aus Birkweiler. Ein Wein aus dem Pauillac in Frankreich hätte auch den Feuersteingeruch, aber bei ihm müsste man Aromen von Nüssen und gerösteten Kaffeebohnen bemerken. Beim Pouilly-Fumé oder Sancerre von der Loire wäre ein Stachelbeeraroma oder grüne Paprikaschoten und ein wenig getrockneter Farn zu erkennen, ist hier aber nicht der Fall.« Doc Watson ist verblüfft.

Der nächste Weißwein entlockt Holmes ebenfalls ein »Aha!« Er schnüffelt, hält das Glas Watson hin: »Hier, noch ein typischer Terroirwein. Mineralischer Duft, erinnert an Sonne, die auf feuchte Steine scheint, Granit, kalkhaltiger Löss oder Tonerde. Könnte ein weißer Bordeaux von der rechten Seite der Garonne sein.«

Holmes steckt seine Nase ins nächste Glas mit Weißwein, probiert. »Hhm, ja, in der Nase und vorn auf der Zunge braun angelaufene Äpfel, in der Mitte eine unreife Säure wie Gras, der Nachgeschmack wieder apfeligsäuerlich, so wie unreife Sommeräpfel. Was war da los, Watson?« »Ich vermute, die Trauben sind zu früh geerntet worden, deshalb die Säure. So ein Wein macht mir immer Sodbrennen.« »Richtig. Und die braun angelaufenen Äpfel?« »Wahrscheinlich zu viel Luft bekommen!« »Watson, Sie sind heute in Hochform. Ich denke, der Wein ist in einem großen Holzfass ausgebaut worden, das nicht ordentlich bis zum Spundloch gefüllt war. Vermutlich war die Kellerei schlampig.«

Üble Gerüche

»Jetzt riechen Sie doch einmal ganz genau in dieses Glas mit Weißwein. Ist da nicht so ein Geruch nach Schweiß zu erahnen?« Watson schüttelt sich. »Also nein, wie kann ein Wein nach Schweiß riechen?« »Ja, das kommt ab und zu vor. Wenn der Herbst zu feucht ist, gibt es diesen leicht muffelig-süßlichen Geruch des Weins nach kleinen verfaulten Beeren. Also haben wir hier vermutlich einen Wein von der Jahrtausendwende vor uns.« Watson ist völlig verwirrt. Was aus dem Aroma eines Weines alles zu erkennen sein soll. Schier unglaublich.

Holmes wendet sich einem weiteren Glas zu. »Aha, hier haben wir ein klassisches Beispiel für die untypischen Alterungstöne, UTA genannt. Ein verhaltener Geruch nach einem doch schon etwas länger benutzten Spüllappen, ein Geruch nach nasser Wäsche oder Wolldecke. Stumpf, etwas seifig, fast wie Mottenkugeln. Endgültig ließe sich das nur durch eine Laboruntersuchung klären, aber die Hinweise sind ziemlich eindeutig. Eine solche Alterungsnote tritt vor allem bei Trauben von Reben auf, die in der Wachstumsphase unter Stress gelitten haben, was z.B. durch zu viel Trockenheit verursacht wird oder wenn sie zu wenig Nährstoffe im Boden finden. Oder wenn die Reben zu hohe Erträge bringen mussten und die Trauben zu früh geerntet wurden. Kommt bei allen Weinbauregionen vor, ist also kein markantes Indiz.«

Die wichtigsten Indizien

- **Mineralische Geschmacksnoten** (Feuerstein, Kalkstein, Schiefer, Granit, Löss): Gestein und Bodenart des Weinbergs.

- **Grasiger, säuerlicher Geschmack:** Trauben zu früh geerntet.

- **Geruch und Geschmack nach braun angelaufenen Äpfeln:** beim Ausbau zu viel Luft.

- **Unangenehme Gerüche:** schlechte Trauben, fehlerhafte Gärung.

- **Duft nach Schwefel, angezündetem Streichholz:** zu viel Schwefel verwendet.

- **Muffiger, modriger Geruch, der im Glas immer stärker wird:** fehlerhafter Korken.

- **Stumpfer, matter und sherry-ähnlicher Geschmack:** Wein ist zu alt, zu lange gelagert.

»Hier haben wir noch einen Wein mit einem unangenehmen Geruch nach Muff und Moder. Was ist das?« »Das ist ein Korkfehler, durch einen von Bakterien verdorbenen Korken verursacht. Das, was so unangenehm riecht, nennt sich Trichloranisol. Das Zeug ist so penetrant, dass man mit einem Löffelchen davon die gesamte Jahresweinproduktion Frankreichs ungenießbar machen könnte. Aber achten sie einmal darauf, ob der Geruch mit der Zeit deutlicher und unangenehmer wird, sonst ist es nur ein flüchtiger Muffton, der wieder vergeht. Häufiger als ein echter Korkfehler kommt ein verdeckter Korkschmecker vor. Bei einem Wein mit diesem gemeinen Schleicher riecht man nichts Auffälliges, schmeckt nichts Außergewöhnliches, nur ganz hinten im Gaumen spürt man was Korkiges oder Holziges oder feuchte Rinde. Der Wein ist einfach etwas rauer als der gleiche aus einer unverdorbenen Vergleichsflasche.«

»Aber hier, bemerken Sie die für einen Rotwein zu bräunliche Farbe, Watson? Das trübe Aussehen? Riecht schon nach nassem Holz und altem Sherry. Völlig ausgezehrt, nur noch dumpf und alkoholisch. Der ist komplett hinüber! Was ist die Todesursache?« »Eindeutig Altersschwäche. Aber wer hat ihn dahinscheiden lassen?« »Lord Botrytis natürlich. Er hat ihn schlichtweg in seinem Keller vergessen.«

Watson hat schon das nächste Glas in der Hand. »Und hier, ein Essigton! Der ist unverkennbar!« »Richtig, Watson. Während der Gärung besteht immer die Gefahr, dass Bakterien Essigsäure bilden. Besonders beim biologischen Säureabbau, bei dem die aggressive Apfelsäure von Rotweinen oder säurereichen Weißweinen wie Riesling in die mildere Milchsäure umgewandelt wird. Das kann auch daneben gehen und beim Wein zu Essig- oder Sauerkrauttönen führen. Manchmal auch zu chemischen oder medizinischen Gerüchen, zu einem klebrigen Geschmack oder zu einer Spülwassernote.«

ist der Schwefelfehler deutlich schwächer geworden. Mit einer Kupferschönung hätte ihn auch der Kellermeister beseitigen können. Aber zum Glück ist ein solcher Fehler äußerst selten beim abgefüllten Wein zu finden.«

Der Höllenduft

»Ja was haben wir denn hier. Das riecht ja wie Teufel aus der Hölle. Richtig schwefelig!« »Ja, lieber Watson, das ist vermutlich ein echter Schwefelböckser. Ein Geruchsfehler, ein bösartiger Fremdgeruch durch zu viel schweflige Säure bei der Weinbehandlung, den der Kellermeister hätte merken müssen.« Holmes holt eine Centmünze aus der Tasche und wirft sie ins Glas, schwenkt den Wein und prüft nach zwei bis drei Minuten wieder den Geruch. »Riechen Sie mal, Watson, jetzt

Ein Besuch beim Winzer

Nur keine Scheu, viele Winzer freuen sich, wenn sie Besuch bekommen. Außer zur Erntezeit.

Über Wein kann man lesen. Wein kann man trinken. Aber Wein richtig kennen lernen, kann man eigentlich nur da, wo er gemacht wird. Mal hinfahren, umschauen und probieren. Schon ist man mittendrin im Geschehen des Weinmachens. Mit einem Glas in der Hand an einem vollen Holzfass zu lehnen, ist etwas ganz anderes als eine Holznote im Glas zu riechen. Und bloß keine Angst vor dummen Fragen. Es gibt keine. Nur dumme Antworten. Aber die sind von einem Winzer nicht zu befürchten. Wenn jemand Interesse an seiner Arbeit zeigt, wird er schnell auftauen. Wo Wein gemacht und getrunken wird, sind die Leute nicht zugeknöpft.

Gut, nicht jeder hat ein Weinbaugebiet vor der Haustür. Also muss man meist ein Stück mit dem Auto fahren. Praktisch, wenn sich mehrere zusammenfinden und für jeden Tag einen Fahrer ausgucken. Der muss dann Wasser trinken, die anderen können munter probieren. Für solche Vorhaben meidet man zweckmäßigerweise den Herbst, wenn die Trauben geerntet werden, und das zeitige Frühjahr, wenn die Reben geschnitten und neue Weißweine in Flaschen gefüllt werden. Günstig sind das späte Frühjahr oder der Sommeranfang, so etwa Mai oder Juni. Dann stehen die Chancen gut, dass von den frisch abgefüllten Flaschen noch einige da sind und der Winzer für neugierige Gäste Zeit hat.

Sich vorher ein bisschen zu informieren, welche Winzer es in dem Gebiet gibt und welche besuchenswert sind, wäre aber nicht schlecht. In diversen Weinzeitschriften finden sich immer Anregungen und Anzeigen von Winzern. Und im Internet kann man zu vielen Weinbaugebieten Empfehlungen und Erfahrungsberichte entdecken.

Nicht alle haben das Tor auf

Aber Achtung: Die berühmten Weingüter haben ihre Weine meist schneller verkauft als in Flaschen gefüllt. Und die meisten Winzer wünschen sich, dass man die Öffnungszeiten respektiert. Besser die Ankunft ankündigen, vor allem, wenn man zu mehreren unterwegs ist. Manche Spitzen-Weingüter in Frankreich sind für Normalprobierer überhaupt nicht zugänglich. Wer auf gut Glück in ein Weinbaugebiet fährt, kann sich einfach vom eigenen Gefühl leiten lassen. In Weinorten findet man immer Wegweiser zu den nächsten Gütern. Oder Ortsansässige geben einen Tipp.

Ehe man an der Haustür Sturm läutet: Zuerst den allgemeinen Eindruck in sich aufnehmen. Ist ein Parkplatz für Touristenbusse vor der Tür? Wirkt das Weingut gepflegt (dann ist es meist auch der Keller), ist vielleicht sogar ein Schaukasten mit Weinflaschen und Auszeichnungen zu sehen? Solche Hinweise sagen oft mehr als eine Erwähnung im Weinführer. Also denn, dieses Gut interessiert uns.

Der Winzer lebt vom Direktverkauf. Das heißt, Interessenten kommen vorbei und laden gleich ein paar Kisten in den Kofferraum. Dort gibt es immer Weine zum Probieren. Meist hat solch ein Winzer um die zehn verschiedene Sorten vom Schöppelwein bis zur edelsüßen Auslese. Aber nicht gleich alle guck-schluck austesten. Erst Wein-Preis-Liste anschauen. Wer trockene Weine sucht, ist mit einer »Spätlese mit angenehmer Restsüße« nicht so gut bedient. Wer mildere Weine mag, den schüttelt es wahrscheinlich bei einem »Kabinett durchgegoren, für Diabetiker geeignet«. Also lieber selbst erzählen, was man gerne trinkt (aber nicht mogeln – mancher »Trockentrinker« ist erst mit einer edelsüßen Auslese rundum glücklich geworden). Dann weiß der Winzer schon mal, was er holen muss und was er weglassen kann.

Winzers Weintest

Der erste Wein, den der Winzer zum Probieren einschänkt, ist wahrscheinlich ein Testwein! Der Winzer denkt: mal ein bisschen Süße vorgeben. Kommt das an, können wir in der Richtung weitermachen. Ist er zu süß, kommt ein echt trockener Wein dran. Ist er zu trocken, können wir mit den Restsüßen weitermachen. Der Probierer denkt: Nanu, kann der denn keine trockenen Weine machen? Und auch keine milden? Nicht aufgeben, offen sagen, ob die Richtung den Geschmack trifft oder nicht. Wenn wirklich trockene Weine gefragt sind, wird der Winzer mit großer Freude schnell seine gut herben Tropfen holen. Die trinkt er selber auch am liebsten. Und immer über jeden Wein ausfragen: nach Anbau und Ernte, Ausbau und Reifung. Aber nicht mit Fachwissen protzen, das kann peinlich werden (»Hhhm, feiner Barriqueton« »So? Der ist aber im Edelstahltank ausgebaut!«).

Gut, das Thema »trocken oder lieblich« ist geklärt. Kommt die große Preisfrage. Der Winzer hat einen Riesling Hausschoppen, einen Kabinett, der die Hälfte mehr kostet, eine trockene Spätlese und sogar eine Auslese (schmerzhaft teuer). Von welchem wie viel nehmen? Außer der Geschmacksfrage den Grundsatz anwenden: Hausschoppen für jeden Tag, Kabinett für sonntags, Spätlese für Feiertage und Auslese für Weihnachten. Wären also dreihundert Flaschen Hauswein, fünfzig Flaschen Kabinett, fünfzehn Flaschen Besseres (mal ganz grob den Bedarf für ein Jahr hochgerechnet). Auweia, passt nicht ins Auto und vielleicht ist der nächste Winzer ja noch besser. Also sagen wir besser: zwölf Flaschen Hausschoppen, drei Flaschen Kabinett, zwei Flaschen Spätlese und eine Auslese, wenn sie was taugt. Prima, Winzer ist nicht beleidigt und im Kofferraum ist noch ausreichend Platz für die nächsten Entdeckungen.

Diplomatischer Abgang

Was aber tun, wenn partout kein einziger Wein so richtig schmeckt? Offen und ehrlich die Meinung kundtun. Eigene Meinung! Nicht kritisieren, denn es muss genügend Leute geben, denen gerade die Weine dieses Winzers zusagen, sonst würde er Briefmarken oder was anderes verkaufen. Nicht jeder hat den gleichen Geschmack. Ist der Wein xy für den einen zu mild, kann er für den anderen noch viel zu herb sein. Diplomatischer Rückzug: Zwei Flaschen kaufen von der Sorte, die

Takt beim Winzer

 Arbeitsspitzen der Winzer (Herbst, Frühjahr) nicht für Besuche vorsehen.

Erst Weinkarte studieren, dann Vorlieben kundtun und Auswahl zum Probieren treffen.

Nur wenig eingießen lassen. Vor allem, wenn das Auto vor der Tür parkt. Besser ausspucken, wenn ein Gefäß bereitsteht.

Fragen erlaubt – Kritisieren verboten. Der Winzer hat mehr Ahnung vom Weinmachen als der Kunde! Er macht den Wein für seine Stammkunden, nicht für zufällige Besucher.

Kostenlose Weinproben kann nur erwarten, wer Wein kaufen möchte. Sonst sollte er auch bereit sein, für eine Probe zu zahlen.

Kein Winzer kann es sich leisten, teure Flaschen oder seltene Raritäten für nur einen Besucher zu öffnen. Tut er es aber trotzdem, sollte man die Probe nicht ablehnen.

unter »noch trinkbar« einzustufen sind (sozusagen als Obulus für die Weinprobe) und erklären, dass man den Wein gerne in Ruhe noch zu Hause zum Essen probieren möchte.

Und vielleicht dabei gleich nachfragen, ob der Winzer seine Weine auch verschickt. Für alle Fälle. Stellt man nämlich zu Hause fest, dass dieser noch trinkbare Wein (vor allem nach mehreren Proben am Tag) doch begeistert, würde ein Anruf reichen, damit weitere Flaschen ohne großen Aufwand ins Haus kommen. Bei einer gewissen Menge (z. B. ab fünfzig Flaschen) ist die Lieferung meist kostenfrei. Und wer sich mit mehreren zusammentut, kommt leicht auf die Menge.

Holzfass oder Stahltank - was ist besser? Zwei Meinungen dazu:

Pro Stahltank

»Ohne die Erfindung des Edelstahltanks würde es heute nicht so viel guten Wein geben. Warum nehmen Köche Edelstahltöpfe? Weil sie hygienisch sind und keinen Eigengeschmack ans Essen abgeben. Weil sie sich am besten reinigen lassen. Ein altes Holzfass ist innen voller Weinsteinkristalle und verleiht den Weinen eine muffig-modrige Note. Wer will denn heute noch die schwerfälligen, dunkelfarbenen Weine trinken, wie sie vor der Entwicklung der Stahltanks üblich waren?

Ein Edelstahltank lässt dem Wein seinen traubeneigenen Geruch und Geschmack. Frische Holzfässer geben ihm ein artfremdes Aroma nach Holz, Vanille oder Rauch. Solche sind zwar beim Weintrinker in Mode gekommen, aber Moden vergehen auch wieder. Der Ausbau im neutralen Tank erhält die Frische und die Fruchtigkeit, das Terroir der Weine kommt besser zur Geltung. Deshalb verwenden sehr wohl auch die Traditionalisten unter den Winzern die Stahltanks.

Vor allem die Weißweine profitieren vom Edelstahl. Die Möglichkeit, die Tanks zu kühlen, hat zu dem feinen, spritzigen und knackigen Weintyp geführt, der heute vor allem von jungen Weintrinkern bevorzugt wird. So eine temperaturkontrollierte Gärung hat erst die Weißweinerzeugung in wärmeren Ländern ermöglicht. Nicht nur aus der Neuen Welt, auch aus Spanien, Süditalien und Griechenland kommen heute Weißweine, die so frisch und fruchtig schmecken, dass sie lässig mit den Weinen aus kühleren Regionen mithalten können.

Weine aus dem Edelstahl sind jung trinkbar. Sie müssen nicht lange im Keller lagern und die Mikrooxidation ist doch eher eine fixe Idee der Holzfassfans. Zufuhr von Luft geschieht zu 90 Prozent durch den Abstich, das Umfüllen in einen anderen Tank, die Luftzufuhr beim Barrique macht nur 10 Prozent aus. Und die künstliche Mikrooxidation wenden viele Weingüter an, die früher trinkbare, süffigere Weine herstellen wollen.«

Pro Holzfass

»Holz und Wein gehören einfach zusammen. Das muss kein kleines Barrique sein, wie es in Bordeaux und im Burgund schon immer üblich war, es kann auch ein klassisches Fass von über tausend Liter Inhalt und mehr sein.

Ein Fass hat nichts mit Kellerromantik zu tun. Auch das Argument, Edelstahl sei hygienischer, trifft nicht unbedingt zu. Im Holz, vor allem im Eichenholz sitzen Tannine und andere Stoffe, die das Bakterienwachstum verhindern. Ein Holzfass muss nur gut gepflegt werden, dann hält es viele Jahre. Und mag Edelstahl noch so edel sein, es verleiht dem Wein doch einen metallisch-kalten Geschmack.

Frisches Holz gibt besonders viel Tannine und Phenole an den Wein ab. Das macht ihn auf natürliche Weise in der Flasche haltbar und langlebig, er muss bei der Abfüllung in Flaschen weniger geschwefelt werden und ist damit bekömmlicher und gesünder. Ein guter Winzer baut nur seine besten, gehaltvollsten Weine im Barrique aus, damit die Holzwürze den Wein nicht erschlägt. Also sind Barriqueweine etwas Besonderes und auch entsprechend teuer.

Ein Holzfass ist das ideale Behältnis für Rotweine. Sie brauchen ein bisschen Sauerstoff (der dringt ganz von selbst durch die Poren des Holzes), damit die herben Tannine sich zu größeren Molekülen zusammenfügen und der Wein weicher, sanfter und milder wird. Das ist das Geheimnis der Reifung im Fass. Da braucht es keine künstliche Mikrooxidation, bei der feinste Luftbläschen in den Tank gesprudelt werden.

Klar, ein Holzfass kann nur durch die Kellertemperatur kühl gehalten werden. Deshalb ist es für Großkellereien und Weinfabriken in heißen Ländern nur geeignet, wenn der ganze Lagerraum gekühlt wird. Aber bei unseren besten Winzern ist das große Holzfass wieder im Kommen. Der Wein daraus lebt!«

Die Indizien

Das Terroir

Weinreben wachsen auf fast jedem Boden. Aber nur auf bestimmten Lagen ergeben sie auch gute Weine. Die Franzosen prägten dafür den Begriff »Terroir«, welcher nicht nur den Boden an sich meint, sondern alle für ein gutes Rebenwachstum wichtigen Kriterien wie Kleinklima (das spezielle Klima, das auf diesem Weinberg herrscht), Bodenneigung, Ausrichtung zur Sonne, Bearbeitungsmaßnahmen wie Hacken oder Begrünen und die natürlich vorkommenden Hefen umfasst. Das Paradoxe: Auf sogenannten »guten« Lagen leidet die Rebe. Sie muss sich ziemlich anstrengen und ihre Wurzeln mehrere Meter tief in den Untergrund treiben, um in sehr trockenen Jahren überleben zu können. Statt viele Blätter zu bilden, steckt sie ihre Kraft in die Beeren. Für den Winzer ist das gut. Solche Trauben ergeben dichte, aromenreiche Weine mit viel Persönlichkeit. Wird dann noch mit den weinbergseigenen Hefen vergoren, entstehen echte »Terroirweine«, die typisch für die Lage sind.

Die Rebe

Es gibt edle Rebsorten (Cabernet-Sauvignon, Riesling) und weniger edle (Trollinger, Elbling), die entweder feine oder einfache Weine liefern. Auch eine Edelrebe lässt nur beste Trauben wachsen, wenn sie mit ihrer Umwelt im harmonischen Gleichgewicht steht. Sonst erhält man trotz »edel« nur belanglose Tröpfchen. Ebenso prägt das Rebenalter den Wein: Je älter ein Rebstock, desto kleiner werden die Beeren und desto geschmackvoller die Weine. Allerdings ist irgendwann die Rebe erschöpft, es muss neu gepflanzt werden. Dann dauert es Jahre, bis die Reben wieder beste Trauben liefern. Der Ertrag lässt sich aber durch die Rebpflege beeinflussen. Je mehr Trauben der Winzer an einer Rebe lässt, desto weniger Aroma haben die Beeren und umso dünner wird der Wein. Je weniger Trauben, desto intensiver, dichter und konzentrierter wird er. Guten Wein macht nur der Winzer, der seine Reben pflegt und klein hält.

Die Reife

Wenn die Trauben reif sind, werden sie geerntet. Es gibt aber verschiedene Reifezustände der Beeren. Die Regel »je reifer die Beeren, desto besser der Wein« gilt nicht immer. Während des Reifevorgangs nimmt der Zuckergehalt in den Beeren zu, die Säure dagegen ab. Für Weißweine wäre ein zu geringer Säuregehalt ungünstig, sie würden langweilig schmecken. Deswegen werden in heißen Gegenden, wo die Beeren sehr schnell reifen und Säure abbauen, die Weißweintrauben eher frühreif geerntet, solange sie noch genügend Säure enthalten, um später den Wein frisch schmecken zu lassen. Auch für Rotweine sollte noch etwas Säure verbleiben, damit sie nicht langweilig wirken. Mehr Zucker in den Trauben gibt bei der Gärung mehr Alkohol, der für Haltbarkeit und Geschmack sorgt. Aber irgendwann ist die Zuckerbildung so weit fortgeschritten, dass nichts mehr dazukommt, dann sind die Trauben vollreif, enthalten noch ausreichend Säure und haben Aromenstoffe angereichert. Sie ergeben konzentrierte, reiche Weine. Bleiben die Beeren dann noch länger am Weinstock, schrumpeln sie und ergeben hochfeine, edelsüße Weine.

Die Presse

Die Trauben dürfen bei der Ernte nicht zerdrückt werden, sonst gehen die überall sitzenden Hefen und Bakterien ans Werk und es beginnt eine nicht gewollte unkontrollierte Gärung, die sich dann später im Wein durch Essigtöne und unangenehme Aromen bemerkbar macht. Erst in der Kellerei werden die Beeren zerkleinert. Für Rotwein wird diese Maische erst vergoren, dann wird der Most abgepresst (gekeltert), bei Weißwein wird gleich gepresst. Der Druck entscheidet, ob nur wenig oder viel Wein entsteht. Der Saft, der von selbst aus der Presse kommt, ist der aromenkonzentrierte »Vorlaufmost«, den Winzer für sehr gute Weine verwenden. Wird dann mäßig Druck auf die Presse gegeben, tritt der Erstpressungsmost aus, der immer noch gehaltvolle Weine liefert. Erhöht man den Druck, fließt weiterer Most aus der Presse, der jedoch dünner ist und mehr Tannine enthält, da jetzt die gerbstoffreichen Häute stärker bearbeitet werden. Noch mehr Druck, und die Häute und Kerne (besitzen ebenfalls Tannine) werden zerquetscht – der Wein schmeckt rau und ruppig. Der Kellermeister kann durch die Mischung der verschiedenen Moste bestimmen, ob es viel oder ob es guten Wein gibt.

Das Anreichern

Was die Natur versagt, bringt der Zuckersack in den Wein. Nicht etwa den süßen Geschmack, den bekommt er durch die »Süßreserve« (keimfrei gemachter süßer Traubensaft, der nach der Gärung zusetzt wird). Sondern den fehlenden Alkoholgehalt. Wie das? Zucker wird vor der Gärung unter den Most gemischt und die Hefen wandeln ihn wie den Beerenzucker in Alkohol um. Diese Zuckerzugabe ist in Frankreich, Deutschland und Österreich üblich (in Deutschland aber verboten für Qualitätsweine mit Prädikaten wie Kabinett, Spätlese, Auslese). Solche angereicherten (»chaptalisierten«) Weine kann man nicht am Geschmack (höchstens bei einer Laboranalyse) erkennen, wenn der erhöhte Alkoholgehalt im richtigen Verhältnis zu den sonstigen Weininhaltsstoffen steht. Wird ein vorher zu schwacher Wein angereichert, schmeckt er »brandig«, nur nach Alkohol wie ein Schnaps.

Der Ausbau

Edelstahltank oder Holzfass, klein oder groß, das sind die »Terroirs« des Ausbaus. Kompletter Luftabschluss wie beim Stahltank ergibt sehr fruchtbetonte, frische Weine, die schnell zu trinken sind, aber auch schnell abbauen und dann fade schmecken. Große Holzfässer, durch deren Poren winzigste Mengen Sauerstoff zum Wein dringen (Mikrooxidation), bringen stabile, haltbare Weine hervor. Vor allem Rotweine werden so feiner und sanfter, »geschmeidiger« durch die feinst dosierte Luftzufuhr. Die kleinen Holzfässer, die Barriques (vorwiegend aus Eichenholz), sind vor allem für die Würze gehaltvoller Weine verantwortlich. Ein- bis höchstens dreijährige Barriques geben ihr intensives Holzaroma an den Wein weiter. Ein Barrique aus französischer Eiche zaubert zudem Vanillenoten in den Wein, eines aus amerikanischer Eiche einen Duft nach Karamell. Rauchige, mokkaähnliche Noten erhält der Wein, wenn die Fassbretter beim Zusammenbauen über offenem Feuer stärker »getoastet« (geröstet) wurden.

Auf Weinreise in
Italien

Vom Gletscherrand zum Wüstensand, so könnte man eine Reise von Italiens Alpenregionen bis in den Süden umschreiben.

Die stiefelähnliche Form des Landes mit dem Fußball Sizilien vor der Stiefelspitze, das gebirgige Rückgrat des Apennin, der das Land längs durchzieht, das ergibt Kombinationen von Klima, Sonnenausrichtung, Lagen und Böden wie kaum sonst auf der Welt. Das ist auch Ursache für die endlose Konfusion von Weinregionen, Namen und Qualitäten in Italien. Ein Weinland im Umbruch.

Von der Mitte zum Rand

Wie kann man diesen bunten Flickerlteppich von bekannten und unbekannten, großen und kleinen Weinregionen unter einen Hut bringen? Vielleicht vom Mittelpunkt nach außen gehend, von den Umstürzlern in der Toskana zu den konservativeren Randgebieten. Nehmen wir den Chianti, den kennt jeder. Chianti steht für Toskana und diese für Italien. Also schon mal ein Zentrum gefunden als Startplatz für unsere Reise.

In diesem gedachten Zentrum regiert die rote Sangiovese-Traube. Dieser Star unter den Rebsorten steckt im Chianti. Vor über 100 Jahren rührte Baron Ricasoli auf seinem Schloss Brolio aus Sangiovese und drei oder vier weiteren Traubensorten das verbindliche Rezept für den klassischen Chianti Classico zusammen. Auch ein paar weiße Trauben mussten mit in den Most, um den Wein weicher zu machen. Glück für die Winzer, Pech für den Wein: Weiße Trauben sind einfacher zu ziehen, so wurde ihr Anteil immer größer und der lange gerühmte Chianti (mit Erlaubnis des Weingesetzes) immer blässlicher und unrühmlicher.

Das ließ in der jüngeren Weingeschichte engagierte Winzer nicht ruhen und sie schufen die »Super-Toskaner«, Chiantis mit französischen Edelrebsorten angereichert wie der Carmignano von Conte Bonacossi und der Tignanello von Antinori. Viele Weingüter zogen nach und brachten ebensolche Weine heraus, die dann wegen Abweichung vom Urrezept nur als »Vino da Tavola«, als Tafelwein, verkauft werden durften – aber wegen ihrer Qualität astronomische Preise erzielten. Cabernet wurde zum Superstar und gebar viele Kultweine wie Sassicaia, Ornellaia und Solaia. Die echten Chianti hatten das Nachsehen – dabei können sie bezaubernd einfach oder als Riserva höchst delikat sein.

Von teuer nach preiswert

In der südlichen Toskana, im Hügelland der Colli Senesi, ist es etwas wärmer und trockener im Sommer. Hier gedeiht eine Sangiovese-Art mit größeren Beeren. Um das Städtchen Montalcino wird sie Brunello genannt und daraus ein starker, dunkler Wein bereitet, der Brunello di Montalcino. Seit den 70er-Jahren hat er die Weinwelt erobert und wer ihn sich leisten kann, ist von seiner komplexen, tanninreichen und tiefgründigen Art fasziniert. Preiswerter ist der Rosso di Montalcino der aus der gleichen Rebsorte gemacht wird, aber leichter ist und kürzer reift. Auch weiter östlich gibt es einen vergleichbaren Wein, den Vino Nobile di Montepulciano aus einer eigenen Sangiovese-Art, dem Prugnolo. Kurios: Die südlich des Chianti-Gebiets stark vertretene Montepulciano-Traube darf nicht in diesen Wein.

Weiter im Süden Umbrien, einzige Region ohne Meeresküste. Das Klima im Inneren des Landes ist kühler, es fällt mehr Regen als in der Toskana, die Bewohner sind traditionsbewusster und der Orvieto-Weißwein ist selbst als »Classico« noch preiswert, ein leichter, anständiger Wein für jeden Tag. Und es tut sich was, die Qualitäten werden besser und es werden mehr und mehr gebietsfremde Rebsorten zugelassen. Und das nicht nur bei den Spitzenweinen (Torgiano Rosso Riserva und Sagrantino di Montefalco), sondern auch bei Alltagstropfen der elf Colli-Gebiete (Colli del Trasimeno, Perugini, Martiani usw.).

Der Orvieto stellt die Schnalle eines Weißweingürtels dar, der im Westen beim »Est! Est!! Est!!! di Montefiascone« beginnt, beim »Verdicchio dei Castelli di Jesi« im Osten endet und im Süden noch ein Anhängsel bei Rom hat: den Frascati. Die meisten werden aus den weißen Trauben Trebbiano und Malvasia gekeltert, alle von einer gewissen Milde und Schlichtheit. Der Verdicchio aus der gleichnamigen Traube schmeckt lebendiger, der Vernaccia di San Gimignano beim Chianti-Gebiet fruchtig-erdiger.

Weiter Richtung Süden. Viele Weingebiete mit eigenständigen Weinen, die nur ein Reisender am Ort kennenlernen wird. Ausnahmen sind in Apulien der rote Primitivo, ein komplexer, gerbstoffreicher Rotwein, der gern als Zinfandel vermarktet wird, und der Negroamaro von ähnlicher Statur. Dann ist da noch der Cirò aus Kalabrien, am bekanntesten als Rotwein, einfach, meist korrekt, preiswert. Die Weine Sardiniens (wie der Weißwein Vermentino di Gallura) und Siziliens (vor allem die Rotweine aus der Rebsorte Nero d'Avola) reichen von einfach bis bemerkenswert und könnten in nächster Zeit mehr von sich reden machen.

Es tut sich was im Norden

So, der Süden wäre abgeerntet, jetzt geht's in das Gebiet nördlich der Toskana. In die Emilia-Romagna mit ihren berühmten Adriastränden und ihrem ebenso berühmten (und bei uns berüchtigten) roten Perlwein Lambrusco. Plus Sangiovese di Romagna, dem Rotwein aus edler Traube ohne Höhen und Tiefen. Achtung, hier wird kräftig in Weinberg und Keller investiert, und die Region wird bald mehr von sich hören lassen.

An Verona in Venetien mit dem weißem Soave (seit 2002 gibt es Soave Superiore), rotem Valpolicella und Bardolino – von den roten ist eher braves Fußvolk am Markt – schließen sich entlang des Etschtals die Weinbaugebiete Trentino und Südtirol (Alto Adige) an. Das italienisch geprägte Trentino glänzt mit seinen Rotweinen Teroldego Rotaliano und Marzemino. Letzterer ist eher wegen seines hübschen Namens beliebt, ersterer wegen seines eigenständigen Charakters. Auch wird hier kräftig mit Cabernet-Cuvées à la Super-Toskanern experimentiert. Südtirol hat seinen biederen roten Trinkweinen längst exzellente Rot- und Weißweine gegenüber gestellt, die gerne in Barriquefässchen reifen.

Im Osten liegt Friaul – Julisch-Venetien, vor allem ein Begriff durch den perlenden Prosecco aus gleichnamiger Traubensorte. Außerdem das Gebiet Grave del Friuli, in dem vor allem Rotweine aus der Rebsorte Merlot erzeugt werden, die fruchtig und leicht sind. Und bei der Stadt Brescia die Franciacorta mit super Schaumweinen.

Die Tops am Fuß der Berge

Bleibt noch jenes Weingebiet, das die Herzen vieler Weinliebhaber höher schlagen lässt: das Piemont. Das Land am Fuß der Alpen mit seinen berühmten Barolo- und Barbaresco-Rotweinen, die beide streng, kräftig und spät trinkreif sind. Beide Weine, nach Orten benannt, werden aus Nebbiolo-Trauben gewonnen, deren Name sich von »nebbia« (Nebel) herleiten soll. Sie gedeihen dort am besten, wo im Herbst die Nebel durchs Tal ziehen. Weitere Rotweine des Piemonts sind nach der Rebsorte benannt: Nebbiolo, Barbera, Dolcetto, Grignolino. Steht noch der Name einer Stadt wie Alba dabei, kommt

der Wein aus einer begrenzten Region und sollte besser sein als ein unbestimmter.

Auch bei Weißweinen findet man populäre Namen: frisch-fruchtiger Gavi aus der Provinz Alessandria aus der Rebsorte Cortese, nennt sich Gavi di Gavi, wenn die Trauben aus den Weinbergen um das Städtchen Gavi stammen. Die alte Rebsorte Arneis aus dem Roero-Gebiet gegenüber den Langhebergen, die einen zitrusfrischen, fruchtigen Wein ergibt, hat sich leise in die Herzen vieler Weißweinfreunde geschlichen. Und dann gibt es hier »internationale« Weine aus Chardonnay-Trauben und die Schaumweine Asti Spumante und Moscato d'Asti und noch jede Menge eigenständiger Weine zu entdecken.

Viele schöne Weine Italiens fehlen. Teils sind die Gebiete so klein, dass die Weine nicht über die Grenzen kommen, teils sind die Weine so gut, dass sie in der Region selbst getrunken werden. Da hilft nur eins: ständig Neues ausprobieren. Italienische Winzer können mit großem Erfolg internationale Weine produzieren, aber auch sorglos an ihren traditionellen Weinen für jeden Tag festhalten.

Po

Florenz

Chianti Classico

Montepulciano

Rom

Wein kul

Jetzt heißt es üben...

tivieren

Das kleine Wein-Einmaleins ist gelernt, wir können schon mitreden. Jetzt heißt es üben ...

Experten sind Leute, die alles wissen. Aha, dann kann es ja gar keinen Weinexperten geben! Wenn jedes Jahr in Deutschland sagen wir mal zehntausend verschiedene Weine entstehen, müsste so einer gut 27 Flaschen pro Tag probieren, nur um alle deutschen zu kennen. Und das multipliziert mit der Welt ... Also bleiben wir doch lieber Weinliebhaber und testen möglichst viele unterschiedliche Beerensäfte. Und das nun am besten in lustiger Runde. Da lohnt es sich wirklich, mehr als eine Flasche aufzumachen.

Außerdem wäre jetzt genau der richtige Zeitpunkt, die Weinnotizen mit System zu sammeln und zu sortieren. Mit Computer oder ohne, ganz nach den eigenen Vorlieben. Dabei aber immer nett: Weinetiketten von der Flasche lösen und zu den Notizen kleben oder in eine extra Box legen.

Bœuf à la bourguignonne

Für 4 Rotweintrinker:

700 g Rindfleisch (Schulter oder Nuss) in ca. 3 cm große Stücke schneiden. 70 g Schinkenspeck klein würfeln und 300 g Schalotten schälen. Speck im großen Topf in 2 EL heißem Öl knusprig werden lassen, herausfischen. Fleisch in etwas Mehl wenden und im Fett portionsweise braun anbraten. Dauert bei mittlerer Hitze jeweils 10 Minuten. Nun die Schalotten im Topf leicht anbräunen. Fleisch und Speck wieder dazu, 300 ml Rotwein (Pinot Noir/Spätburgunder) und 150 ml kräftige Brühe angießen. 2 Knoblauchzehen ungeschält anquetschen, mit ein paar Petersilienstängeln (ohne Blätter) und 1 Thymianzweig in den Topf geben. 1 EL Tomatenmark einrühren, salzen. Jetzt alles zugedeckt 1 Stunde bei sanfter Hitze schmoren. Derweil 150 g kleine Champignons trocken abreiben, Stielansätze abschneiden. Zum Fleisch rühren und noch 1 Stunde 30 Minuten schmoren lassen. Knoblauch und Kräuterstängel rausfischen, mit Salz und Pfeffer würzen und gehackte Petersilienblätter drüberstreuen. Dazu trinkt man dann auch Burgunder.

Ein Winzer rechnet vor

Was kosten große Fässer und kleine Barriques?

Friedhelm Rinklin, Bio-Winzer: »Letzten Herbst habe ich gerade zwei neue große Fässer gekauft, das 800-Liter-Fass kostete 1,91 Euro pro Liter und das 1.200-Liter-Fass 1,71 Euro pro Liter, plus Mehrwertsteuer. Aber die halten ja bei guter Pflege gute 100 Jahre.

Anders bei den Barriquefässern mit 225 Litern Inhalt. Die kosten ab 500 Euro pro Fass. Wir setzen sie als Kleinbetrieb nur sparsam ein, bei größeren Weingütern sieht das anders aus. Bei uns stehen acht Fässchen im Keller, die uns 4.000 Euro gekostet haben. In denen lagert Wein, der als barriquegereift deklariert wird. Dafür können wir die Fässer maximal drei Jahre nutzen. Der Wein vom drei Jahre alten Fass muss aber mit einem aus neuer Eiche gemischt werden. Wir benutzen die Barriques natürlich länger, wäre ja sonst reine Verschwendung der Ressourcen. Aber der Wein daraus darf nur noch als holzfassgereift (sozusagen unser Zweitwein) bezeichnet werden. « Macht 1.000 bis 1.500 Euro für jeweils zwei bis drei neue Barriques pro Jahr plus Abschreibung der Großfässer im Jahr für Winzer Rinklin.

1.500

Das Glas

Das zweite Rotweinglas ist ein Burgunder-Glas. Es ist bauchiger und runder als das Bordeaux-Glas (Seite 84). Dadurch ist die Weinoberfläche größer (das Glas nur zu einem Drittel füllen) und die Nase näher am Wein, die zarten Aromen kommen so besser zur Geltung. Die Öffnung ist breiter, damit der Wein über die ganze Zunge läuft und die typische Süße der Burgunder-Weine wie auch ihre zarte Säure spürbar sind.

In dieses Glas gehören Rotweine aus der Bourgogne und alle Spätburgunder- oder Pinot-Noir-Weine sowie die tanninarmen Beaujolais-, Pinotage- und Blaufränkisch-Weine. Faustregel: Rotweine in bauchigen Flaschen (Burgunder-Flaschen) brauchen auch bauchige Gläser.

Neffe Andys Weingeschichten

Nun hat mich mein Onkel zu einer Weinmesse mitgenommen. Dachte wohl, jetzt blamier' ich ihn nicht mehr. Das war dort vielleicht ein Gedrängel von lauter Schluckspechten. Die sind wirklich so abgedreht, dass sie sogar ihr Glas mit Mineralwasser andauernd schwenken, als ob Wein drin wäre.

Ich hätt' ja bei den vielen Ausstellern nicht gewusst, wo ich anfangen soll. Aber Onkel hat gleich einen Weinkumpel gefunden und gefragt, welche Weine sich zu testen lohnen.

»Da ganz hinten links, da hat der Martin seinen Stand. Mit allen großen Châteaux aus dem Bordeaux zum Probieren.« Aber nix wie hin! Gleich mal die Messlatte ganz hoch legen.

Onkel pickt uns die wahren Filetstückchen raus, probiert (ich natürlich auch) und kritzelt mit dem Füller (hat er mal von mir bekommen, steht sogar sein Name drauf) in seinem Notizbuch rum, als ob's 'ne Doktorarbeit werden soll. Na, ich bin ein bisschen enttäuscht, so doll ist der Wein auch wieder nicht. »Schau, der ist jetzt gerade drei Jahre alt, vor kurzem auf Flasche gefüllt, noch rau und ruppig, aber interessant«, sagt er, »dann trink' ich den selben in sieben Jahren wieder und finde ihn große Klasse. Vergleich' ich die Notizen, weiß ich, wie ein frisch abgefüllter junger Wein schmecken muss, damit er sich gut entwickelt.«

Ach du Bimbam, Onkel, da hast du ja noch viele Jahre zu tun, bis du Weinkenner bist. Hoffentlich erlebst du das noch.

Bastelstunde

Federweißer wird zu Wein

Federweißer (auch Bitzler, Rauscher oder Sauser genannt) ist Traubenmost, der gerade zu gären beginnt. Den gibt es von September bis Oktober im Supermarkt. Die Flaschen stehen aber nicht bei den Weinen, weil sie in der Wärme gleich überschäumen würden, sondern im Kühlregal. Temperaturkontrollierte Gärung sozusagen. Deshalb ist auch ein Schraubverschluss darauf, der undicht ist! Muss so sein, denn beim Gären entsteht Kohlensäure, und die soll entweichen können, sonst würden die Flaschen explodieren. Also vorsicht beim Transportieren im Einkaufswagen und auch im Korb oder der Kiste auf dem Nachhauseweg. Wenn die Flasche umkippt, fließt der Inhalt raus. Wer gerade keinen Federweißen zum Beobachten bekommt, kann ihn auch selber ansetzen. Einfach ein Glas weißen Traubensaft nehmen und eine Messerspitze Backhefe (Würfel oder Pulver) hineinrühren. Ein Glas mit Federweißem oder Hefe-Saft-Ansatz mal probieren. Schmeckt süß wie Traubensaft. Zugedeckt bei Zimmertemperatur hinstellen.

Am Anfang ist der Saft klar oder leicht trüb, unten am Boden sieht man eine helle Schicht. Das ist die Hefe, die im Federweißen vorhanden ist oder eingerührt wurde. Am nächsten Tag ist der Saft schon deutlich trübe. Kein Wunder, so ein Hefesprosser erzeugt bei Zimmertemperatur (Kälte würde seine Vermehrungsneigung stark unterdrücken) im Handumdrehen Millionen von Nachkömmlingen, solange er genug Nahrung (im Traubensaft enthaltener Zucker) findet.

Der Inhalt wird von Tag zu Tag trüber, auf der Oberfläche bilden sich Blasen (von der Kohlensäure) und der Inhalt riecht wie Hefeteig. Oder echt übel – dann haben sich Bakterien vermehrt, die den Wein verderben würden. Den Saft bitte nicht mehr probieren!

Am vierten oder fünften Tag geht der Gärprozess langsamer vor sich, es blubbert nicht mehr so heftig. Jetzt schmeckt der Federweiße frisch-prickelig, aber nicht mehr so süß und nach Alkohol. Unten im Glas sitzt eine dicke Schicht von bräunlicher Hefe, der vorher trübe Saft darüber fängt an, sich zu klären – oben ist er schon durchsichtig. Die Hefe hat fast den gesamten Traubensaftzucker in Alkohol verwandel, nun mag sie nicht mehr. Noch ein paar Tage warten, dann ist der obere Teil ganz klar. Jetzt könnte der Jungwein abgestochen werden.

Das Auf und Ab der Weine

Die meisten Weine sind in ihrer Jugend schon gut trinkbar. Aber das bleibt nicht ewig so.

Wenn ein Wein aus dem Mutterleib, dem Fass, auf die Welt kommt und in Flaschen gefüllt wird, entwickelt er sich wie ein Kind. Erst liegt er ruhig in seinem Bettchen und wundert sich. Das dauert einige Wochen oder auch ein Jahr. Dann hat er sich ans neue Umfeld gewöhnt und ist wieder so gut drauf wie vorher im Fass. Deshalb kommen teure, bessere Weine erst nach einer angemessenen Zeit der Flaschenreife in den Handel.

Die Trinkreife

Heißt das nun, dass man alle Weine erst liegen lassen muss, ehe sie schmecken? Natürlich nicht. Vor allem preiswertere sind dafür gemacht, schnell Genuss zu bringen. Sie werden in der Kellerei so ausgebaut, dass sie gleich trinkbar sind. Sie altern technisch sozusagen. Diese Weine sind so stabil, dass sie auch den Schock der Flaschenfüllung rasch verkraften. Aber es gibt sie noch, die langlebigen Rieslinge und Bordeaux-Weine, die erst nach sieben oder zehn Jahren richtig gut schmecken. Bei beiden Weintypen ist gerade eine Kehrtwendung bei den Winzern zu beobachten: Nach erster Begeisterung für moderne Kellermethoden, weiche, fruchtige und jung trinkbare Weine herstellen zu können, wird wieder altmodischer gearbeitet. Die Weine sind nicht so schnell genussreif, entwickeln aber feinere, vielschichtigere Aromen.

Regel: Säure- oder tanninreiche Weine (Rieslinge, Cabernet-Sauvignon-Rotweine) sind Spätzünder und brauchen länger bis zur Reife. Weine mit weniger Gerbstoffen und Säure (Silvaner, Grauburgunder, Merlot, Barbera) reifen schneller, dafür sind sie nicht so haltbar. Deshalb sind auch die meisten Weißweine (kaum Tannin, weniger Säure) schon im jugendlichen Alter trinkreif.

Der Lebenslauf

Um beim Weintrinken nicht enttäuscht zu werden, muss man allerdings ein bisschen was von Weinpsychologie verstehen. Mal am Beispiel von zwei Flaschenkindern das Heranwachsen beobachten. Das erste ist ein gehaltvoller Riesling (säurereich), ein dreiviertel Jahr nach der Ernte abgefüllt. Das zweite ein Bordeaux aus dem Médoc (Rotwein mit hohem Cabernet-Sauvignon-Anteil), erst im zweiten Jahr in die Flasche gekommen.

Langlebige Weine

- **Bedingungen:** geringe Erträge, guter Jahrgang (gesunde, vollreife Trauben), sauber und sorgfältig ausgebaut, bester Korken und optimale Lagerung.
  Weißweine: aus säurereichen Rebsorten wie Riesling, Sauvignon Blanc (Bordeaux, Graves) und Grünem Veltliner (Österreich, Wachau). **Genussalter:** 7 bis 10 Jahre.

- **Rotweine:** gerbstoffreiche, dichte und gehaltvolle Weine – Frankreich: große Bordeaux- und Bourgogne-Weine; Italien: Barolo, Brunello, Chianti Classico; Spanien: Rioja Reserva, Vega Sicilia, Spitzenweine aus Navarra; Neue Welt: Edelweine aus Cabernet-Sauvignon- oder Shiraz-Trauben. **Genussalter:** 8 bis 15 Jahre.

Beide liegen nun ruhig da und sind noch nicht besonders munter. Der Füllschock hält noch etwa sechs Monate an, beim Riesling etwas kürzer, beim Bordeaux eher etwas länger. In dieser Zeit schmecken sie fast dumpf und wenig vielfältig. Danach werden beide munter und unruhig, sie plappern und fangen zu laufen an. In der Flasche beginnen sich die Aromen zu entwickeln, die bis jetzt an Zuckerstoffe gebunden und fast geruchlos waren. Unser Riesling riecht etwa nach einem Jahr kräftig nach Pfirsichen, Birnen und Aprikosen. Gleichzeitig tritt seine Säure viel deutlicher in den Vordergrund, sie fängt an zu prickeln und wird knackiger. Dieser Säureaufbau dauert noch einige Zeit an. Beim Bordeaux geht's langsamer, er wird erst nach zwei Jahren aufgeweckter und duftet nach reifen Brombeeren, schwarzen Johannisbeeren und Kirschen. Im Mund wirkt er süß wie Beerensaft, aber auch rau und rauchig.

Beim nächsten Geburtstag haben beide deutliche Fortschritte gemacht. Unser Riesling, jetzt zwei Jahre alt, schmeckt runder mit ein paar Exoten wie Litschis und Ananas, die Säure ist immer noch markant, aber irgendwie wirkt er trotzdem recht schlacksig. Süße und Säure haben noch nicht richtig zusammengefunden. Der dreijährige Bordeaux hat noch ein paar mehr Aromen entwickelt, wie Leder, Teer und Ruß, aber auch Herbe nachgelegt, er zieht den Mund heftig zusammen.

Ja, sie brauchen halt doch ihre Zeit. Aber im nächsten Jahr, da machen sie schon richtig Freude. Beide sind aufgeschlossen und zugänglich, das Trinken wird zum Vergnügen. Der Riesling hat nun einen schönen Honigton, schmeckt erdig und mineralisch, die Säure ist kraftvoll, aber deutlich weicher. Der Bordeaux hat weiter an fruchtigem Geschmack gewonnen, ein bisschen Marzipan und feine Holznoten sind intensiver geworden. Tannine sind weicher und kratzen nicht mehr so. Beide Weine sind in ihrer schönsten Fruchtphase, die etwa zwei Jahre anhält.

Die Verschlussphase

Doch dann kommt's! Die Pubertät bricht an und beide werden unzugänglich, sie verschließen sich und machen keinen Spaß mehr. Nein, das ist kein Weinmärchen, das trifft fast jeden Wein, den einen früher, den anderen später. Trockene Weißweine machen zwischen dem dritten und vierten, Rotweine etwa ab dem vierten Jahr zu. Beim Testen wirken sie wenig ansprechend, auf der einen Seite ist von der Frucht nicht mehr viel zu spüren, auf der anderen Seite sind da prägnant weniger angenehme Tannine sowie eine bissige Säure. Sie wirken dünn und flach, manche tun so, als ob sie gar nicht da wären. Was tun, wegschütten? Nein, abwarten.

Beim Trinken von einem vier bis sieben Jahre alten, nicht gerade toll schmeckenden Wein, immer daran denken: Er könnte gerade verschlossen sein. Die Pubertät kann bei beiden Weinen drei oder auch fünf Jahre anhalten. In dieser Zeit wandelt sich der beerige Traubengeschmack in vielschichtigere Aromen um, die deutlicher die Herkunft, das »Terroir«, erkennen lassen. Die Tannine werden weicher, die vorher hölzernen Fasstöne feiner. Im Idealfall erreicht ein Wein während dieser Zeit die perfekte Ausgewogenheit aller Bestandteile. Aber bitte nicht darauf verlassen! Nicht aus jedem hässlichen Entlein wird hinterher ein stolzer Schwan. Nur hochwertige Weine entwickeln sich so.

Aber wir haben ja anständige Kinder, die ordentlich heranreifen. Unser Riesling beginnt sich nach etwa fünf, unser Bordeaux nach acht Jahren wieder zu öffnen. Dann riecht der Riesling wieder nach Aprikosen und Honig, ist goldgelber geworden und schmeckt fest und pikant, bekommt eine leicht harzige Note, die ältere Weine kennzeichnet. Der Bordeaux duftet intensiv nach gekochten Früchten und Kompott, der Geschmack ist wieder da, vielschichtig, kräftig, dick und rund, ohne fett zu sein. Die Tannine sind weich und harmonisch, der Wein wirkt elegant, der Nachgeschmack hält ewig an. Diese Phase dauert bei einem guten Riesling noch fünf, bei einem Bordeaux gut zehn Jahre.

Danach geht's bergab. Der Riesling wird orangegelb, riecht stärker nach geschnittenen, überreifen Äpfeln und Petroleum oder Bohnerwachs, schmeckt ölig-süß und klebrig. Der Bordeaux wird matt und müde, die Farbe spielt mehr ins Bräunliche, Geruch und Geschmack erinnern an Pilze, Likör und überreife Äpfel. Die fruchtige Note zerfällt, wirkt leicht morschig und ausgezehrt.

Ein Keller-buch muss her

Auch wer keinen Keller hat, braucht ein Keller-buch. Ein bisschen Ordnung muss schon sein.

Spätestens bei 15 Sorten Wein fängt es an, unübersichtlich zu werden. Da weiß man nicht mehr so genau, wann man eine Flasche gekauft hat oder wie teuer sie war. Deswegen: bereits beim Einschichten der Vorräte ein System überlegen. Damit nicht jedesmal, wenn ein Fläschchen weg kommt, der ganze Stapel neu geordnet werden muss. Zu viel Umpacken und Rütteln gefällt dem Wein überhaupt nicht, empfindliche büßen dabei eine Zeit lang an Charme und Aromen ein.

Also erst einmal Ordnung schaffen beim Weinvorrat. Am besten die Flaschen, die noch eine Weile liegen sollen, nach unten verfrachten, die gleich zu trinkenden ganz nach oben. Dabei vielleicht zudem nach Ländern sortieren – Europa nach links, Neue Welt nach rechts. Oder so ähnlich. Ebenfalls gar nicht übel: Weiß- und Rotweine trennen. Weißweine sollen ja nicht so alt werden, Rotweine kann man eher liegen lassen.

Und was noch weiterhilft: die Weine so zu kennzeichnen, dass man sie nicht aus dem Regal ziehen muss, um das Etikett lesen zu können. Praktisch sind da die runden Selbstklebeetiketten in verschiedenen Farben, die optimal auf die Hülsen oben am Flaschenhals passen. Rote für Rotwein, gelbe für Weißwein. Das lässt sich natürlich noch erweitern: rote für länger lagerfähige, blaue für jung zu trinkende Rotweine. Weiße für Weißweine, die schnell weg müssen, gelbe für solche, die noch etwas liegen dürfen. Eine Zusatzinfo auf den Aufklebern kann nützlich sein: Kaufdatum (Monat, Jahr) und Preis. Angenommen Freunde kommen zufällig auf 'nen Sprung vorbei, kann man ihnen ruck-zuck den passenden Wein – nicht zu teuer, sofort trinkbar – zur Erfrischung anbieten.

Schwarz auf Weiß

Prima, wir haben jetzt ein System in unserer Sammlung. Wofür soll ein Kellerbuch dann noch gut sein? Um auf einen Blick zu wissen, wie viel von welchen Weinen da ist, wo die Flaschen gekauft wurden, wie viel man dafür bezahlt hat. Wie die bisher getrunkenen geschmeckt haben, wozu man sie getrunken hat und ob sie gut oder weniger gut dazu gepasst haben. Ob man sie wieder kaufen würde, wie sie sich im Lauf der Zeit entwickelt haben, ob der nächste Jahrgang genau so gut oder schlechter war, ob der Wein Erbtante Luise geschmeckt hat oder nicht, ob Freundin oder Freund gesagt haben »iiiih, der Essig ist nichts für mich«, ob der Wein seinen Preis wert oder zu teuer war, ob die Flaschen vom Supermarkt besser sind als die vom Weinhändler ...

Danke, genug. Es gibt anscheinend doch eine Menge, was außer dem Geschmack noch zu einem Wein zu vermerken wäre. Fangen wir trotzdem ganz klein an. Wer ein gutes Gedächtnis und nur einige Weinsorten zu überschauen hat, ist schon mit einer großen Schiefertafel in der Küche gut bedient. Da stehen dann alle Vorräte darauf, die verbleibende Menge kann ganz leicht korrigiert werden. Und ein bisschen Platz dafür, wozu sie gut passen und wer sie schon mitgetrunken hat, ist auch noch da.

Nächste Stufe: ein Karteikasten mit Karten oder ein kleiner Ringordner (kleine Schulheftgröße genügt völlig) mit Einheftblättern. Für jeden Wein eine Karte oder ein Blatt. Lässt sich leicht ein- oder umsortieren. Und man kann, wenn man will, das abgelöste Weinetikett aufkleben (was heute leider bei

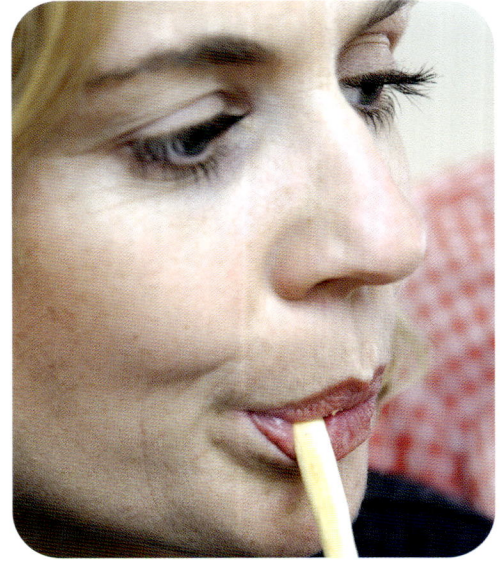

wasserfest verklebten Etiketten kaum noch möglich ist). Registerkarten erleichtern die Ordnung, z.B. nach Regionen von Ahr bis Zimbabwe (äh, gibt's da nicht nur Honigwein?).

Ein Raster für Notizen

Was man alles zu einem Wein notieren könnte? Hier auf einen Blick ein paar Tipps:

- Land und Region
- Rot-, Weiß-, Rosé-, Schaum-, Dessertwein
- Weinbezeichnung und Jahrgang
- Rebsorte oder -sorten (wenn bekannt)
- Winzer oder Kellerei
- Flascheninhalt, Alkoholgehalt, beste Trinktemperatur
- Analysenwerte (Restzucker, Säure, Extraktgehalt)
- Wo und wann gekauft, wie viel dafür bezahlt, Wertsteigerung
- Wie viele Flaschen (noch) da sind
- Wo sie liegen
- Wie lange sich (vermutlich) der Wein hält

- Notizen beim Probieren (Farbe, Duft, Geschmack)
- Bewertung (Punkte, Noten oder Sternchen)
- Preis-Leistungs-Verhältnis
- Wozu der Wein passt (zu welchem Gericht getrunken, hat er geschmeckt oder war er weniger passend)
- Mit wen getrunken, wie ist er aufgenommen worden
- Anmerkungen zu Wein, Winzer, Lage, Jahrgang

Weine, die gerade im Vorrat sind, könnte man mit Post-it kennzeichnen. Farbe entsprechend den Kapselaufklebern. Es lohnt sich, zu jedem Wein Notizen zu machen. Sogar wenn er ein unbedeutendes Weinchen ist. Oft stößt man wieder auf einen Wein vom gleichen Erzeuger und stellt fest, siehe da, der ist ja besser geworden. Oder schlechter.

Ganz wichtig sind die Notizen, wenn eine ganze Kiste eines Weins im Keller steht und das Probieren über eine längere Zeit geht. Da wird es richtig spannend, wie sich ein Wein entwickelt. Dabei können die Notizen gar nicht ausführlich genug sein, nur so sind die Veränderungen wirklich zu erkennen. Und ist mal ein richtig guter Wein dabei gewesen, kann man sich den mit seinem Kellerbuch immer wieder in Erinnerung rufen.

Keller im Computer

Mit wachsender Flaschenzahl – und vor allem, wenn sich einige Rotweine angesammelt haben, die noch lagern müssen – wird ein handgeschriebenes Kellerbuch rasch recht unübersichtlich. Viel praktischer und heute fast jedem möglich: eine Datenbank im Computer. Zur elektronischen Weinverwaltung gibt es im Softwarehandel oder Internet eine ganze Reihe von Programmen. Allerdings sind die oft überfrachtet mit Feldern, die nicht jeder braucht oder die zu wenig Platz für eigene Extra-Informationen haben. Außerdem laufen sie fast nur auf Windows-Computern.

Jetzt verzweifelt sein? Computer-Kellerbuch ade? Oh, nicht doch. Wer ein bisschen geschickt ist, legt sich ein einfaches Datenbankprogramm zu (z. B. Filemaker oder eine Tabellenkalkulation mit Datenbank) und richtet es sich selbst ein. Wie es aufgebaut sein könnte? An die Vorschläge beim Wein-Notiz-Raster halten. So eine selbst gebastelte Datenbank hat schon Vorteile. Zum einen ist sie wirklich auf die eigenen Bedürfnisse abgestimmt, und sollten die sich ändern, kann sie zum anderen schnell entsprechend anpasst werden.

Kauftipps Software

→ Läuft das Programm auf meinem Computer? Und gibt es eine Demoversion zum Testen?

Sind für alle wichtigen Punkte Felder vorgesehen?

Nach welchen Kriterien kann ich selektieren?

Ist eine Textausgabe möglich (zur Übernahme in ein anderes Datenbankprogramm)?

Sind Auswertungen (alle Weine aus dem Roussillon, die nach getrockneten Bananen riechen) möglich?

Kann ich Textfelder (z. B. die Probennotizen) nach mehreren Begriffen durchsuchen (»Johannisbeeren« und »schwarzer Gummi«)?

Gibt es Hilfe bei Problemen? Wird das Programm weiterentwickelt?

Hilfe gibt's im Internet. Passende Adressen stehen auf Seite 157.

Wie Profis Weine bewerten

Nicht jeder probiert Wein nur zum Vergnügen.
Für manche ist das richtig harte Arbeit.

Dass man einen Wein nicht still vergnügt wegsüffelt, sondern ihn degustiert oder verkostet, dafür gibt es drei Anlässe. Zum einen die Kontrollprobe eines Weins durch Fachleute, die prüfen, ob der Wein ohne erkennbare Mängel oder Fehler ist, ehe er in den Handel kommt. Dann die Weinvergleiche und Wettbewerbe, die klären wollen, welcher Wein einer Reihe der beste ist. Kennt man von Weinzeitschriften, »der Wein hat 96 Punkte«, was meint, der Wein ist Spitzenklasse. Der dritte Anlass ist für uns persönlich der wichtigste: der Geschmack. Das ist eine subjektive Bewertung, die in den anderen beiden Fällen nicht erlaubt ist.

Sachlich und verdeckt

Richtig anstrengende Proben sind die Qualitätsweinprüfungen, bei denen festgestellt werden muss, ob ein Wein fehlerfrei und genießbar ist. Nur dann bekommt er eine »amtliche« oder »staatliche Prüfnummer«, die auf deutschen und österreichischen Weinetiketten angegeben ist. In anderen Ländern sagt die »kontrollierte Ursprungsbezeichnung«, dass der Wein geschmacksgeprüft ist. Die Prüfung durch Profitester ist nur der Abschluss einer Reihe von Bedingungen, die ein Weinbaubetrieb erst einmal erfüllen muss, damit er überhaupt seine Weine anmelden kann. Klar, dass die Prüfer geschult

und trainiert sein müssen, neutral und sachlich dem Prüfprodukt, dem Wein, gegenüberzustehen. Die Probe ist alles andere als gesellig, jeder sitzt allein vor seinen Gläsern, bei denen er nicht weiß, was darin ist. Die Flaschen sind verhüllt, das Etikett könnte die Meinung zu einem Wein beeinflussen. »Verdeckte Probe« heißt das. Was der Prüfer aber doch weiß: ob es sich um einen Riesling oder einen Müller-Thurgau, einen einfachen Qualitätswein oder eine Spätlese handelt. Sonst könnte er nicht beurteilen, ob der Glasinhalt dem Weintyp entspricht oder nicht. 60 bis 80 Weine sind oft zu verkosten, da kann man nicht mehr genießen, da muss probiert und ausgespuckt werden. Sonst wäre spätestens nach dem zehnten Wein das Urteilsvermögen getrübt. Auch die Prüfungen für die Weinprämierungen in aller Welt verlaufen immer nach dem gleichen Schema.

Von Punkt zu Punkt

Beurteilt wird nach der klassischen Abfolge – Aussehen und Farbe, Duft, Geschmack. Dazu kommt noch der Gesamteindruck. Das hört sich doch ganz vertraut an, aber so einfach wie wir als Weinfreunde haben es die Profis, die deutsche Qualitätsweine prüfen müssen, nicht. Die Prüfmerkmale sind insgesamt in

zehn spezielle Eigenschaften unterteilt, die einzeln bewertet und benotet werden müssen. Das erste Kriterium ist noch einfach:

• **Klarheit:** Ist der Wein klar oder nicht (mit »Ja« oder »Nein« zu beantworten)?

Die nächsten Eigenschaften müssen nun mit einer Punktzahl zwischen 1 (ganz schlecht, starker Fehler) und 5 (Ideal erreicht, Klasse!) bewertet werden. Diese Punktzahl wird mit einem Gewichtungsfaktor multipliziert, der die Bedeutung des Kriteriums für das endgültige Urteil angibt:

• **Farbton:** Entspricht er der Rebsorte, der Weinart und dem Alter? Ist er untypisch oder ist er so, wie es sich gehört? Faktor: 1.

• **Farbintensität:** Entspricht sie den Erwartungen an Rebsorte, Weinart und Alter? Oder ist ein Weißwein zu blass oder zu bräunlich, ein Rotwein zu wenig oder auffällig dunkel gefärbt? Faktor: 1.

• **Reintönigkeit im Duft:** Sind Fehlgerüche durch die Weinbereitung zu erkennen? Z.B. ein Geruch nach Sauerkraut oder Geranien, Bittermandeln oder Kork, Schimmel oder Kunststoff? Riecht der Wein stechend oder faulig, muffig oder ältlich? Faktor: 2.

• **Aromenausprägung:** Damit ist die Stärke, Intensität und der Charakter des Aromas gemeint, das ein Wein haben müsste. Die Bewertung reicht von wenig aromatisch bis zu vielfältig. Schlechte Noten gibt's bei der Frage: »Was soll denn das für eine Rebsorte sein?« Faktor: 3.

• **Aromenvielfalt:** Bezieht sich auf die Aromen, die durch die Rebsorte und die Weinbereitung entstanden sind. Ist der Weinduft reich und differenziert oder ist es eher ein Schmalspurwein? Sind die Aromen wenig oder zu sehr ausgeprägt oder gar weinfremd? Faktor: 3.

• **Reintönigkeit im Geschmack:** Ist der Wein auf der Zunge in Ordnung oder sind irgendwelche Fremd- oder Fehltöne zu spüren, die im Wein nichts zu suchen haben? Z.B. wenn er ältlich oder seifig, nach Salz-gurkenwasser oder nassem Karton schmeckt. Faktor: 2.

• **Abstimmung im Geschmack:** Das ist die Harmonie, die sich aus Süße und Säure, Gerbstoffen und Alkoholgehalt bei einem guten Wein ergibt. Tritt einer dieser Inhaltsstoffe zu sehr in den Vordergrund, ist es mit der Harmonie vorbei. Zu viel Süße oder Säure oder zu wenig davon, zu bittere oder zusammenziehende Tannine führen zum Punktabzug. Faktor: 2.

• **Körper:** Ein Wein kann vollschlank oder mager, üppig oder dünn sein. Gemeint ist das Gefühl von Fülle, die er im Mund verursacht. Hat viel mit dem Extrakt zu tun – das sind die Stoffe im Wein, die zurückbleiben, wenn Wasser und Alkohol entfernt werden. »Körper« meint aber auch die Aromaentwicklung, wenn man den Wein ein bisschen im Mund lässt und kräftig durch die Nase ein- und ausatmet. Dann kann ein Wein zu leicht oder extraktarm, aber auch zu voluminös und fett wirken. Hat er zu viel Kohlensäure, wirkt er scharf und bitzelnd, hat er zu wenig, scheint er müde und matt zu sein. Faktor: 2.

• **Nachhaltigkeit:** Wie lange hält der Geschmackseindruck im Mund (nach dem Ausspucken) noch an? Verfliegt er in Sekunden oder bleibt er minutenlang auf der Zunge und im Gaumen haften? Faktor: 2.

• **Zusammenspiel:** Das Resümee von Aussehen, Geruch und Geschmack. Harmoniert alles, so ist der Wein typisch für die Rebsorte, Qualitätsstufe und Jahrgang. Faktor: 2.

Der Kandidat hat 100 Punkte

Die einzelnen Merkmale müssen nach Prüfschema nacheinander beurteilt und benotet werden. Plaudern und Spicken sind nicht erlaubt, jeder muss sich selbst ein Urteil bilden. Nach dieser Methode kann ein Superklasse-Überhammerwein 100 Punkte bekommen. Genau wie bei einem gewissen Mister Parker, der ebenfalls bis 100 Punkte vergibt (siehe Seite 72). Zufall? Nein, Annäherung des neuen deutschen Prüfverfahrens an die international üblichen Bewertungsmethoden. Allerdings bekommt bei Parker jeder Wein von vornherein schon mal gutmütig 50 Punkte allein für die Teilnahme, beim deutschen Prüfverfahren ist das nicht so.

Eine Probe aufs Exempel. Persönliche Beurteilung eines Gewürztraminers Spätlese trocken von einem Pfälzer Winzer, der für diesen Wein eine Goldmedaille bekam:

Klarheit:	in Ordnung
Farbton:	goldgelb, typisch, 5 Punkte mal 1 = 5
Farbintensität:	kräftig, entsprechend, 5 Punkte mal 1 = 5
Reintönigkeit im Duft:	Rosen, Veilchen, Ananas, irgendwie noch ein Hauch von nassen Lumpen, 4 Punkte mal 2 = 8
Aromenausprägung:	typisch, intensiv, etwas breit, 4 Punkte mal 3 = 12
Aromenvielfalt:	differenziert, exotische Früchte, Muskat, 5 Punkte mal 3 = 15
Reintönigkeit im Geschmack:	in Ordnung, etwas Terpentin, 4 Punkte mal 2 = 8
Abstimmung im Geschmack:	etwas zu breit und weich, Süße überwiegt, 4 Punkte mal 2 = 8
Körper:	voller, dicker Honigsack, sehr viel Extrakt, es fehlt etwas das Filigrane, Elegante, 4 Punkte mal 2 = 8
Nachhaltigkeit:	bleibt lange im Mund, 5 Punkte mal 2 = 10
Zusammenspiel:	nach einiger Zeit im offenen Glas fällt er auseinander, vorn Süße, Mitte etwas Säure, hinten wieder gelbe Honigsüße, wird flach wie ein Keks, 3 Punkte mal 2 = 6

Macht 85 Punkte. Nach Parker »ein hochwertiger Wein mit Frucht und Substanz, gut bis sehr gut«. Die Prüfungskommission (objektiv) befand: Ein Wein bis zur völligen Perfektion! Persönliche Verkostung (subjektiv): Goldmedaille ist übertrieben oder der Wein hat sich seit der Medaillenvergabe verändert. Fazit: Traue keiner Medaille, außer du vergibst sie selbst.

Profi-Weinprobe
zu Hause

Flaschen sind genügend da, jetzt wird aber endlich eine Weinprobe mit Freunden organisiert. Einmal quer durch den Vorrat oder wie?

Ein paar Flaschen aufmachen und den Inhalt testen, soll natürlich vor allem Spaß machen. Und das tut's, wenn die Probe lustig ist. Aber nicht lustig vom Alkohol, sondern weil sie gut organisiert und unterhaltsam gestaltet ist. Also nichts Bierernstes draus machen, sondern schlicht durchs Testen die Weinkenntnisse erweitern. Vorher richtig planen. Bei der Auswahl der Freunde nicht nur die angehenden Weinliebhaber einbeziehen, sondern ebenso Viertel- oder Halbprofis einladen. Die könnten das Wissen erweitern.

Als nächstes ein Motto für die Probe überlegen. Nicht nur »die besten Supermarkt-Weine«, sondern auch Themen wie »aus Alter und Neuer Welt – Cabernet-Sauvignon-Weine«, »Deutschland von Ahr bis Baden« oder »deutsche Rieslinge gegen den Rest der Welt«. Das macht die Sache nicht nur spannender, da kommen auch eher Weine zusammen, die sich wirklich vergleichen und beurteilen lassen. Das setzt aber natürlich voraus, dass man selbst genügend Flaschen für ein solches Thema vorrätig hat. Oder rechtzeitig vor der Probe beschaffen kann.

Wie viel Flaschen?

Ja wie groß ist denn die Mannschaft? Wie viel Flaschen müssen her? Faustregel: sechs bis acht Probierer für sechs bis acht Weine. Viel mehr verderben den Brei, gilt für Leute und Flaschen. Bei mehr Probierern bilden sich eher Tuschelgrüppchen, bei mehr als acht Flaschen wird das Unterscheiden schwieriger. Beim Verhältnis acht zu acht gibt's für jeden Tester eine Flasche. Die aber nicht locker wegtrinken. Es werden Reste zum Nachverkosten (z. B. am nächsten Tag) gebraucht.

Nächste Frage: verdeckte, halb verdeckte oder offene Probe? Bei der verdeckten weiß keine der Gäste, was für einen Wein er gerade vor sich im Glas hat. Die Flaschen sind in Krepphüllen oder Alufolie gepackt. Ganz nettes Ratespiel für Fortgeschrittene, Neulinge können damit weniger anfangen. Halb verdeckte Probe: Alle wissen, welche Weine getestet werden sollen. Der Gastgeber hat vorher eine Liste aller Weine zusammengestellt und verteilt sie vor dem Probieren. Aber welcher Wein gerade im Glas ist, weiß nur einer. Und der sagt's erst hinterher. Beste Methode für Lernbegierige, sich intensiver mit Wein zu beschäftigen. Bei einer offenen Probe weiß jeder, welchen Wein er gerade verkostet. Ist prima, um verschiedene Weine eines Winzers miteinander zu vergleichen. Da weiß man gern, was man im Glas hat. Oder um neue Weine kennen zu lernen.

Die Piraten

Motto festgelegt, Weine besorgt, Freunde geladen (dabei dezent daran erinnert, dass Duftwässerchen den Weingeruch killen). Zusatz-Fun: Ein Gast bringt einen »Piraten« mit. Einen Wein, der irgendwie zum Thema passt, aber aus einer anderen Ecke der Welt stammt oder aus einer völlig anderen Rebsorte gekeltert ist. Die Flasche gut verhüllt auf den Tisch zu den anderen stellen.

Der Pirat wird bei einer halb verdeckten Probe auch nicht auf die Liste gesetzt, so bleibt die Spannung länger erhalten. Was muss noch bereitstehen? Pro Teilnehmer zwei bis drei gleiche Gläser, damit mehrere Weine gleichzeitig probiert werden können, dazu Papier und Schreibgerät. Einige Ge-

Diverse Weinproben

- **Offene Weinprobe:** Die Flaschen sind unverhüllt, jeder weiß, welchen Wein er gerade trinkt.

- **Halb verdeckte Weinprobe:** Die Teilnehmer wissen, welche Weine probiert werden, aber nicht, welchen sie gerade im Glas haben.

- **Verdeckte Weinprobe:** Mit verhüllten Flaschen wird »blind« verkostet.

- **»JLF-Test«:** Wein wird zum Essen probiert. Je leerer eine Flasche ist, desto besser hat der Wein geschmeckt.

- **Vertikalprobe:** Ein bestimmter Wein eines Weingutes wird in mehreren Jahrgängen nebeneinander probiert. Zeigt die Jahrgangsunterschiede zu einem bestimmten Zeitpunkt der Entwicklung an.

fäße, um Reste auszuleeren oder um den Wein ausspucken zu können (gut für Autofahrer). Außerdem viel Mineralwasser und nicht zu frisches Weißbrot, um zwischendurch den Geschmackssinn zu neutralisieren.

So kann's losgehen. Rotweine werden rechtzeitig geöffnet, damit sie atmen können, Weißweine werden entsprechend gekühlt. Nicht gleich mit einer Granate beginnen, zuerst einen leichten Weißwein servieren. Zum Erfrischen und zur ersten Meinungsbildung. Einen leichten Wein oder Sekt sollte man für den Schluss vorsehen, als »Fluchtachterl«.

Von wo nach wo

Eine der schwierigsten Fragen: Womit fange ich an? Welche Weine am Anfang einschänken, welche erst später? Faustregeln: leichte Weine vor schwereren (auf Alkoholgehalt achten), weiße vor roten, junge vor älteren Jahrgängen, trockene vor edelsüßen. Eventuell auch Alte vor Neuer Welt. Bei einem »Flight«, einer Serie von gleichzeitig nebeneinander zu probierenden Weinen, sollten diese möglichst ähnlich und vergleichbar sein. Jeder sollte sich erst einmal allein mit den Weinen beschäftigen und Notizen machen, dann wird ausgetauscht und diskutiert. Eine Runde mit Fortgeschrittenen kann auch die Weine benoten und bepunkten. Prima, wenn sich einer der Teilnehmer bereit erklärt, das Protokoll zu übernehmen und Anmerkungen und Punktwertungen notiert. Nach dem Meinungsaustausch werden die gerade probierten Weine enthüllt. So wird es zwar stets leichter, die übrigen Weine auf der Liste zu erkennen, aber das Ganze soll ja eine vergnügliche Geschichte sein. Ehe die nächsten Weine eingegossen werden, die Gläser mit etwas Wasser ausspülen oder, noch besser, mit einem kleinen Schluck des nächsten Weins ausschwenken (»avinieren«).

Der »Je-leerer-die-Flasche«-Test

Wem diese Art der Weinprobe zu wissenschaftlich vorkommt, kann mal den »JLF-Test« (von einer Weinzeitschrift erfunden) probieren. Prinzip: Beim Essen kann man einen Wein am besten testen. Also Freunde zu Essen und Wein einladen. Das kann ruhig ein ganz einfaches, unkompliziertes Gericht sein. Vielleicht wieder ein nettes Motto wie »Pasta und Chianti Classico« ausdenken. Einen leichten Wein oder Prosecco zum Einstimmen vorweg servieren. Dann die zu testenden Weinflaschen zum Essen auf den Tisch stellen – aber mehr Flaschen als Gäste da sind, es müssen Reste bleiben. Die Flaschen sind nicht verdeckt. Eventuell bekommt jeder noch einen Zettel mit den Probeweinnamen drauf, damit er sich Notizen machen kann. Spielregeln: Jeder muss von jedem Wein einen Schluck probieren, dann kann er seinen Vorlieben ungehemmt nachgehen. Ausgießen oder Ausspucken sind aber verboten! Erlaubt sind dagegen egoistisches Austrinken der Lieblingssorte, lautes Diskutieren und Überzeugenwollen. Am Schluss werden mit einem Zentimetermaß die Weinreste in den Flaschen gemessen. Dann gilt ganz einfach: »JLF« – je leerer die Flasche, umso besser war der Wein. Kein Zweifel, in der leersten muss das beste Tröpfchen gesteckt haben. Zumindest dasjenige, das dieser Runde am besten geschmeckt hat.

Offen oder Karte – Wein im Lokal

Angst vor Weinkarten? Völlig unbegründet, denn die ist wirklich fast genauso einfach zu lesen wie eine Speisenkarte.

Beim Italiener ums Eck gibt's einen offenen Hauswein, der zu Pizza und Pasta passt. Und im Regal ein paar verstaubte Flaschen, von denen anzunehmen ist, dass die Korken beim Herausziehen zerbröseln. Bei einem feinen Restaurant dagegen ist die Auswahl an Weinen so groß, dass ein richtiger Weinprofi, ein Sommelier oder, sofern weiblich, eine Sommelière dem Gast bei der Wahl behilflich ist. Aber selbst wenn einem hier nur die Weinkarte vorgelegt wird, fühlt man sich irgendwie in die Enge getrieben. Mit einer gewissen Strategie lassen sich Service oder Karte überlisten.

Wasser statt Aperitif

Erster Stolperstein auf unserem Weg zum guten Wein fürs Essen ist fast immer die Frage: »Was darf ich ihnen denn als Aperitif bringen?« Ein appetitanregendes Getränk vorweg steht für Genusskultur. Aber Appetit hat man sowieso (der Magen knurrt), sonst wäre man schließlich nicht hier. Wenn man aber Lust drauf hat (oder auch sein fragendes Gegenüber beeindrucken möchte), stehen folgende Bestellmöglichkeiten zur Auswahl: ein trockener Sherry (»bitte mit Eis« ist kein Stilbruch!), Champagner oder Prosecco (die aber ohne süßes Fruchtpüree, denn Süßes sättigt und gehört in die Kategorie Desserts). Campari, Pastis oder Absinth sind zwar sehr beliebt, legen aber für einige Zeit die Geschmacksnerven lahm. Besser: eine große Flasche Mineralwasser ordern. Oder auch ein kleines Pils. Ja, richtig gehört, das ist der ideale Aperitif, herb und durstlöschend. Na gut, vielleicht nicht für jeden, für den einen oder anderen aber doch.

Weine glasweise

Ehe ein Wein ausgesucht wird, sollte die Essensfrage geklärt sein. Wer zu zweit ein Menü genießen will, würde zwar gern zu jedem Gang den passenden Wein trinken, aber keine ganze Flasche davon. Also erst einmal nachsehen, welche offenen Weine angeboten werden. Die stehen in der Weinkarte meist ganz hinten, auf der Tageskarte oder auf einer Tafel an der Wand. Oder die Sommelière oder der Sommelier (wir sagen jetzt der Einfachheit halber Sommel) können weiterhelfen. Ein Weißer zum Fisch, ein Roter zum Schmorfleisch. Aufpassen auf die Gläsergröße: je besser das Lokal, desto kleiner sind sie. Damit der Gast nicht über den Preis erschrickt, werden oft nur 0,1 Liter eingeschänkt. Auch eine Methode, die Preise zu erhöhen. Üblich sind 0,2 Liter, in Weinbaugebieten noch das echte »Viertel« (0,25 Liter). Gute Restaurants bieten auch Klasseweine offen an, bei einfachen ist eher mit einem billigen Zweiliterflaschenwein zu rechnen.

Ein Wein für alle Fälle

Bei einem Zweiermenü wäre denkbar, eine Flasche Wein zu bestellen, die zum ganzen Menü passt. Auf spezielle Empfehlungen achten, die meist außerhalb der Weinkarte zu finden sind. Sie sind selten ein Reinfall und passen, wenn das Restaurant ein Menü empfiehlt, in der Regel auch dazu. Wenn nicht, dann doch die Weinkarte studieren. Erst einmal grob überfliegen. Fast immer sind die Karten nach Weiß, Rot, Rosé und Weinländern sortiert. Je genauer die Angaben zu einem Wein sind, desto besser ist der Wein.

Wenn es heißt »2001er Hochheimer Herrnberg Riesling trocken, Weingut Franz Künstler«, dann ist ein Leckerwein aus dem Rheingau zu erwarten. Steht dagegen da »Pinot Grigio, Italien«, ist mit einem Tröpfchen zu rechnen, das sein Geld nicht wert ist. Apropos Geld: Lokale schlagen auf den Einkaufspreis das Zwei- bis Dreifache drauf, um ihre Unkosten zu finanzieren (sprich: Mischkalkulation, das was über das Essen nicht hereinkommt, muss über den Wein finanziert werden). Bei preiswerten Weinen mehr, bei teuren weniger. Heißt: Teure Weine sind im Restaurant relativ preiswerter als billige.

Wer sich nicht mit der Weinkarte aufhalten will, kann Sommel nach einem passenden Wein fragen. »Können Sie mir einen leichten, jungen Wein empfehlen, der zum ganzen Menü passt?«, sagt deutlich: Ich suche einen preiswerten, nicht zu fülligen Wein und möchte nur eine Flasche trinken! Sonst weiter mit dem Kartenstudium. Steht bei den Weinen eine Beschreibung wie »süffig, körperreich, weinig mit feiner Art«, dann sollte man lieber Bier trinken. Da hat jemand die Beschreibung vom Großhändler geklaut, sich aber nicht sonderlich für die Weine interessiert. Ist dem nicht so, dann erst einmal

Goldregeln im Restaurant

1. Regel: Zuerst eine große Flasche Mineralwasser bestellen, dann die Weinkarte studieren.

2. Regel: Genau hinschauen bei offenen Weinen. Preiswerte sind oft erbärmliche Tropfen, teure könnten Spitzenweine sein, die schon einige Zeit offen sind und abgestanden schmecken.

3. Regel: Auf der Weinkarte die Weine anschauen, die aus dem Land stammen, zu der die Küche des Restaurants tendiert.

4. Regel: Auf Jahrgang achten – Weißweine, die älter als drei Jahre sind, könnten schon müde und Rotweine zwischen vier und sieben Jahren gerade verschlossen sein.

den Jahrgang achten (siehe Seite 112). Ist das Preis-Leistungs-Verhältnis o.k., steht die Entscheidung fest: »Danke, den nehmen wir.« Sollte allerdings ein Vorschlag aus einer wesentlich höheren Preisgruppe kommen, ist doch Misstrauen angesagt. Das könnte ein Kellner sein, der nur viel Umsatz machen will.

Vorhang auf

Mit der Bestellung beginnt nun eine Zeremonie, die zwar gestelzt wirkt, aber sinnvoll ist. Der Wein wird aus dem Keller geholt und ungeöffnet präsentiert. Jetzt heißt es, das Etikett fachmännisch zu studieren. Stimmen Weinbezeichnung und Jahrgang mit den Erinnerungen überein? Jetzt kann man seine Meinung noch ändern und einen anderen Wein aussuchen. Erst nach der Zustimmung wird die Flasche geöffnet. Kann sein, dass Sommel erst am Korken riecht und selbst probiert – ob der Wein fehlerfrei ist. Dann wird einem Gast, üblicherweise dem Besteller, ein kleiner Schluck eingegossen. Kurze Prüfung – profimäßiges Schwenken des Glases, Schnüffeln, Schwenken und Schnüffeln. Duft und Geschmack in Ordnung? Auch Partner probieren lassen, dann dem Sommel zunicken. Falls der Wein fehlerhaft scheint (siehe Seite 98), Sommel um seine Meinung bitten. Er wird bei einer Beanstandung eine neue Flasche holen. Erst wenn der Wein zusagt, wird er einen Rotwein dekantieren und die Gläser füllen, einen Weißwein in einen Kühler stellen. Kann vorkommen, dass sich ein Korkschmecker erst nach einiger Zeit im Glas zeigt. Auch dann beim Sommel melden und sein Urteil einholen. Er tauscht lieber eine angebrochene Flasche um, als einen Gast zu verlieren.

Nun steht dem Genuss nichts mehr im Wege, oder doch? Vielleicht ein übereifriger Kellner, der so oft nachgießt, dass die Flasche schon nach dem zweiten Gang eines Menüs leer zu werden droht. Dann einfach höflich darum bitten, selbst eingießen zu dürfen.

an der Küchennationalität orientieren. Ein gutes Lokal wird den Weinen aus seiner Region besondere Aufmerksamkeit widmen. Wenn das Restaurant deutsche Küche bietet, ist es sicher besser, bei deutschen Weinen als bei den Franzosen nachschauen. Ist sie eher mediterran-italienisch, dann unter der Rubrik »Italien« suchen, bei französischer Cuisine entsprechend nach »Frankreich« durchblättern. Einfache Faustregel: so wie die Küche, so die Weine. Kann man natürlich noch verfeinern, wenn man möchte. Bei einem Ristorante, das sich »La Siciliana« nennt, in der Karte nachschauen, was es an sizilianischen Weinen zu bieten hat. Mit Sicherheit kein Fehlgriff.

Also, Land ist ausgewählt, jetzt Preisgruppe. Einen Wein aussuchen, der etwas weniger kostet, als ich ausgeben möchte. Nun kann Sommel kommen. »Ich habe an diesen Wein gedacht, würde der zum Menü passen?« Damit werden zwei Dinge signalisiert: Ich habe mich für ein Land und eine Preisgruppe entschieden. Jetzt bist du dran, mir in diesem Umfeld etwas zu empfehlen. Entweder die eigene Entscheidung wird nun bestätigt (ihr Gegenüber am Tisch wird tief beeindruckt sein) oder es wird ein Gegenangebot gemacht. Dies liegt vermutlich etwas über dem Preis des selbst ausgesuchten Weins (deshalb auch niedriger anfangen!). Den Wein in der Karte zeigen lassen und auf

Alte Welt oder Neue Welt – was ist besser? Zwei Meinungen dazu:

Pro Neue Welt

»Weine aus Australien und Neuseeland, Kalifornien, Chile, Argentinien und Südafrika mischen seit zwei Jahrzehnten die Weinwelt auf. Dass sie bei Vergleichsproben mit Alte-Welt-Weinen als Sieger hervorgingen, zeigt, was Weintrinker wollen – kraftvolle und zugängliche Weine, in denen die Trauben zu riechen und zu schmecken sind. Die sofortigen Genuss garantieren und nicht erst nach einem Jahrzehnt.

Überseeweine sind längst keine Kopien von europäischen Weinen mehr. Ein Shiraz aus Australien hat mit einem Syrah von der oberen Rhône nichts gemein, sondern ist ein eigenständiger Roter, süß, üppig und schokoladig. Die Qualität im Glas ist entscheidend, und die ist bei Weinen aus der Neuen Welt Jahr für Jahr beständig.

Wo kommt denn Parmaschinken her? Aus der Po-Ebene, aus Süditalien, aus Deutschland? Interessiert nicht, Hauptsache der Schinken ist Klasse? Warum kümmert uns dann die Herkunft des Weines? Das Grundprodukt ist die Traube, und die muss gut, gesund und reif sein. Der Rest ist Verfeinerung, Verbindung von solidem Handwerk und Kunst. Und ein bisschen Experimentierfreude beim Ausbau.

Wer neue technische Methoden ablehnt, verkennt dabei, dass durch sie das Risiko, zuletzt einen schlechten Wein im Fass zu haben, geringer geworden ist. Auch die NW-Weine, die in großen Mengen hergestellt werden, sind erstaunlich gut. Die Herstellung von Wein ist eine Wissenschaft. Deshalb sind dafür Wissenschaftler nötig und keine Holzfassromantiker.

Und wenn der Wein mit Holzchips gewürzt wird, so ist er deswegen nicht giftig. Die Perfektionisten unter den Winzern der Neuen wie der Alten Welt arbeiten heute mit gleichen Methoden und erzeugen Weine, die absolute Spitze sind. Die einen leichter zugänglich, aber deswegen nicht schlechter.«

Pro Alte Welt

»Warum besinnen sich immer mehr Winzer der Neuen Welt auf die Traditionen der Alten? Weil die Arbeiten im Weinberg und im Keller in Europa über viele Generationen entwickelt, erprobt und verfeinert worden sind. Die Qualität entsteht im Weinberg und nicht in der Weinfabrik. Jeder Winzer pflegt seine Rebstöcke, damit sie Kraft und Aroma aus dem Boden ziehen und dem Wein die Terroirnote mitgeben. Gute Trauben sind für ihn die Voraussetzung für einen guten Wein.

Wer für Industrieweine von einem Farmer, der neben Zwiebeln und Mais auch noch Weinreben anbaut, die Trauben tonnenweise einkauft und quer durch den Kontinent transportieren lässt, muss bei der Verarbeitung mehr auf Kellertechnik setzen, stärker schwefeln, schärfer klären und filtern, den Most mit Chips würzen und zusätzlich konzentrieren.

Können so erstklassige Weine entstehen? Die weltbesten Weine gibt es dort, wo die Reben leiden müssen, damit die Beeren feine Aromen entwickeln. Diese Weine sind elegant, vielschichtig, zartgliedrig. Wo Trauben wie Tomaten auf Ertrag angebaut werden, muss man eben mit anderen Methoden dafür sorgen, dass Aromenknaller entstehen.

Leider gibt's auch Alte-Welt-Winzer, die Winemaker werden und internationale Weine produzieren, die dem Geschmack konfitürensüchtiger Weintrinker entsprechen. Mich schüttelt es, wenn ich »ein Weinland im Aufbruch« lese. Dann weiß ich schon, hier werden wieder Neue-Welt-Kopien produziert.

Aber genauso gibt es Dickschädel, die auf Tradition setzen, die ihre Reben klein halten, die Trauben richtig reifen lassen und handverlesen. Die statt Stahltanks große Holzfässer einsetzen, die stolz darauf sind, mit weinbergseigenen Hefen individuelle Weine zu erzeugen. Das sind keine Massen-Alltagsweine, aber jede Woche hat auch einen Sonntag.«

Kultweine

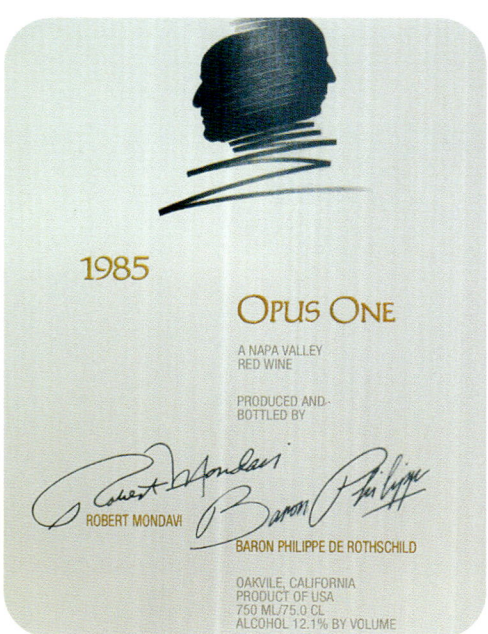

Barolo

Das ist: ein DOCG-Rotwein aus dem Piemont (Italien), Provinz Cuneo.

Das schmecke ich: trockener, strenger und trotzdem samtiger Wein. Duft von welkenden Rosen und Veilchen, rauchiger Geschmack über einer tiefen Süße. Erinnert an Himbeeren, Kirschen und Kirschkompott, Leder und Gewürze. Bei älteren Barolos kommen Noten von Pilzen oder Trüffel, Weihrauch oder Teer dazu.

Das will ich wissen: einer der teuersten und vornehmsten Weine Italiens aus Nebbiolo-Trauben der Unterarten Michet, Lampia und Rosè. Seit dem Jahrgang 1998 wird er seinem Ruf wieder gerecht, vorher »Durchhänger«. Normaler Barolo muss zwei Jahre, ein Riserva vier Jahre im Eichen- oder Kastanienholzfass lagern. Braucht lange Flaschenreife, bis er trinkbar ist, ein sehr guter zehn bis zwölf Jahre. Mittelmäßige sollten höchstens zehn Jahre alt werden.

Ist ähnlich: Barbaresco (gleiche Rebsorte, gleiches Gebiet), leichter zugänglich, fast genauso teuer. Ein »Nebbiolo delle Langhe« ist ein Barolo oder Barbaresco, der den hohen Anforderungen nicht ganz genügt, aber immer noch sehr gut sein kann.

Penfolds Grange

Das ist: ein Rotwein aus Südaustralien (Barossa-Valley), von Penfolds produziert.

Das schmecke ich: ein massiger, massiver Wein mit konzentrierten Beerenaromen, kernigen Tanninen und dem Kokos-Vanille-Aroma der Eichenholzfässer.

Das will ich wissen: seit 1951 von Penfolds hergestellt, ist aber nicht der einzige Wein des Gutes. Rebsorte Shiraz (Syrah), hieß früher »Grange Hermitage«, seit 1986 nur noch »Grange«. 1995 wurde der »Grange 1990« von amerikanischen Weintestern zum Wein des Jahres gewählt. Ein monumentaler Wein, der traditionell hergestellt wird und zwei Jahre in Fässern reift. Erst nach zehn Jahren trinkbar, kann aber bis 30 Jahre im Keller verweilen. Amerikanische Eichenfässer und der Kalimna-Weinberg mit seinen uralten, ertragsschwachen Shiraz-Reben (und zugekauften Trauben anderer Weinbauern) sind die Geheimnisse des Grange.

Ist ähnlich: »Magill Estate«, ein Shiraz aus dem alten Grange-Weinberg in Magill, »Penfolds Shiraz Cabernet« als preiswerte »Volksversion« zum Reinschmecken.

Opus One

Das ist: ein Kultwein von Mondavi (Napa Valley, Kalifornien) und Mouton-Rothschild, Amerikas teuerster Rotwein.

Das schmecke ich: reinrassiger Bordeaux-Wein aus der Neuen Welt, dichtes Traubenaroma mit feinen Tanninen, vielschichtiger Duft, alle Geschmackseindrücke sehr ausgewogen, lang anhaltender Nachgeschmack.

Das will ich wissen: Das Weingut »Opus One« wurde 1979 von Robert Mondavi und Baron Philippe de Rothschild (Château Mouton-Rothschild) gegründet, der Anteil des Barons wurde 1988 von seiner Tochter Philippine übernommen. Das Gut produziert nur diesen Wein, eine Cuvée aus überwiegend Cabernet-Sauvignon-Trauben, dazu etwas Cabernet Franc, Merlot, Petit Verdot und Malbec von 110 Hektar guteigenen Weinbergen sowie zugekauften Trauben. Ausbau in Edelstahl und Bottichen, dann bis zu zwei Jahren in neuen französischen Barriques. Nach vier Jahren probierbar, jahrzehntelang lagerfähig.

Ist ähnlich: ganz große Cabernet-Sauvignon-Weine aus dem Bordeaux (Château Margaux und Co.).

Petrus

Das ist: ein Rotwein aus Pomerol (Bordeaux), der teuerste und rarste Wein der Welt.

Das schmecke ich: voller, kräftiger und tief-dunkler Wein mit üppigem Geschmack nach schwarzen Johannisbeeren, Lakritze, Schoko-lade und Gewürzen. Ein Duft, der zum stun-denlangen Schnüffeln verführt und ein sehr lang anhaltender Nachgeschmack.

Das will ich wissen: ein Rotwein, zu 95 Pro-zent aus der Rebsorte Merlot gekeltert. Die uralten Reben wachsen auf schwerem Lehm-boden mit hohem Mineralgehalt, werden bi-odynamisch gepflegt. Der Wein wird in neuen Eichenbarriques etwa zwei Jahre lang ausge-baut und nicht filtriert. Kurios: Petrus wurde bei der Güteklassifizierung im Jahr 1855 nicht bewertet, ist also weder ein »Premier Cru« noch ein »Grand Cru«, ja nicht einmal ein »Château«, sondern einfach nur »Petrus«. Nach etwa 15 Jahren trinkreif.

Ist ähnlich: Merlot-Weine aus dem Médoc (Bordeaux) wie »Château Chasse-Spleen« oder »Château Maucaillou«, »Merlot Oak-ville« von Robert Mondavi.

Vega-Sicilia »Unico«

Das ist: der beste Rotwein Spaniens aus der Ribera del Duero (Kastilien-León).

Das schmecke ich: füllig, elegant, sehr fest und tanninreich. Tiefgründig und bordeaux-ähnlich, nach Pflaumen, Waldbeeren, Tabak und Gewürzen.

Das will ich wissen: Der »Unico« wird nur aus den allerbesten Trauben produziert, die guten werden zum »Valbuena« (sozusagen dem Zweitwein) ausgebaut, aber auch der ist ein Spitzenwein. Die Weinstöcke (vor allem Tinto Fino/Tempranillo, Cabernet-Sauvignon und andere) wachsen auf einem Gelände, das früher einem Gut »Vega de Santa Cecilia« gehörte. Daraus entstand der heutige Name. Der Unico wird nur aus Vorlaufmost (also dem Saft, der aus zerkleinerten Beeren ohne Pressung abläuft) gewonnen, gärt erst in Edelstahl, dann in großen Eichenholzfässern. Früher reifte der Wein bis zu sieben Jahren im Holzfass, heute wird er nach vier Jahren auf Flaschen gefüllt, kommt aber erst nach zehn bis 20 Jahren in den Handel und ist dann noch 20 Jahre und mehr auf dem Höhepunkt.

Ist ähnlich: »Tinto Pesquera« aus dem glei-chen Gebiet (ab Jahrgang 2001).

Romanée-Conti

Das ist: ein Rotwein von der Côte de Nuits aus dem Burgund (Bourgogne, Frankreich), Rebsorte Pinot Noir. Grands Crus (die besten) erkennt man an der Angabe der Lage wie »Romanée-Conti« oder »La Tâche«.

Das schmecke ich: im Alter ein komplexer, fülliger und verführerischer Wein, warm und rassig zugleich, süß und fleischig, nach Him-beeren mit Noten von Rauch und Toast, Le-der, Waldboden, Trüffel. Weich, auch gereift noch reichlich Tannine, einmalig und großar-tig mundfüllend.

Das will ich wissen: Der Weinname setzt sich aus dem Namen des berühmtesten Weinguts »La Romanée« und der Lage (Cru) »Conti« zusammen. Die Rotweine der Ge-meinde Vosne-Romanée und seiner Nachbar-gemeinde Flagey-Echézeaux gehören zu den besten und teuersten Burgundern der Welt. Romanée-Conti ist eine von sechs Grands Crus bei dem Dorf Vosne. Auch wenn andere Weine von der Côte de Nuits schon nach drei bis vier Jahren in ihrer Jugendphase schön trinkbar sind, zum »feurigen Burgunder« wird dieser erst nach zehn bis 15 Jahren, dann hält er aber nochmals 20 Jahre durch.

Ist ähnlich: sehr guter Bourgogne Pinot Noir von der Côte d'Or.

125

Auf Weinreise durch Österreich & die Schweiz

Den Wein, den die Alpenländer produzieren, trinken sie meist selber. Schade, es sind so viele interessante Originale darunter.

Österreich, das Land in der Mitte Europas, ist nur im Osten ein Weinland. Dort, wo die Alpen in die große Ebene übergehen, die sich über den Neusiedlersee nach Ungarn fortsetzt. Hier heißt der Weinberg »Weingarten« und die Lage »Riede« (werden aber selten auf dem Etikett genannt). Je nach Nähe zu den Nachbarländern ist der Weinbau von drei Völkern mit ihren Vorlieben für Wein inspiriert – im Norden von den Deutschen mit ihrer Gründlichkeit, im Osten von den Ungarn mit ihrem Feuer und im Süden von den Italienern mit ihrer Leichtigkeit.

Wien, Wien, nur du allein

Aber auch etwas Ureigenes hat Österreich zu bieten – eine Hauptstadt, die als einzige der Welt ein eigenes Weinbaugebiet umschließt. Wien mit seinen Weinbergen mitten in Wohngebieten, mit seinen Heurigenschänken in Kahlenberg und Nussdorf, Grinzing und Neustift rechts der Donau, Strebersdorf und Jedlersdorf links der Donau. Es wechseln Schiefer und Mergel, Kalkböden auf der rechten, Lössböden auf der linken Seite der Donau ab, dazu ein warmes trockenes Klima. Das passt dem Grünen Veltliner, der hier die Hauptrolle spielt. Vor allem als »Heuriger«, als junger, frischer Wein, der trocken, lustig und fruchtig daherkommt und mit unverwechselbarer Eigenart den Boden widerspiegelt, auf dem er gewachsen ist. Aber auch Weißburgunder, Müller-Thurgau, Chardonnay und Welschriesling (der nicht

mit dem deutschen Riesling verwandt ist, sondern aus Osteuropa stammt) werden angebaut. Rotwein gibt's auch aus den Rebsorten Zweigelt, St. Laurent und Blauer Portugieser.

Südlich davon die Thermenregion, berühmt durch ihre gehaltvollen »Gumpoldskirchner«, süße Weine aus der Rebsorte Zierfandler, die aber meist mit dem robusteren, säurereicheren Rotgipfler verschnitten und dann »Spätrot« genannt wird. Trotzdem ist es eine Weißweintraube, die ihren Namen von den roten Triebspitzen hat und die, trocken ausgebaut, sehr würzige, gehaltvolle Weine ergibt. Auch eine österreichische Sortenspezialität ist der »Neuburger«, der seinen Namen vom Stift Klosterneuburg erhalten hat und besonders in Gumpoldskirchen sehr gute fruchtige, füllige Weißweine liefert. Weiter südlich, Baden und Bad Vöslau, wieder mehr Rotwein aus Zweigelt und Portugieser, zunehmend mehr Cabernet-Sauvignon und Merlot.

Österreichs Mosel

Nördlich von Wien das Weinviertel mit einfachen Schoppenweinen und interessanten Rotweinen. Westlich davon Donauland und Traisental, Kamptal und Kremstal als vorwiegende Weißweingebiete mit Lehm- und Lössböden, auf denen der Grüne Veltliner würzig-kräftige, »pfeffrige« Weine liefert und die Rieslinge (z.B. von der Riede Heiligenstein) mit deutschen Spitzengewächsen konkurrieren. In Kamptal gibt es aber auch etwas

Rotwein. Schließlich die Wachau, für viele das schönste Weinbaugebiet Österreichs. Hier hat sich die Donau einen engen Weg durch die Berge gegraben und erinnert fast an die Mosel. Auf kleinen Terrassen werden vor allem Grüner Veltliner und Riesling angebaut, die Weine ergeben, die an trockene Mosel- oder Rheingauweine erinnern, aber auch opulent wie weiße Burgunder sein können. Drei eigene Qualitätsstufen haben sich die Wachauer ausgedacht: Steinfeder (leichter Kabinett), Federspiel (kräftiger Kabinett) und Smaragd (Spätlese bis Auslese). Und hier findet man auch Lagenweine wie »Kremser Kögl« oder »Weißenkirchner Ried Steinriegel«.

Südlich und südöstlich von Wien das Burgenland (das kleine Gebiet Carnuntum, das früher zum Weinbaugebiet Donauland gezählt wurde, liegt irgendwo dazwischen und erzeugt vor allem füllige, weiche Rotweine) mit dem berühmten Neusiedlersee, dem größten Steppensee in der Pannonischen Ebene. Die »Puszta Österreichs«, die weit nach Ungarn hinein reicht. Ungarisch-hitzig sind hier das Klima und auch die Weine, vorwiegend Weißweine. Im Herbst gibt die riesige Wasserfläche des Sees ihre im Sommer gespeicherte Wärme ab, es wird subtropisch feucht und dampfig. Der Botrytispilz, der die begehrte Edelfäule hervorruft, gedeiht hier prächtig. Edelsüße Weine wie der »Ruster Ausbruch« aus geschrumpften Beeren sind hier eher die Regel als die Ausnahme. Überhaupt sind die Weine sehr gehaltvoll und mehr süß als trocken – so passen sie am be-

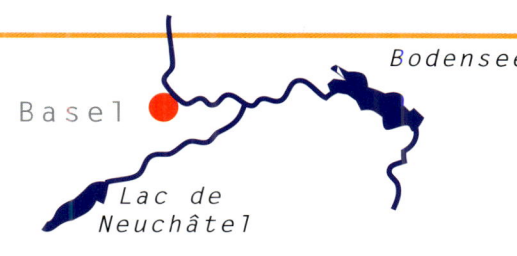

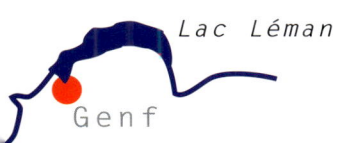

Basel

Bodensee

Lac de Neuchâtel

Lac Léman

Genf

Krems

Wien

Neusiedlersee

sten zu der würzig-üppig-scharfen Küche, wie sie hier bevorzugt wird. Auch gehaltvolle Rotweine liegen im Trend, wobei neben Blaufränkisch, St. Laurent und Zweigelt die internationalen Sorten (Cabernet-Sauvignon, Pinot Noir und Merlot) immer wichtiger werden. Südlich des Neusiedlersees das Mittelburgenland, das »Blaufränkisch-Land«, in dem der Rotwein endgültiger Sieger ist und wo auf sanften Hügeln gewichtige, teilweise auch im Barrique ausgebaute Weine entstehen. Noch weiter südlich, ebenfalls an der Grenze zu Ungarn das idyllische Südburgenland mit meist winzigen Weinbaubetrieben, die mehr Weiß- als Rotwein erzeugen.

Italien ante portas

Weiter Richtung Süden und Italien (auch wenn erst einmal Slowenien vor der Tür liegt). Vom heißen, trockenen Landklima ungarischer Prägung zum feuchtwarmen Mittelmeerklima, vom schweren ungarischen zum leichten norditalienischen Wein. Wir kommen in die Steiermark, die Weinberge mosaikartig und großräumig um die Stadt Graz herum verstreut. Besonders die Südsteiermark macht den Wachauern mit ihren Spitzenweinen heftig Konkurrenz. Heitere, lustige und alkoholarme Weißweine werden aus Welschriesling gekeltert, Sauvignon Blanc und Weißburgunder, Muskateller und vor allem auch Morillon, wie hier der seit über 100 Jahren angebaute Chardonnay genannt wird, ergeben die feinen Weine. Naja, inzwischen heben einige hochgejubelte Stars etwas ab,

aber es gibt zum Glück noch kleine Winzer, die auch keine schlechten Weine machen. Eine Spezialität der Weststeiermark ist der »Schilcher«, ein trockener, fruchtiger Rosé mit kräftiger Säure aus der Rebsorte Blauer Wildbacher.

Schweiz - kleines Land, großer Durst

Ein großer Sprung quer über die weinfreie Alpenregion in die Schweiz. Zwar erzeugt hier fast jeder Kanton ein bisschen Wein, der wird aber im Land selbst getrunken. Beliebt sind Rotweine, vor allem aus der Rebsorte Pinot Noir, die in der Ostschweiz – in der »Bündner Herrschaft« und im Rheintal – durch die warmen Föhnwinde im Herbst ganz ordentlich gedeiht. Die Weißweine aus dieser Gegend sind etwas gewöhnungsbedürftig, bei ihnen wird die Säure durch kräftigen biologischen Säureabbau vermindert, so dass sie oft recht schwammig wirken. Im Süden, an der Grenze zu Italien, liegt das Tessin, ein reines Rotweingebiet, in dem die Merlot-Trauben zu einem aromatischen, kräftigen »Merlot del Ticino« gekeltert werden.

Im Westen zwei Seen, die von Weinbergen gesäumt sind: der Lac de Neuchâtel mit seinem milden Klima, an dessen Ufer vor allem die Chasselas-Rebe gut gedeiht, der aber auch durch seine Rotweine aus Pinot-Noir-Trauben bekannt ist. Und der Genfer See (Lac Léman) mit dem Kanton Waadtland. Wichtigste Rebsorte ist die Chasselas, hier »Dorin« und im Wallis »Fendant« genannt. Im Badischen heißt sie »Gutedel«. Ach so, keine Edelrebe, eher neutrale Weine mit wenig Säure. Hier in der Schweiz bringt sie aber auf guten Böden und bei reduziertem Ertrag erstaunlich charaktervolle Weine hervor. Besonders zwischen Montreux und Lausanne auf einem der wertvollsten Weinberge, dem

Dézaley, einem Steilhang über dem See, der von seiner günstigen Sonnenausrichtung und dem besten Kleinklima profitiert. Östlich davon das obere Rhônetal im Wallis (Valais) mit seinem kräftigen Rotwein »Dôle«, einer Cuvée aus Pinot Noir und Gamay (der Rotweinrebe des Beaujolais). Ein fülliger, erfrischender Wein mit kräftiger Säure (die manchmal etwas spitz wirkt), leicht zugänglich, und von denen man auch gut ein Glas oder zwei mehr trinken kann (dafür aber recht teuer). So sind sie halt, die Schweizer, am liebsten alles selber trinken und wenn etwas hergeben, dann viel Geld dafür nehmen.

127

Auf Weinreise durchs restliche Europa

Im Westen viel Neues, im Osten sieht's eher noch altmodisch aus. Und in der Mitte gibt es nicht nur Retsina.

Schade, die übrigen Weinländer Europas können wir nur noch kurz überfliegen. Ganz im Westen Portugal, »aufstrebendes Weinland«, das gerade versucht, Ordnung in Ausbau und Rebsorten zu bringen. 500 eigene Sorten soll es geben wie der Castelão Frances, auch Periquita genannt. Steckt im Portwein, dem alkoholangereicherten Dessertwein des Dourotals im Norden, und in Rotweinen der Region Alentejo im Süden. Alentejo, das Tal des Tejo mit Sonne und Hitze aber auch frischen Winden vom Atlantik, gehört zu den »modernen« Regionen, in denen junge Winzer dunkle und fruchtbetonte Rotweine produzieren. Das Ribatejo-Gebiet weiter westlich ist eher noch auf dem Weg, die Weine sind schwerfällig und säurereich und stecken vor allem in »Garrafeiras«, Cuvées großer Weinhäuser, die lange lagern müssen, ehe sie überhaupt trinkbar sind.

Bei uns am bekanntesten sind die Weine aus den nördlichen Gebieten. Dão mit seinen schroffen Granitlandschaften und kräftigen, tanninreichen Rotweinen, die nach feuchter Kuh riechen. Und der Vinho Verde, der aus der Minho-Region zwischen Atlantik und Spanien stammt. Ein frisch-fruchtiger Weißwein, oft nicht ganz trocken, aber schön prickelnd. Und dann den Mateus Rosé in der Bocksbeutelflasche, jenen Himbeerbonbonwein mit lustiger Säure, von dem jährlich rund 50 Millionen Flaschen verkauft werden.

Im Osten grenzt Spanien an, das Land mit der größten Rebfläche der Welt, das aber mit seiner Weinproduktion erst an dritter Stelle kommt, weil die Erträge in den kargen, heißen Gebieten, wo Wein angebaut wird, geringer als sonstwo in Europa sind.

Spanische Spitzen

Die interessanten Weinregionen liegen vor allem im Norden, z.B. am Flusslauf des Duero, den wir als Douro von Portugal kennen. Rueda ist ein Weißweingebiet mit würzigen Weinen aus der Verdejo-Traube, die mit moderner Kellertechnik produziert werden. Eben-

falls ein Weißweingebiet ist Rías Baixas an der Westküste Galiziens nördlich von Portugal. Hauptrebsorte ist die Albariño, die mit dem Riesling verwandt sein könnte und ähnliche Weine ergibt. Am Duero auch das Toro-Gebiet mit schweren Rotweinen und Ribera del Duero, der Aufsteiger mit dem weltberühmten »Vega-Sicilia« als Zugpferd. Das raue Klima mit kochend heißem Sommer und eiskaltem Winter, die extremem Höhenlagen und eisenhaltige Kalkböden lassen die alten Reben wenig Trauben tragen, aber die haben es eben in sich.

Ein Stück weiter Richtung Osten das Weinbaugebiet Campo de Borja. Auch hier kontinentales Klima mit heißem Sommer und kaltem Winter, karge und steinige Böden, auf denen schwere und rechtschaffene Rotweine vor allem aus Garnacha-Trauben wachsen. Ein Blick nach Norden: Rioja, das Gebiet am Rio Oja, dessen Weine mit Bordeaux verglichen werden. Die feinsten Rotweine stammen aus der Region Rioja Alta. Der Fluss Ebro teilt die nordwestlichen, vom Atlantik beeinflussten Gebiete der Rioja Alavesa mit kühlerem Klima, vom südlicheren Rioja Alta mit wärmeren Temperaturen. Östlich davon die Rioja Baja, die an Navarra grenzt. Es herrscht ein fast mediterranes Klima mit sehr warmen Sommern. Hauptrebsorte ist die Tempranillo, eine früh reifende Rotweintraube, die alterungsfähige Weine hervorbringt, die hier in kleinen Eichenholzfässern (Barricas) ausgebaut werden.

Auch in Navarra, dem Rebforschungs-Labor Spaniens, nimmt die Tempranillo immer mehr Raum ein, als Begleiter haben sich Cabernet-Sauvignon und Merlot herauskristallisiert. Weiter südöstlich das Gebiet von Somontano, das sehr gute Weißweine und beachtliche Rotweine aus den Rebsorten Monastrell und Garnacha, Cabernet-Sauvignon, Merlot und Pinot Noir hervorbringt.

Quer durchs Land zum Mittelmeer, im Osten das Penedés und Priorato in Katalonien. Hier soll die spanische Weinrevolution ihren Anfang genommen haben, als französische Rebsorten (Cabernet-Sauvignon und Chardonnay) zugelassen und die Weinbereitung nach kalifornischem Vorbild modernisiert wurden. Hier entstehen luxuriöse Rotweine, die international immer beliebter werden.

Weiter südlich noch ein paar Weinbaugebiete in der Levante wie Utiel-Requena, Valencia, Almansa, Jumilla, Yecla und Alicante, die teils etwas hölzerne Weine, teils aber auch schon sehr gute produzieren, vor allem wenn die urwüchsige Rebsorte Monastrell mit Cabernet-Sauvignon verschnitten wird.

Im Südwesten die Weinregion Jerez, wo der Sherry herkommt. Ein Auge sollte man vielleicht noch auf die Weine der Mancha und des Valdepeñas inmitten Spaniens werfen – da könnte sich in nächster Zeit einiges tun.

Auf dem Balkan gärt es

Großer Sprung in den Osten. In Slowenien und Kroatien, in Ungarn und Bulgarien wurde schon immer Wein gemacht, getrunken und in andere Länder exportiert. Ungarischer Tokajer stand auf Königstafeln und die Weine aus Eger (Erlau) waren bekannt. Doch zu uns kamen lange Zeit nur Massenweine wie »Stierblut« oder »Graf Károlyi«. Inzwischen haben hier internationale Unternehmen Geld und Know-how investiert und so sind interessante Weine zu erwarten, z.B. aus dem Weinbaugebiet Mátraalja, in dem Sauvignon Blanc, Traminer und Veltliner angepflanzt wurden. Oder dem Süden, den Weinbaugebieten Szekszárd und Vilány-Siklos, wo spannende Rotweine aus den internationalen Rebsorten erzeugt werden.

Slowenien nähert sich eifrig dem benachbarten Friaul mit seinen Weinen an, Kroatien erntet noch Rotweintrauben von der uralten Sorte Plavac Mali, möglicherweise verwandt mit Cabernet-Sauvignon, und produziert daraus Dingac- und Postup-Weine. Interessant der Zilavka-Mostar, ein aprikosenduftiger Weißwein aus der Herzegowina.

In Bulgarien wurde in den letzten Jahrzehnten überwiegend Cabernet-Sauvignon gepflanzt und seit zehn Jahren findet man dort öfter hochklassige Rotweine. Rumänien, bekannt für seine Rebsortenvielfalt, versorgt uns mit netten, fruchtigen Cabernet-Sauvignon- und Merlot-Weinen.

Nicht nur Retsina

Weiter nach Griechenland, wo in der Antike die Weinkultur ihren Ursprung hatte und das heute vor allem für den geharzten Weißwein Retsina bekannt ist. Neben den Alltagsweinen Demestica und dem lieblichen Imiglios gibt es aber auch bessere Weine aus Hellas, z.B. aus den Rotweinreben Agiorgitiko, Monemvasia oder Kotsifali, den Weißweinreben Roditis und Assirtiko und wie sie alle heißen. Und natürlich die Spitzengewächse aus Cabernet-Sauvignon. Vorreiter war die Domaine Carras mit den Côtes de Meliton, Nachfolger Kokkalis mit seiner Trilogia. Etwas bedauerlich, diese Entwicklung, denn die uralte Agiorgitiko kann durchaus mit den internationalen Sorten mithalten.

Nennenswerte Weine der Türkei kommen vor allem aus Thrakien, dem europäischen Teil, wobei zwei Weine herausragen: der rote Villa Doluca aus der französischen Rotweinrebe Gamay und der weiße Trakya aus der Rebsorte Sèmillon.

Wein ge

Ist gar nicht so schwierig

nießen

Ein Glas Wein eingießen, entspannt zurücklehnen und einfach trinken. Dazu ist er da, um getrunken zu werden.

Hab' ich dann noch den richtigen Wein zur richtigen Zeit und möglichst zum richtigen Essen, wird selbst eine einfache Brotzeit mit Wein zum Festmahl. Und ein Festmahl mit dem passenden Wein zum unvergesslichen Erlebnis. Also doch ein bisschen nachdenken? Den optimalen Wein finden? Wäre vielleicht nicht schlecht. Macht ja auch Spaß und ist gar nicht so schwierig.

Und Interessantes erfährt man auf der Suche nach dem Richtigen gleich auch noch: Wein ist etwas Gesundes. Gut für Herz und Kreislauf. Zu viel davon macht aber Kopfschmerzen. O-la-la, man muss halt seine Grenzen kennen.

Weinschaum mit Beeren

Für 4 süße Nachtischle:

200 g gemischte Waldbeeren (schwarze Johannisbeeren, Brombeeren, Himbeeren und Walderdbeeren oder was zu bekommen ist) waschen und in einem Sieb gut abtropfen lassen. In einer Schüssel mit 2 EL Zitronensaft vermischen und dann auf Dessertschälchen verteilen. In einer halbrunden Metallschüssel 4 ganz frische Eigelbe mit 4 EL Zucker und ein wenig Vanillezucker (echtem!) mit dem Schneebesen kräftig schlagen, bis eine weißschaumige Masse entstanden ist. Nun über einem leise köchelnden Wasserbad mit dem Schneebesen so lange kräftig schlagen, bis die Masse dicklich und noch schaumiger wird. Nach und nach 4 EL Dessertwein (z.B. eine Beerenauslese) dazutröpfeln und weiter schlagen, bis eine feste Creme entstanden ist. Falls die Masse zu heiß wird und die Eigelbe zu Rührei stocken, die Schüssel kurz in kaltes Wasser halten und so lange rühren, bis die Masse ein wenig abgekühlt ist. Über die Beeren gießen und schnell servieren. Dazu kann man auch die Beerenauslese trinken.

Ein Winzer rechnet vor

Was kosten denn die vielen Etiketten?

Friedhelm Rinklin, Bio-Winzer: »Nicht so einfach zu sagen. Für Entwurf und das gesamte Layout habe ich einmal viel Geld hingelegt, was nun über Jahre abgeschrieben werden muss. Änderungen im Text (unsere Etiketten werden von Hand vorgeschrieben), die ab und zu nötig sind, kosten etwa 130 Euro. Der Druck etwa 5 Cent pro Stück. Ich kalkuliere inklusive all dem etwa 13 Cent für ein Weinetikett. Das könnte in der Praxis durchaus höher liegen, ich habe es nicht so ganz genau nachgerechnet. Wir lassen halt als Kleinbetrieb nur kleine Auflagen drucken. Eine große Genossenschaft liegt meiner Schätzung nach bei etwa 3 Cent pro Etikett.« Bei 20.000 Flaschen (siehe Seite 84) macht das 2.600 Euro pro Jahr für Winzer Rinklin.

2.600

Das Glas

Das schlanke Sektglas mit langem Stiel, das sich nach oben gleichmäßig verengt, ist auch für Champagner und Prosecco geeignet. Die Tulpenform des Glases verhindert, dass das feine Aroma zu schnell verfliegt und hält die Kohlensäure länger im Sekt. Deshalb sind die breiten Sektschalen für trockene Schaumweine »out« und höchstens für süße Spumante (siehe auch Seite 136) zu gebrauchen .

Edle Schaumweingläser haben innen an der tiefsten Stelle im Glas einen »Moussierpunkt«, eine leicht angeraute Stelle, an der sich bevorzugt Bläschen bilden und als feiner Schleier aufsteigen.

Das Sektglas wird höchstens dreiviertel gefüllt und am Stiel gefasst, damit sich der Inhalt nicht erwärmt. Alternative zum klassischen Sektglas: DIN-Weinglas mit »Moussierpunkt«.

Neffe Andys Weingeschichten

Hab' mich doch mit dem Château-virus infiziert. Ich kauf' mir jetzt einen sauteuren Bordeaux, einen Margaux, und leg' ihn in den Keller. Und am 30. Geburtstag wird er aufgemacht. Mal so richtig Premier-Grand-Cru-Classé-Feeling haben. Vielleicht kann ich's dann gar nicht schätzen. Aber muss halt einmal sein. »Nimm lieber einen Zweitwein«, meinte Onkel zu der Idee. Häh? Ich weiß, der Trend geht zum Zweitwein, aber ich hab' doch schon ein paar Flaschen im Keller. »Zweitweine machen viele große Châteaux. Das sind Weine von jüngeren Reb-

stöcken oder ein bisschen weniger begünstigten Lagen, manchmal auch von Fässern, die nicht ganz den Ansprüchen für die Château-weine genügen. Ansonsten werden sie genauso behandelt wie die Haupt-weine, meist kürzer im Barrique gelagert, damit sie früher trinkreif sind. Muss man schon viel Übung haben, den Unterschied zu schmecken.« Klar, Onkel Weinkenner meint sicher, er würd's merken. Hat Château Margaux auch einen Zweitwein? »Ja, den Pavillon Rouge du Château Margaux. Macht was her. Ich weiß, wo wir ihn probieren können.«

Wir also hin. Mussten richtig zahlen für die Probe, war aber nur Flaschenpreis durch Gläser geteilt. Urrrrgh – was war denn da im Glas? Eine dunkelrote, trübe Brühe, aber ein knalliger Duft nach schwarzen Johannisbeeren und Konfitüre. Und der kratzt im Hals. »Feine Tannine, schöne Frucht, dicht, konzentriert, langer Nachgeschmack. Leichter als der Grand Vin, hat aber Rasse und Charme«, brummelt Onkel vor sich hin. Na, und, nehmen? »Klar, vier Flaschen davon kosten weniger als eine Flasche Hauptwein. Und zum Dreißigsten ist der richtig fein.« Na Onkel, da spekulierst du schon wieder drauf, eingeladen zu werden.

Bastelstunde

Frizzante aus dem Aqua-Sprudler

Das brauche ich:
einen Kohlensäure-Sprudler mit Flasche (möglichst Glasflasche) und einen gut gekühlten, nicht zu sauren Weißwein

Aber Vorsicht:
Das Aufsprudeln von Wein entspricht nicht den Herstellervorgaben. Die Geräte sind nur für Trinkwasser gedacht! Z.B. könnten Düse oder Dichtungen verkleben!

Also Frizzante auf eigenes Risiko:
Die Flasche nicht ganz bis zum Max-Strich mit dem Wein füllen, ins Gerät einsetzen und langsam aufsprudeln. Erst wenig Druck darauf geben, der Wein schäumt anfangs. Nun aber ziemlich viel Kohlensäure hineinpumpen. Etwas ruhen lassen, dann ganz vorsichtig, nach und nach entlüften (schäumt!). Das Sprudelröhrchen gleich mit Wasser reinigen. Den Frizzante zwei bis drei Stunden kalt stellen, damit sich die Kohlensäure mit dem Wein verbinden kann.

Schmeckt je nach Weinsorte wie Prosecco oder wie mild perlender Schaumwein. Korrekte Bezeichnung dafür ist »Perlwein« – ein Tafelwein mit zugesetzter Kohlensäure. Interessanterweise werden damit auch Weine mit wenig Säure oder mit vorher spürbarer Restsüße trinkbar – die Kohlensäure lässt sie saurer und herber wirken. Echt praktisch.

Und was lernen wir daraus? Für einfache Perlweine eignen sich am besten Grundweine, die zum So-Trinken zu flach, säurearm und lieblich wären. Anders herum: Für feine Sekte dürfen die Ausgangsweine gar nicht zu sauer sein, die Kohlensäure verstärkt ja noch enorm den Säure-eindruck.

Vom Frühstückswein zum Schlummertrunk

Wein kann man ja wirklich zu fast jeder Gelegenheit trinken. Aber seine Wirkung fällt meistens höchst unterschiedlich aus.

Auch schon beobachtet, dass Wein auf Geist und Seele wirken kann? Dass er machmal munter oder müde, fröhlich oder traurig macht? Und dass der eine Wein prima zu 'ner Party passt, der andere besser zu einem besinnlichen Abend? Wein in Maßen (wobei damit nicht die bayerische Biereinheit zu einem Liter gemeint ist!) ist nicht nur Genuss-, sondern auch Stimulationsmittel. Zum Glück gibt's für jede Stimmung und Tageszeit, für jeden Anlass den passenden Wein.

Frühstücksweine

Die trinkt der Winzer schon zum Frühstück oder zur Vesper am Vormittag. Meist weiße leichte Hausschoppen oder trockene Tafelweine aus Silvaner- oder Müller-Thurgau-Trauben, frisch und jung am besten. Klassischer Frühschoppenwein in Frankreich ist der Bourgogne Aligoté aus dem Burgund. Aus Italien käme ein Bianco aus Sizilien oder ein neutraler Soave in Frage.

Mittagsweine

Beim Mittagessen gelten die Regeln von Seite 140. Aber aufgepasst: bei Geschäftsessen Riesling und Co. meiden! Da kratzt säurereicher Weißwein zu sehr auf und ein ohnehin nervöser Gesprächspartner wird noch hektischer. Ein neutraler, milder Weißwein wie Chardonnay oder Grauburgunder passt besser. Oder ein fruchtiger Rotwein wie ein Spätburgunder (Pinot Noir) oder ein Südtiroler Vernatsch (St. Magdalener). Er muss nach roten Beeren duften, auf keinen Fall gehaltvolle Rotweine mit Gewürzaromen wählen, die machen müde.

Weißwein für den Kopf

Wenn am Nachmittag die Konzentration nachlässt: Bei den meisten wirkt herber, säurebetonter Weißwein wie ein Riesling, Silvaner oder Grüner Veltliner stimulierend aufs Gehirn. Geist, Kreativität und Fantasie werden angeregt. Prima Weine zum Diskutieren, Assoziieren und Planen. Mäßiges Weißweintrinken ist wie Gehirnjogging, die geistige Frische bleibt bis ins hohe Alter erhalten. Sagen Wissenschaftler.

Kaffeekränzchen- weine

Am späten Nachmittag (zu Kuchen) ist ein frischer, saftiger Weißwein gut. Ein nach gelbem Obst schmeckender Chardonnay wäre hier richtig. Oder ein italienischer Grechetto Colli Perugini aus Umbrien – nett, offenherzig und unterhaltsam. Sehr gut auch ein österreichischer Gumpoldskirchner Zierfandler trocken oder ein Spätrot-Rotgipfler halbtrocken. Oder auch ein Prosecco.

Rotwein fürs Gefühl

Nach der Arbeit ist Rotweinzeit. Ein Roter spricht die Seele an, beruhigt und entspannt. Aber nicht zu viel davon trinken, das macht oft sentimental. Für eine fröhliche Runde auf der Terrasse einen leichten Rotwein bevorzugen. Ein Spätburgunder oder Lemberger aus Baden, Trollinger oder Schwarzriesling aus Württemberg kämen da in Frage. Auch Rotweine von den Côtes-du-Rhône oder Coteaux du Tricastin aus Frankreich sind gut geeignet.

Partyweine

Für die fröhliche Feier am allerbesten einen alkoholarmen Wein nehmen, der nicht zu viel Säure hat und von dem man ruhig auch ein paar Gläser mehr trinken kann. Also keinen Riesling, sondern einen Silvaner, trockener Müller-Thurgau (z. B. aus Baden) geht auch. Oder ein Grauburgunder, der in Italien Pinot Grigio heißt und dort meist ein einfaches, nettes Tröpfchen ist, das locker über die Zunge geht.

Kuschelweine

Bei Weinen fürs Rendezvous oder Candle-Light-Dinner aufpassen: Wein kann bei Männern und Frauen unterschiedlich wirken. Was ihn munter macht, kann sie leicht müde werden lassen. Immer gut: Champagner (siehe Goldregeln). Als Wein ist ein nicht zu schwerer, weicher Rotwein, der nach vollreifen

Goldregeln für den Genuss

1. Regel: Beim Frühstück zu leichten Weißweinen (Tafelwein von Mosel, Saar, Ruwer oder ein Silvaner Kabinett) greifen.

2. Regel: Wenn's ums Geschäft geht, milde, reife Weißweine (Chardonnay, Grauburgunder oder Weißburgunder Spätlese), leichte fruchtige Rotweine (Spätburgunder, Pinot-Noir aus dem Elsass) nehmen.

3. Regel: Vorsicht, Nahkampfweine sind viele Roséweine (Spätburgunder Weißherbst aus Baden und Rosés aus der Provence)!

4. Regel: Zu niedriger Blutdruck wird durch Champagner (Veuve Clicquot oder Mumm Cordon Rouge) gepuscht.

5. Regel: Rotweine (Syrah, Cerasuolo von Sizilien, üppige Tempranillo-Garnacha-Cuvées aus Cariñena oder Cabernet-Sauvignon aus Somontano/Spanien) sind Schlummerweine.

schwarzen Beeren, dunklen Kirschen und Schokolade schmeckt wie ein feiner Shiraz aus Australien (wäre nicht schlecht, wenn er einige Jahre auf dem Buckel hat), am besten. Auch Klasse: ein älterer Montepulciano d'Abruzzo oder ein Vino Nobile di Montepulciano aus Italien (alles Edeltröpfchen bitte, keine Dreizwanzig-Buddeln). Oder eine deutsche Spätburgunder Spätlese, die nach Himbeeren, Marzipan und Teerosen duftet. Nicht zu verachten ist ein feuriger Spanier, z. B. eine Rotwein-Cuvée von Tempranillo (hört sich schon nach Temperament an) und Cabernet-Sauvignon aus Utiel-Requena. Unbedingt meiden: Roséweine, vor allem Spätburgunder Weißherbst aus Baden (heißt dort »Häncelestifter«, weil er nach zwei oder drei Gläsern Streit herausfordert), ebenso die Provence-Rosés. Sie können schnell für ungute Stimmung sorgen.

Meditationsweine

Am Abend allein oder zu zweit auf dem Sofa, dezentes Licht, entspannen, in sich gehen. Das ist die Stunde der Meditationsweine, der großen Rotweine, die mit ihrem Duft den Raum erfüllen. Bei denen man die Nase gar nicht mehr aus dem Glas nehmen mag und die Gedanken Flügel bekommen. Das könnten feine Cabernet-Sauvignon-Rotweine sein, Super-Toskaner wie Sassicaia und Ornellaia oder ein Grand Cru aus dem Bordeaux, Médoc. Oder ein großer Merlot aus Stellenbosch, Südafrika. Aber auch eine Riesling Spätlese aus Franken, drei Jahre alt, ist ein Wein zum Abtauchen.

Schlummerweine

Kurz vor dem Schlafengehen beim Weingenuss vorsichtig sein. Ein bisschen zu viel vom Roten oder Weißen und man schläft schlecht. Also nur ein halbes Glas bedächtig genießen, den Rest gut verkorken und für den nächsten Tag aufheben. Die besten Schlafbringer sind reife, runde Rotweine aus Syrah- oder Tempranillo-Trauben aus warmen Ländern, z. B. aus Süditalien und Spanien.

Prickelndes aus aller Welt

Wenn ein Korken aus der Flasche knallt, ist meistens Sekt darin. Oder Champagner, Crémant, Cava, Spumante...

fekt. Sollte es den Korken nicht aus der Flasche treiben, braucht man eine spezielle Zange (sieht aus wie eine Heimwerkerzange, die kann also auch als Ersatz dienen). Stopfen herzhaft packen und drehen. Zur Sicherheit das Tuch über den Verschluss legen und festhalten. Größter anzunehmender »Unfall«: der obere Teil des Korken bricht ab, der Rest bleibt im Flaschenhals. Hilft nur noch ein Korkenzieher. Auch dann Stopfen und Werkzeug mit dem Tuch bedecken und festhalten, sonst können beide zusammen wie eine Rakete in

Flasche auf!

Halt, halt, nicht so schnell. Hat das Perlende ein oder zwei Tage Ruhe gehabt, damit die Kohlensäure nicht mehr so aufmüpfig ist? War die Flasche für gute fünf Stunden im Kühlschrank, damit der Inhalt auf die genau richtige Trinktemperatur von acht bis zehn Grad abgekühlt ist? Ja, na dann los. Gläser und eine zu einem breiten Streifen gefaltete Stoffserviette (Geübte brauchen die nicht) auf den Tisch. Und die Flasche öffnen ...

Unter der Hülle aus Metallfolie (abreißen) ist ein Drahtgebilde, »Agraffe« genannt. Oder eine kunstvoll geschlungene Schnur. Beides

hält den Stopfen fest und muss weg. Drahtschlaufe drehen, bis sich die Halterung löst. Schnur durchschneiden. Daumen auf den Stopfen und die Agraffe vorsichtig lösen. Nur kurz den Daumen abheben, Agraffe abziehen. Daumen wieder drauf. Jetzt das Tuch über Flaschenhals, Korken und haltende Hand legen, blitzschnell umgreifen, so dass die Hand jetzt Tuch und Hals packt. Nun kann der Korken nicht mehr an die Decke fliegen. Die Hand am Flaschenhals greift sich nun den Korken (bleibt aber gleichzeitig am Flaschenende), die andere die Flasche am unteren Teil. Im entgegengesetzten Sinn drehen – und der Korken kommt aus der Flasche. Wenn's jetzt leise »pschschscht« macht, war es per-

Decke, Lampen oder sogar ins Auge gehen. Endlich geschafft, die Flasche ist geöffnet. Nun das prickelnde Nass nach und nach in Gläser füllen und genießen.

Genießen. Aber was?

Der erste Schluck ist genommen. Sehr fein, elegant, eine leichte Säure und ein angenehmes Prickeln! Jetzt wollen wir aber doch wissen, was den dicken Korken so kräftig aus der Flasche geschubst hat. Das kann ein französischer Champagner oder Crémant, ein spanischer Cava, ein italienischer Spumante oder Franciacorta oder auch ein deutscher

Sekt gewesen sein. Das alles sind schäumende Weine, die dem Verschluss von innen einen solch kräftigen Druck (mindestens 3 bar, die Einheit für Druck) entgegensetzen, dass er ohne zusätzlichen Halt (Draht oder Schnur) aus der Flasche fliegen würde. Wie solch ein Druck in den Schaumwein kommt? Das Geheimnis heißt »alkoholische Gärung«, bei der ja Kohlensäure entsteht. Lässt man die Kohlensäure nicht als Gas entweichen, bleibt sie in dem Wein und macht ihn zum sprudelnden Getränk.

Teure Schaumweine – vor allem Champagner, Crémant, Cava und Spumante – werden alle nach der traditionellen Flaschengärmethode (»Méthode traditionelle«) hergestellt. Verfolgen wir dieses Verfahren am Fall: Champagner. Eine Traubenmischung aus Chardonnay, Pinot Noir (jawohl, eine Rotweintraube!) und Pinot Meunier (wieder weiß) wird rasch ausgepresst und der Saft ganz normal zu Weißwein vergoren. Dann kommt der Wein samt etwas Zucker-Wein-Hefe-Lösung in sein endgültiges Behältnis, in unserem Fall die Champagner-Flasche. Diese verschließt man fest mit einem Kronkorken und lässt das Ganze noch einmal gären. Aber diesmal bleibt die Kohlensäure, die sich bildet, in

der Flasche und somit im Wein. Nach einigen Wochen ist die Hefe völlig erschöpft und muss raus. Die Flaschen werden in ein Brett mit Löchern gesteckt und öfters kräftig hin und her gedreht – »gerüttelt«. Dabei stellt man das Brett so lange jedesmal ein wenig senkrechter, bis der Hefebodensatz im Flaschenhals unter dem Stopfen versammelt ist.

Dann ist es soweit, der Hefepfropf kann entfernt werden. »Degorgieren« nennt man das. Der Flaschenhals wird so stark gekühlt, dass das Hefegemisch gefriert. Der Kronkorken kommt weg und die Kohlensäure treibt der Pfropf mit einem »Plopp« und etwas Schaumwein heraus. Die Flüssigkeit, die nun in der Flasche fehlt, wird mit einer Mischung aus Wein und Zucker, der »Dosage«, aufgefüllt. Diese Dosage entscheidet über die Süße des Schaumweins. Am wenigsten Zucker enthält ein »Brut Nature« oder »Zero«, dann kommen »Extra Brut« und »Brut«. Lieblich sind die Geschmacksrichtungen »Sec«, »Demi-Sec« oder gar »Doux«. Nun werden die Flaschen mit dem richtigen Korken wieder gut verschlossen, mit der Agraffe umwickelt und dem Etikett versehen.

Der markentypische Geschmack eines Edelschaumweins entsteht durch die Mischung (Cuvée) bestimmter Traubensorten, die Verarbeitung und die zugesetzte Dosage. Das ist die klassische Methode, die früher »Methode Champenoise« genannt werden durfte, weil sie in der Champagne entwickelt worden ist. Aufwändig und teuer und Vorbild für den Rest der Welt, wo edle Schaumweine unter anderem Namen nach dem gleichen Prinzip hergestellt werden. Nur in der Champagne produzierte Schaumweine dürfen sich auch mit diesem »Adelstitel« schmücken.

Es geht auch preiswerter

Günstige Schaumweine werden in großen Edelstahltanks vergoren und samt Kohlensäure fertig in Flaschen filtriert. Das gibt ein reines, sauberes Produkt mit kontrolliertem Geschmack. Dieses Verfahren steht aber nicht auf der Flasche drauf. Eine halb-und-halb-Methode ist das Transvasier-Verfahren, das »Flaschengärung« aufs Etikett schreiben darf. Dabei verläuft die zweite Gärung in

(sehr großen) Flaschen. Danach werden ihre Inhalte zusammengeschüttet, mit Dosage versetzt und in neue Flaschen gefiltert, in denen diese Schaumweine auch in den Handel kommen. Degorgieren entfällt, die Dosage ist einfacher zu dosieren.

Eine andere Möglichkeit, Wein zum Sprudeln zu bringen, ist die künstliche Zusetzung von Kohlensäure. Basis hierfür sind billige Weine minderer Qualität. Die Bläschen sind grob und verblassen schnell. Der Druck in der Flasche ist relativ niedrig, weswegen der Korken auch ohne weitere Vorrichtung hält. Zum Herausholen reicht meist ein stabiler Korkenzieher. Solche Produkte heißen bei uns »Perlwein« – und auch manches, was sich in Italien »Frizzante« nennt, zählt zu diesem Typ Wein.

Who is who beim Schaumwein

● **Champagner:** französicher Schaumwein aus dem eng begrenzten Gebiet Champagne, hergestellt nach der »Methode Champenoise« (Flaschengärverfahren).

● **Crémant:** trockener Schaumwein aus anderen Regionen Frankreichs, im Champagnerverfahren hergestellt.

● **Cava:** spanischer Schaumwein, Herstellung/Qualität wie Champagner.

● **Spumante:** italienischer Schaumwein – von süß wie »Asti Spumante« bis trocken wie der »Prosecco Spumante« (aus der Prosecco-Traube, im östlichen Venetien hergestellt), und der trockenere »Moscato d'Asti« aus dem Piemont.

● **Franciacorta:** italienischer Edelspumante aus der Franciacorta (Flaschengärung!).

● **Sekt:** deutscher Schaumwein, wenn nichts anderes angegeben: Tankgärverfahren; sonst steht »traditionelles Flaschengärverfahren« auf dem Etikett.

Weine für davor und danach

Die Aperitif- und Dessertweine sind auch Weine, doch meistens alkoholreicher, süßer und teurer als die anderen.

aWeinländer, in denen mit Hingabe gegessen wird, haben ein ganzes Sortiment an Weinspezialitäten, die vor und nach dem Menü getrunken werden. Vorweg was Bitteres oder Herbes, später zum Dessert oder zum Kaffee etwas Süßes oder Alkoholreiches. Stets in kleinen Gläschen, denn sie dürfen nur den Appetit anregen, am Schluss zum Dessert passen oder beim Verdauen helfen. Die Aperitifweine für davor sollen nicht zu alkoholreich sein, dafür herb oder sogar bitter schmecken, damit sie das Wasser im Mund zusammenlaufen lassen und den Magen auf seine Arbeit einstimmen. Süße Weine würden jetzt die Geschmacksnerven blockieren und schon satt machen, deshalb sind sie am Ende des Essen besser aufgehoben. Dort passen sie zu feinen Nachtischen oder auch als verdauungsfördernder Digestif, da sie mit ihrer Süße die Magensäureproduktion fördern.

Appetitwecker

Viele Aperitifweine werden mit reinem Alkohol (meist Weingeist, also aus Wein destilliert) auf 15 bis 18 % Vol »aufgespritet«, um sie haltbarer zu machen. So können sie nach dem Öffnen noch ein bis zwei Wochen rumstehen, ohne schlechter zu werden. Der bekannteste ist der Wermut, der links und rechts der italienisch-französischen Grenze produziert wird. Drum gibt es französischen Vermouth (trocken) und italienischen Wermut (trocken bis süß). Beides sind mit Wermutkraut und bis zu 50 weiteren Zutaten gewürzte, mit Alkohol verstärkte Weine. Als »Vorweg« eignen sich die trockenen Sorten, die gekühlt, aber nicht eiskalt, pur oder mit einem Eiswürfel serviert werden.

Der vielfältigste aus der Familie der Aperitifweine ist der Sherry aus der spanischen Provinz Cádiz. Die Weinregion heißt »Jerez« (was die Engländer zu »Sherry« machten). Die Jungweine kommen in Fässern und werden mit reinem Weingeist versetzt. Je nach Ausbau und Reifedauer entstehen verschiedene Sherry-Typen. Um einen gleichmäßigen Geschmack zu erzielen, werden mehrere Reihen von Fässern, »Soleras« genannt, übereinander gestapelt, wobei der älteste Wein ganz unten liegt. Von ihm wird nur ein Teil entnommen und in Flaschen gefüllt. Die nun fehlende Menge im Fass wird aus der Fassreihe darüber nachgefüllt, die ein Jahr jüngeren Wein enthält und so weiter, bis in den obersten Fässern wieder Platz für frischen ist. Erst die fertigen Sherrys bekommen ihren Namen: »Finos« und »Manzanillas« sind trocken, leicht und pikant, also genau richtig, um gekühlt den Appetit anzuregen. Steht aber »Amontillado« oder »Oloroso« auf dem Etikett, sind dunklere, süßere Sherrys mit kräftigem Aroma und höherem Alkoholgehalt in der Flasche. Die ganz zuckrigen »Creams« werden mit eingedicktem

Saft der Pedro-Ximénez-Trauben gesüßt. Die drei Letzteren gehören an den Schluss des Essens zum Dessert.

Noch mehr Weine

Nach ähnlichem Muster werden alle aufgespriteten Weine hergestellt. Dazu gehört der Portwein aus Portugals Dourotal, bei dem der gärende Most mit Weingeist versetzt wird, ehe der ganze Zucker aus den Trauben vergoren ist. Durch den Alkoholzusatz hört die Hefe auf zu arbeiten und der Wein bleibt mehr oder weniger süß. Die meisten Sorten sind reine Dessertweine, trockene weiße Portweine sind seltener. Von der portugiesischen Insel Madeira kommt der gleichnamige schwere Wein, den es von herb bis süß gibt.

Goldregeln für Aperitif- und Dessertweine

1. Regel: Ein Aperitif soll wenig Alkohol haben und herb bis bitter schmecken, damit er den Appetit anregt, aber nicht süß, sonst wird die Zunge abgestumpft.

2. Regel: Trockene Aperitifweine (Vermouth, Sherry) serviert man kalt in kleinen Sherry- oder Weißweingläsern.

3. Regel: Statt der kräftigen Aperitifweine schmeckt auch ein leichter spritziger Weißwein, Sekt oder Champagner vorweg.

4. Regel: Zum Dessert passen süße alkoholangereicherte Weine wie Portwein, Sherry (Amontillado, Oloroso oder Cream), Tokaji oder Madeira, die kühl, aber nicht kalt serviert werden.

5. Regel: Als »Hinterherweine« munden die Edlen mit betörendem Aroma wie Sauternes oder Barsac, Maury, Rivesaltes oder Banyuls, Vin Santo aus der Toscana oder die edelsüßen Spitzenweine aus Deutschland und Österreich, die am besten solo genossen werden.

»Sercial« ist der trockenste, ideal als Aperitif. Von »Verdelho« über »Bual« bis »Malmsey« wird's immer süßer und dessertiger. Der Marsala, ein Dessertwein aus Sizilien (den man aber auch trocken – »Vergine« – bekommen kann) war noch vor hundert Jahren der berühmteste Wein Italiens, heute kämpft er mit sinkenden Absatzzahlen. In die Kategorie Süßwein gehören auch der Amarone aus Venetien. Und die »Vins Doux Naturels« (heißt übersetzt: die natürlichen Süßen) von den Côtes du Roussillon aus dem Südwesten Frankreichs, bei denen die Gärung ebenfalls mit einem Schuss Alkohol gestoppt wird: Rivesaltes, Muscat de Rivesaltes, Maury und Banyuls. Sie werden in ihrer Heimat sowohl als Aperitif als auch zum Dessert getrunken.

Edelsüße Weiße

Ohne zusätzliche Alkoholspritze kommen die edelsüßen Weißweine wie Auslesen und Beerenauslesen aus, eine Spezialität aus Deutschland, Österreich, Italien (der Vin Santo aus der Toskana und Norditalien), Ungarn und dem Bordeaux. Prinzip: Die reifen Trauben bleiben im Herbst so lange hängen, bis die »Edelfäule« darüber herzieht – der Botrytispilz, der die Häute porös macht und das Wasser aus den Beeren verdunsten lässt. Zurück bleibt ein Konzentrat, das nach dem Abpressen einen so zucker- und aromenreichen Saft ergibt, dass die Hefen ihre Arbeit

aufgeben, ehe der ganze Zucker vergoren ist. Es bleibt eine natürliche Süße übrig, die aber von einer kräftigen Säure begleitet wird, so dass diese Weine nicht klebrig wirken. Sie werden gekühlt serviert, so etwa mit 12 Grad.

Für diese Weine muss man tief bis sehr tief in die Tasche greifen, denn die Trauben geben in der Presse nicht viel her. Noch teurer sind die »Eisweine«, geschützte Spezialität von Deutschland und Österreich, für die hart gefrorene Trauben geerntet und sofort gepresst werden. Da kommen tatsächlich nur ein paar wenige Honigtröpfchen aus der Presse. Die »S-Klasse« unter den edelsüßen Weinen ist der Sauternes mit dem Zugpferd »Château d'Yquem« und der Barsac, beide aus dem südlichen Bordeaux-Gebiet. Die Weine sind goldfarben und üppig im Aroma, extrem langlebig (und teuer) und passen gut zu Desserts mit Eiern und Vanille.

Ähnliche Klasse kann ein Tokaji aus Ungarn haben. »Tokaji Szamarodni« wird aus vollreifen Trauben, vor allem aus der Rebsorte Furmint, gekeltert. Trocken erinnert er an Sherry und ist ein optimaler Aperitif. Für »Tokaji Aszú« kommt noch der Most von edelfaulen Trockenbeeren (die Menge wird in »puttonyos«, Bütten, angegeben) dazu und das Ganze wird langsam vergoren. Gibt starke Weine mit feiner Säure und würziger Süße.

Wein zum Essen, Essen zum Wein

Über was soll man sich zuerst Gedanken machen, über den Wein oder das Gericht? Ist egal, irgendwie kriegt man die beiden schon zusammen.

Bisher stand er ziemlich allein da, der Wein. Doch jetzt wird es Zeit, ihn mit einem Lebensgefährten zu verkuppeln. Mit dem Essen, denn dafür ist er gedacht und gemacht. Eine solche Partnervermittlung ist genauso einfach oder schwierig wie im richtigen Leben.

Früher, in der präemanzipatorischen Phase, war das einfach. Mutter sagte, es gibt heute Fisch. Und Vater ging in den Keller und holte 'nen Weißwein dazu. Weißer Wein zu weißem Fleisch, roter Wein zu rotem. Fisch hat auch weißes Fleisch, also Weißwein. War ganz leicht zu merken. Und wenn Sohnemann ins heiratsfähige Alter kam, suchte Vater die passende Schwiegertochter aus. Passte auch. Oft jedenfalls. Dann wurden die Kinder aufmüpfig und ließen sich nicht mehr so einfach verkuppeln. Alte Traditionen ade. Der Sohn sucht sich eine Afrikanerin. Zwei unterschiedliche Kulturen treffen aufeinander.

Wer mit wem?

Nun lässt sich der Vater anstecken und kommt auf einmal auch auf andere Ideen. Warum immer nur Weiß zu Weiß, er möchte einen Rotwein zum Fisch trinken. Gut, ein leicht gekühlter Roter wie ein Schwarzriesling, ein Beaujolais oder ein Pinot Noir (Spätburgunder) schmeckt durchaus zu einem gegrillten oder gebratenen Fisch. Das beweist Experimentierfreude und Fantasie. Nun also nach dem Motto »Gegensätze ziehen sich an« alles wild kombinieren, ausprobieren? Möglich. Aber so wie bei jeder Beziehung sollte eine gewisse Einigkeit vorhanden sein, sind extreme Gegensätze oft nicht sonderlich verträglich.

Eine computerunterstützte Partnersuche muss her. Und was kommt dabei raus? Je mehr Gemeinsamkeiten vorhanden sind, desto besser klappt die Beziehung. Für die Verbindung von Wein und Essen heißt das, dass beide am besten miteinander harmonieren, wenn sie sich ziemlich ähnlich sind. Sie können aus der gleichen Gegend stammen, in Duft und Geschmack ungefähr gleich sein. Je mehr Komponenten übereinstimmen, umso besser wird die Verbindung von Speisen und Wein schmecken.

Der Wein-Harem

Aber ehe wir uns zu sehr in die Wein-Essen-Intimitäten vertiefen, schauen wir erst nach den Weinen, die aufgeschlossen sind, eine Vielehe, einen ganzen Harem vertragen. Die Menüweine, die ein Essen von Anfang bis Ende unauffällig begleiten können. Das sind eher dezenter Weine, die zu einer Brotzeit genauso gut passen wie zu einem gebratenen Fischfilet oder zu einem Schnitzel aus der Pfanne. Die Alltagsweine, die auch ein einfaches Abendessen zu einem leckeren Mahl werden lassen.

Statt Theorie ein paar Beispiele aus der Praxis: ein Spätburgunder trocken aus dem nördlichen Baden (um Heidelberg), ein Chardonnay Kabinett von der Hessischen Bergstraße, ein Dornfelder aus der Pfalz, ein einfacher Riesling trocken aus dem Rheingau, ein schnörkelloser Bordeaux, ein Corbières oder ein Beaujolais-Villages, ein leichter Côtes du Rhône aus Frankreich. Ein Rosé aus Korsika oder der Provence. Ein fruchtiger Rotwein aus der Gascogne oder ein roter Land-

wein von Kreta. Aus Italien ein Montepulciano d'Abruzzo, ein Pinot Nero aus dem Friaul, ein Sangiovese di Romagna aus der Emilia-Romagna, ein Barbera d'Asti aus dem Piemont, ein Kalterersee aus Südtirol. Halt, genügt. – Das alles sind solche Weine.

Und das sind alles Weine aus alten Weinbaugebieten, wo schon immer eine Flasche Wein auf dem Tisch stand. Der Wein aus der Umgebung, der mit dem einfachen Essen am besten harmoniert, der keine Umstände macht und sich der Mahlzeit unterordnet. Da passt kein Seeteufelfilet mit Proseccosauce dazu, klar. Aber eine Portion Spaghetti mit Tomatensugo genauso wie ein gebratener Fisch mit viel Knoblauch. Oder ein Gemüseschmorgericht mit Auberginen und Zucchini.

Wünschenswerte Eigenschaften eines Menüweins wären: Nicht zu gehaltvoll soll er sein, eher leicht mit höchstens 12 % Vol Alkohol. Kein Dickschädel, sondern unkompliziert. Nicht zu viel Säure und nicht zu ausgeprägte Gerbstoffe. Zart würzig und geradlinig im Mund, halt einfach ordentlich.

Vegi-Weine

Ein bisschen schwieriger wird es, wenn spezielle Gerichte mit einem Wein verkuppelt werden sollen. Z.B. vegetarische Speisen. Einige erfolgsversprechende Kombinationen: Eierspeisen und Omeletts mögen eine Cuvée aus Chenin-Blanc und Chardonnay aus Südafrika. Trockener Blatina Mostar aus Herzegowina schmeckt zu Gemüseschmorgerichten und fleischlosem Kartoffelgulasch. Kräuterwürzige, kräftige Gemüsegerichte und Aufläufe kommen gut mit einem Dôle aus dem Schweizer Wallis klar. Ein würziger Spätburgunder vom Kaiserstuhl, im Eichenfass gereift, verträgt sich bestens mit gebratenen Auberginen und Tomaten. Oder ein leichtfüßiger Spätburgunder von der Hessischen Bergstraße, Liebling der roten Paprikaschoten und anderer paprikawürziger Gerichte. Artischocken mit Knoblauchmajonnaise finden einen Sancerre von der Loire in Frankreich einfach hinreißend. Und ein Weißwein aus Frankreichs Südwesten, aus den Pyrénées Orientales, umschmeichelt leichte mediterrane Gemüsegerichte mit heller

Glückliche und unglückliche Paare

→ Wenn die Farbe des Gerichtes mit der Farbe des Weines harmoniert, schmeckt's meistens auch. Also passt zu hellem Fleisch in weißer Sauce Weißwein, zu Schmortöpfen mit dunkler Sauce Rotwein.

Leichte Rot- oder Weißweine, die weder zu intensiv duften noch zu kräftig schmecken, sind die idealen Partner für ein ganzes Menü.

Üppige Weine vertragen sich genauso wenig mit leichten Gerichten wie schlanke Weine mit deftigen Speisen.

Kalifornischer Sauvignon Blanc könnte vielleicht ein Auge auf deutsches Eisbein mit Sauerkraut, ein australischer Shiraz auf eine österreichische Gamsschulter mit Wacholderbeeren werfen, aber so richtig glücklich würde die Verbindung nicht werden. Lieber im Lande bleiben!

Sauce. Zu Pfannkuchenrollen (in Italien »Crespelle« genannt) mit Ricotta passt ein Rosé aus der Toskana. Mit Ziegenkäse gefüllte Zucchiniblüten auf Tomatensauce mögen am liebsten einen leichten Chianti Colli Senesi. Auch die Griechen kennen eigentlich mehr Gemüse- als Fleischgerichte und trinken einen Kretikos, einen weißen Landwein aus Kreta, dazu.

Das waren nun alles Weine, die nicht so viel Nachdenken erfordern, wo Essen und Wein leicht zusammenfinden. Wenn's aber umgekehrt ist, wenn zu einem Wein ein passendes Gericht gefunden werden soll? Dann ist es nötig, den Wein zuerst zu ergründen, kennenzulernen, zu erschnüffeln und erschmecken. Aber dann kommt die Verbindung zum Essen ganz von selbst. Statt vieler Tipps nur ein einziges Beispiel: ein Côtes du Rousillon Rouge. Duftet wie Brombeeren, Heidelbeeren, Holunder, Leder und schwarzer Pfeffer, ein bisschen nach Räuchermännchen und leise glimmendem Holz. Schmeckt voll und rund, nach vielen schwarzen Beeren, Holunder und Heidelbeeren. Klasse! Was gibt's dazu? Vielleicht Lammkoteletts vom Grill (Räucheraroma), vorher in Olivenöl, Knoblauch und gemahlenem Pfeffer eingelegt. Geschmorte rote Paprikaschoten würden mit ihrer fruchtigen Süße auch noch gut dazu passen. So einfach ist das.

Gesucht, gefunden.
Paare in Harmonie

Ein Wein kann auf einmal ganz anders schmecken. Nämlich genau dann, wenn er sich im Gaumen mit Lammbraten, Garnele, Pasta oder Käse paart. Wer mit wem gut kann oder auch nicht? Weiterlesen.

Ein Gericht für sich, einen Wein solo probiert, das ist etwas anderes als Wein und Essen gemeinsam im Mund zu haben und zu schmecken. Wein wie Essen hinterlassen anhaltende Aromen. Trifft eine günstige Kombination zusammen, entsteht eine positive Wechselwirkung zwischen den jeweiligen Geschmacksstoffen. Essen und Wein umarmen sich und sind glücklich miteinander. Es kann aber auch passieren, dass der Wein für sich wunderbar mundet, das Gericht auch, beide gemeinsam aber nicht. Es ist ein zusätzlicher Geschmackseindruck entstanden, der stört. Räucherlachs und säurebetonter Rotwein wie ein Barbera schmecken zusammen unangenehm metallisch. Fruchtige Sauce plus gerbstoffreicher Rotwein wie ein Bordeaux (Cabernet-Sauvignon, Merlot und so) ergibt eine bittere Note, so auch ein reifer, mittelwürziger Brie mit Rotwein aus dem Languedoc (Cuvée aus Syrah und Grenache).

Umgekehrt: Ein kraftvoller, herber Rotwein wie ein Châteauneuf-du-Pape (Cuvée aus Syrah, Grenache, Mourvèdre, Cinsault und noch ein paar anderen Trauben, drei Jahre alt) für sich allein probiert, schmeckt herb und bitter wie schwarzer Tee mit Räucherspeck, fast ein bisschen dünn. Gleicher Wein zu würzigen Bratwürstchen: süße Kirschen im Mund, süß und likörig, Gewürznelken und Zimt, überhaupt nicht mehr dünn.

Leider sind die Wechselwirkungen zwischen den Aromen kaum vorhersehbar. Aber ein paar handfeste Regeln gibt's. Dabei sind

beim Wein und beim Gericht die Eindrücke von Alkohol und Fett, von Tanninen und Bitterstoffen, Säure und Süße, Gewürzen und Mineralien das Räderwerk, das sich gegenseitig steuert. Einige Anregungen zu harmonischen Verbindungen von Weinen und Gerichten helfen beim Nachvollziehen.

Alkohol und Fett

Viel Alkohol intensiviert nicht nur den Geschmack des Weins, sondern auch des Essens. Da alkoholreiche Weine (meist) auch füllig sind, wirken sie süßer und »buttriger« als sie tatsächlich sind. Solche kräftigen Weine helfen verdauen, deshalb passen sie prima zu schweren, fettreichen Gerichten.

Üppige Weißweine sind Riesling Spätlese, Chardonnay aus Australien, Südafrika oder ein Chablis Premier Cru, weißer Graves aus dem Bordeaux, Condrieu von der oberen Rhône. Diese können gut zu gebratenem Fisch und hellem Fleisch in cremigen Butter- oder Sahnesaucen gereicht werden.

Schwere Rotweine (Spätburgunder Spätlese aus Baden oder Rheinpfalz, große Bordeaux-Weine oder ein Vacqueyras aus Frankreich, Pinotage, Merlot oder Cabernet-Sauvignon aus Südafrika, Cabernet-Cuvées und Shiraz aus Australien) schmecken zu Räucherwurst und Schinken, dunklem Fleisch (Rind, Lamm, Wild) in dunkler Sauce mit Speck oder Sahne und auch zu scharfen Chili-Gerichten.

Tannine und Bitterstoffe

In Rotweinen sind es die Gerbstoffe oder Tannine, die sie solo herb oder sogar rau schmecken lassen. Auch Weißweine können durch Barriqueausbau gerbstoffrei sein. Beim Essen sind es Zutaten wie Innereien (Leber, Nieren) oder Zubereitungsarten wie Grillen, Kurzbraten oder scharfes Anbraten, die dem Gericht (angenehme) Bitterstoffe liefern. Zusammen vertragen sie sich gut, solange man das Essen nicht zu viel salzt.

Gerbstoffreiche oder leicht bittere Weißweine (Schweizer Chasselas oder Fendant, ungarischer Tokaji) passen zu mild geräucherter Wurst (aber nicht zu salzigem Schinken!), barriqueausgebaute edelsüße deutsche und österreichische Rieslinge und Sauternes (aus dem Bordeaux) zu feinen Innereien (Kalbsleber) und Edelpilzkäse.

Tanninreiche Rotweine (junge Cabernet-Sauvignon-Weine; Frankreich: Bordeaux, Cahors aus dem Sud-Ouest, Caramany oder Collioure aus dem Rousillon; Italien: Chianti Classico, Cabernet Franc aus dem Friaul, Negroamaro aus Apulien; Spanien: Rioja oder Ribera del Duero) schmecken besser, wenn ihre Herbe durch eiweiß- und fettreiche Speisen gemildert wird und lassen sich gut zu gegrilltem Fleisch (mit Olivenöl einpinseln) und Schmorgerichten wie Gulasch oder Wild trinken. Ebenfalls ideal: zu mildem, fettem Hartkäse (Bergkäse, Parmesan).

Säure und Süße

Säurebetonte Weine helfen, üppige Gerichte leichter verdaulich zu machen. Und sie schmecken weniger sauer, wenn sie mit salziger Wurst oder mit Schinken kombiniert werden oder wenn die Säure im Wein durch etwas Süße im Essen gemildert wird (deshalb wird in Weißweinen der Säureeindruck gern mit etwas Restsüße korrigiert). Auch die Kohlensäure in Sekt oder Prosecco wirkt im Mund sauer! Die Süße im Wein dagegen verstärkt die Aromen im Gericht und kann dessen Säure neutralisieren (deshalb die Prise Zucker in italienischer Tomatensauce).

Säurereiche Weißweine (Riesling Kabinett aus Deutschland, Grüner Veltliner Federspiel aus der Wachau, Muscadet und Chablis aus Frankreich, australischer Chardonnay, Sauvignon-Blanc-Weine aus der Steiermark und französischer Crémant, italienischer Prosecco oder spanischer Cava) ergänzen deftige Räucherwurst und Schinken, neutralisieren den salzigen Geschmack von Meeresfisch (in Weißweinsauce) und Austern, Meeresfrüchten wie Scampi, Garnelen und Hummer. Sie sind aber auch die besten Begleiter zu Risotto und hellem Fleisch, natur oder paniert gebraten.

Rotweine mit deutlicher Säure (Barbera d'Asti, Beaujolais-Villages, manche Shiraz-Weine, Dôle aus dem Schweizer Wallis, Blaufränkisch aus dem österreichischen Burgenland und Schwarzriesling aus Württemberg) kann man zu Meeresfischen mit rotem Fleisch, Ragout aus Schweinefleisch oder Kalbfleisch und Entenbrust mit Äpfeln und Zwiebeln (leicht süßlich) gut trinken.

Süße Weiß- und Rotweine siehe Seite 138.

Gewürze und Mineralien

Nach Gewürzen duftende und schmeckende Rotweine kommen aus warmen Gebieten und harmonieren mit würzigen, mediterranen Speisen. Mineralische Weißweine kommen gut mit erdigen Noten in Gerichten klar.

Gewürzhafte Rotweine (Dornfelder aus der Pfalz, Dolcetto aus dem Piemont, Côtes du Rhône, Corbières, Syrah und Shiraz oder Cabernet-Sauvignon aus der Neuen Welt) und ein Lamm im Kräutermantel, ein mit feinen Kräutern und Knoblauch geschmortes dunkles Fleisch oder Gemüse (Auberginen), das schmeckt super.

Mineralische Weißweine (Müller-Thurgau und Weißburgunder aus Baden oder Österreich, Rieslinge von Mosel-Saar-Ruwer, Pfalz und Rheingau, Grauburgunder Kabinett vom Rhein, Chablis aus Frankreich) betonen die Aromen von vielen Gerichten und passen zu »erdigen« Speisen wie Pilzen (Pfifferlingen, Steinpilzen, Trüffel) oder – mit spürbarer Restsüße – zu chinesischen und thailändischen Spezialitäten, die mit Sojasauce gewürzt sind, und indischen Currygerichten.

Schlechte Verbindungen

 Säure im Wein und Säure im Essen vertragen sich nicht und machen leicht Sodbrennen. Deswegen säurebetonte Weine nicht mit Salat, Obst oder Zitrusfrüchten kombinieren.

Exotische Früchte, vor allem Ananas, vor oder zu tanninreichen Rotweinen gibt eine bittere Geschmackskatastrophe im Mund.

Räucherfisch und Rotwein passen nicht sehr gut zusammen, da beide zusammen leicht metallisch schmecken können.

Salziges wie geräucherter Schinken macht tanninreiche Rotweine noch herber. Säure im Wein macht Salziges wie gepökeltes Fleisch noch salziger.

Warum Wein so gesund ist

Wein in Maßen erhält die Gesundheit und schützt das Herz, heißt es. Fragt sich nur, was das rechte Maß ist.

Die unendlichen Weiten Amerikas. Wir schreiben das Jahr Null der Weinzeit (nach unserer Zeitrechnung 1996), als der Urknall geschah. Das US-Gesundheitsministerium veröffentlichte die Empfehlung, ein oder zwei Drinks pro Tag seien gesünder, als gar keinen Alkohol zu trinken! Und das in Amerika, dem Land, in dem nur wenige Jahrzehnte vorher die Herstellung und der Verkauf von alkoholischen Getränken gesetzlich verboten war!

Was war geschehen? Wissenschaftler hatten 29 Langzeitstudien, in denen die Teilnehmer bis zu 20 Jahre beobachtet wurden, ausgewertet und kamen zu dem Ergebnis, dass die Herz-Kreislauf-Erkrankungen, Haupttodesursache, um 40 Prozent zurückgingen, wenn jeder erwachsene US-Bürger zwei Gläser Wein am Tag trinken würde.

Herz bleib stark

Eine dieser Untersuchungen, die »Kopenhagen-Studie«, war besonders interessant. 13.000 Frauen und Männer mit unterschiedlichen Trinkgewohnheiten wurden über zwölf Jahre lang beobachtet. Das Ergebnis: Wer überhaupt keinen Alkohol trank, hatte ein doppelt so hohes Risiko, an Herzinfarkt zu sterben als diejenigen, die täglich ihre Drinks nahmen (»ein Drink« ist die Maßeinheit für 12 Gramm Alkohol in einem Getränk, entspricht etwa einem Achtel Liter leichtem Wein). Bei Biertrinkern war immerhin das Herzinfarktrisiko um knapp 30 Prozent erniedrigt. Die Wahrscheinlichkeit, an anderen Krankheiten zu sterben, war aber die gleiche wie bei denen, die keinen Alkohol ge-

Wie viel Alkohol steckt im Wein?

Volumenprozent	Gramm Alkohol pro Liter	pro 100-ml-Gläschen
8 % Vol	62 g / l	6 g / 100 ml
10,5 % Vol	83 g / l	8 g / 100 ml
13 % Vol	103 g / l	10 g / 100 ml
14 % Vol	110 g / l	11 g / 100 ml

trunken haben. Doch dann der Knaller: Die Weinfreunde, die rund einen halben Liter am Tag schöppelten, hatten 60 Prozent weniger Herzinfarkte und auch ihre Gesamtsterblichkeitsrate betrug nur die Hälfte gegenüber den Nichttrinkern. Probanten, die ihre Drinks als Schnaps kippten, hatten allerdings ein um 35 Prozent höheres Risiko, an Herz-Kreislauf-Erkrankungen zu sterben.

Warum ist Wein nun so gesund? Sein Alkohol wirkt deshalb herzschützend, weil er das »gute« HDL-Cholesterin erhöht und das »böse« LDL-Cholesterin im Blut senkt. Die Blutgefäße werden entspannt und die Durchlässigkeit erhöht, die Blutplättchen kleben weniger zusammen und können keinen gefäßverschließenden Pfropfen bilden, die zum Infarkt führen.

Freie Radikale ade

Die faszinierendsten Inhaltsstoffe des Weins sind die natürlichen Polyphenole, eine große Gruppe verschiedener Substanzen, die im

Wein als Schutzstoffe wirken. Die Weinreben bilden diese Stoffe, um z. B. ihre Beeren vor dem Verfaulen oder Gefressenwerden zu schützen. Zu diesen Schutzstoffen gehören die Tannine oder Gerbstoffe, die Flavonoide, Anthocyane und Cumarine. Vielleicht besser unter sekundären Pflanzenstoffe bekannt. Alle sind gesundheitsfördernd, stärken das Immunsystem, wirken antimikrobiell, entzündungshemmend, und vor allem antioxidativ.

Antioxidativ? Also Oxidation ist eine Reaktion von irgendwas mit dem Sauerstoff in der Luft. Auch im Körper gibt es oxidative Vorgänge, die aber entgleisen können. Dann entstehen freie Radikale, aggressive Stoffe, die in Körperzellen und verschiedenen Organen Schaden anrichten, früher altern lassen und bis zum Krebs führen können. Schlechte Umwelteinflüsse (Autoabgase, Zigarettenrauch, belastetes Obst und Gemüse) unterstützen diesen Vorgang. Und Anti-Oxidanzien wenden sich nun gegen diese freien Radikale und machen sie unschädlich. Es ist also ziemlich wichtig, dass wir genügend davon zu uns nehmen.

Das wirksamste Polyphenol, das bisher entdeckt wurde, ist das Resveratrol, das (wie die anderen Phenolverbindungen auch) die gute Cholesterinfraktion erhöht, die schlechte senkt. Die Fettablagerung verhindert, die Blutgefäße entspannt und erweitert sowie die Neigung zur Blutplättchenverklumpung senkt. Also wirklich allen Arten von Infarkten entgegenwirkt.

Man könnte reichlich Obst und bunte Beeren essen – denn die enthalten auch sekundäre Pflanzenstoffe. Aber da gibt es eine überraschende Erkenntnis. Die Schutzstoffe in Obst und Gemüse sind nicht sehr stabil und werden nach der Ernte bald nutzlos. Beim Wein sind durch die Gärung und den Alkohol die Polyphenole aufgeschlossen und konserviert. Ein Glas Wein enthält mehr und vielfältigere Phenolverbindungen als ein Glas Obst- oder Gemüsesaft! Außerdem können die Verbindungen durch den Alkohol vom Körper besser aufgenommen werden.

Rotweine und Weißweine enthalten zwar unterschiedliche Mengen an Polyphenolen – Rotweine mehr, Weißweine weniger – aber in ihrer Wirkung sind beide Weinsorten gleich, da beim Weißen die Phenolverbindungen stärker aktiv sind. Und die Behauptung, nur Rotweine aus dem Barriquefässchen seien gut fürs Herz, weil dieses ja mehr Tannine in den Wein bringt, ist bis jetzt nicht belegbar.

Nur einen Haken haben die vielen guten Stoffe im Wein: Sie halten im Körper nicht lange vor. Drum ist die mäßige, aber regelmäßige Zufuhr so wichtig. »A glas of wine a day keeps the doctor away« lautet die medizinische Empfehlung.

Jeden Tag einen Schoppen Wein, damit sind die Bewohner des Bürgerspitals zum Heiligen Geist in Würzburg, denen das Gläschen heute noch nach alter Speiseordnung zusteht, schon immer erstaunlich alt geworden.

Mehr ist nicht besser

Aber aufgepasst, das ist kein Freibrief für hemmungslosen Weinkonsum! Wird nämlich mehr als 60 Gramm Alkohol am Tag getrunken, wirkt er nicht mehr herzschützend, sondern die Sterblichkeitsrate steigt wieder an. Die positiven Wirkungen sind nur dann da, wenn mäßig getrunken wird. Und »mäßig« meint eine Alkoholmenge von 40 bis 50 Gramm beim Mann, bei einer Frau dürfen es dagegen nur 20 bis 30 Gramm sein. Faustregel: Ein Wein mit 12 % Vol Alkohol enthält etwa 100 Gramm Alkohol pro Liter. Wenn Mann von einer Dreiviertelliterflasche zwei Viertel, Frau ein Viertel trinkt, kommt das Verhältnis etwa hin.

Wenn Wein krank macht

Wein hat gute Seiten, aber auch schlechte. Und die kommen immer zum Vorschein, wenn man zu viel davon trinkt. Stichwort Alkohol.

Von ein paar wirklich guten Seiten des Weins haben wir ja gerade auf der Seite vorweg erfahren. Er kann sogar noch mehr. Er verhindert, dass sich Nierensteine bilden. Er killt Bakterien, die Magen-Darm-Infektionen und Durchfall verursachen. Er verbessert die Verdauung allgemein und besonders die von Fett. Und er kurbelt die Denkfähigkeit an und baut Stress ab.

Genial. Also nichts wie zur Flasche greifen. Halt, halt. Dass alles kann er aber nur vollbringen, wenn man ihn in Maßen und nicht in Massen trinkt. Ausschlaggebend ist hier nicht nur die tägliche Gesamtmenge, die konsumiert wird, sondern auch wie viel jeder in einer bestimmten Zeit trinkt. Das ist für die Promille im Blut entscheidend. Also nur wichtig für Autofahrer? Nein. Ein Blutalkoholwert von mehr als 0,5 Promille (Milliliter Alkohol pro Liter Blut) ist schlecht für die Leber. Und die braucht jeder zum Entgiften des Körpers.

Mann mehr, Frau weniger

Pro Kilo Körpergewicht kann ein gesunder Mann etwa 100 Milligramm, eine Frau nur 85 Milligramm Alkohol pro Stunde abbauen (Frauen haben weniger alkoholspaltende Enzyme): ein 70-Kilo-Mann also 7 Gramm, eine 60-Kilo-Frau nur 5,1 Gramm. Sind über den Daumen ein 100-ml-Gläschen Wein beim Mann, ein knapp dreiviertelvolles 100-ml-Gläschen für die Frau.

Erste Station des Weins ist der Magen, wo bereits ein erster Abbau stattfindet. Von dort aus geht er – samt Alkohol – direkt ins Blut.

Ist der Magen voll, passiert das langsam. Ist der Magen leer, geht das schnell. Und wenn der Wein noch Kohlensäure enthält wie Sekt, geht's noch schneller. Damit der Wein nicht so leicht »in den Kopf steigt«, sollte man also für eine gute Grundlage sorgen. Oder ihn zum Essen trinken. Ist aber nicht so, dass bei vollem Bauch zum Schluss weniger Promille im Blut sind, es dauert nur länger. Nun geht's weiter: Vom Magen aus wandert der Wein samt seinem Alkohol weiter in den Darm und wird dort über die Schleimhaut aufgenommen und ins Blut befördert, kreist im Körper herum und kommt schließlich zur Leber, die für den Abbau zuständig ist.

Was der Leber schadet

Trinkt man also nicht mehr, als die gerade angegebenen Mengen pro Stunde und die noch schön langsam, steigt der Blut-Promille-Wert nicht an. Kippt man mehr pro Stunde, dann kommt die Leber mit dem Abbau nicht nach und die Promillchen steigen. In der Leber teilen sich zwei Enzymsysteme die Aufgabe: die Alkoholdehydrogenase (das alkoholspaltende Enzym, das die Grundreinigung übernimmt) und ein MEOS genanntes mischfunktionelles System für die harte Arbeit, wenn zu viel Alkohol im Blut ist. Ab etwa 0,5 Promille schaltet sich das MEOS zu dem normalen Abbau dazu. Seine Abbauleistung kann (im Gegensatz zur Alkoholdehydrogenase) trainiert werden. Wer regelmäßig zu viel Alkohol trinkt, bringt das Enzym zu Höchstleistungen. Hat aber einen dicken Pferdefuß: Dieses System produziert bei stärkerer Tätigkeit aggressiven Sauerstoff

und damit freie Radikale, die die Zellen der Leber schädigen. Vermutlich sind diese freien Radikale die Ursache für eine Säuferleber (Leberzirrhose). Also gilt nicht nur für Autofahrer: unter 0,5 Promille ist besser (Promillerechner im Internet, der nach Körpergewicht, Magenfüllung und Alkoholmenge die Promille im Blut ausrechnet, siehe Seite 127).

Kopfschmerz & Allergie

Kopfschmerzen und den »Kater« nach zu viel Wein kennen wohl die meisten. Beides wird vor allem durch größere Menge »Fuselalkohole« (Methanol und andere Alkohole als Ethanol) verursacht, die in jedem Wein vorkommen. Aber manchmal tut der Kopf schon nach einem Glas weh. Typisch ist dann ein Spannungskopfschmerz, oft einseitig an der Schläfe oder hinter den Augen. Er kann kurz oder lang anhalten und ist oft mit Übelkeit verbunden. Ursache hierfür ist fast nie der Schwefel im Wein, sondern biogene Amine – vor allem das Histamin, ein Eiweißbaustein. Er entsteht im Wein durch die Gärung, vor allem durch den biologischen Säureabbau (BSA). In Rotweinen ist er in höherer Konzentration vorhanden als in Weißweinen, in sorgfältig hergestellten ist er seltener als in billigen, die nicht so sauber vergoren wurden. Wer nun auf Histamine allergisch reagiert, bei dem können sich Juckreiz, Ausschlag oder Übelkeit bemerkbar machen. Histamin-Allergien treten häufiger bei Weinen im Weinschlauch (BiBs, oft schnell bei höheren Temperaturen vergoren und durch starken BSA jung trinkbar gemacht) auf, nachweislich seltener bei Bio-Weinen. Histamin steckt aber auch in Käse (vor allem Rohmilchkäse), Salzheringen und Sardellen, Sauerkraut und Schokolade. Wer auf dieses Amin allergisch reagiert, für den kann die Kombination von histaminhaltigem Rotwein mit ebensolchem Rohmilchkäse besonders gefährlich werden.

Medikamente & Wein

Wer Tabletten einnehmen muss, sollte unbedingt den Beipackzettel lesen oder seinen Arzt oder den Apotheker fragen, ob sie sich mit Wein vertragen. Manche Antibiotika verstärken ihre Wirkung in Kombination mit Al-

Der Kater

➜ Nach ausgiebigem Weingenuss brummt der Kopf am nächsten Tag, man ist benommen und fühlt sich durch die Mangel gedreht – das ist ein typischer Kater.

Ursache ist ein Zuviel an Alkohol, das beim Abbau Acetaldehyd und Zytokine im Körper entstehen lässt. Schädigen Leber und Nervensystem.

Abhilfe: reichlich basisches Mineralwasser (siehe nächste Doppelseite) trinken, Kopfschmerztablette mit Acetylsalicylsäure nehmen, Salziges essen. Ungeeignet: Alkohol.

Wenn Trinken zur Sucht wird

Ein Arzt sagte: »Alkohol ist doch ein erstaunliches Lösungsmittel. Es kann gute Freundschaften und Beziehungen, Ehen und Bankkonten lösen. Nur eines nicht: Probleme auflösen. Obwohl das immer wieder versucht wird.«

Zu viel Wein bzw. Alkohol kann zum Risiko für Leben und Körper werden, vor allem wenn es ein regelmäßiges Zuviel ist. Denn dann wird der vermeintliche Problemlöser selbst zum Problem. Dann ist er plötzlich kein Mittel mehr, mit dem man sich stärker, entspannter, besser fühlt, sondern eine Droge, nach der der Körper immer mehr verlangt und um die sich schließlich das ganze Leben dreht. Und man fühlt sich immer schwächer, angespannter, schlechter. Aus diesem Teufelskreis gibt es nur ein Entkommen – der Sprung aufs Trockene in die völlige Enthaltsamkeit. Da hilft einem auch der beste Wein nicht mehr weiter.

Allerdings: Nicht jeder, der mal ein, zwei Gläser zu viel trinkt, und sei es aus Kummer, ist auf dem Weg zur Sucht. Ein Graf aus Südtirol sagt: »Der gepflegte Rausch ist ein Stück menschlicher Kultur.« Und Kultur heißt, einen Wein und seine Wirkung zu achten und zu genießen statt zu missbrauchen.

kohol, bei anderen können schon zwei Gläser Wein zu Vergiftungserscheinungen führen. Acetylsalicylsäure (ASS, Aspirin) bekämpft zwar Kopfschmerzen und Kater, soll aber laut Beipackzettel nicht zusammen mit Alkohol genommen werden (also besser hinterher). Paracetamol, ebenfalls ein Wirkstoff in Schmerztabletten, belastet selbst schon so die Leber, dass sie hoffnungslos überfordert wäre, wenn sie auch noch Alkohol abbauen müsste. Solche Schmerzmittel nicht zur Katerbekämpfung einnehmen!

Alkohol meiden müssen auch Schwangere und Kranke mit vorgeschädigter Leber, aber denen sagt es der Arzt schon eindringlich. Sonst sollte man öfter auf die innere Stimme hören – manchmal mag man weniger oder gar keinen Wein, dann lässt man ihn eben weg und trinkt stattdessen Wasser. Vor allem, wenn man sich mal schlecht und elend fühlt oder erkältet ist, kann man sich meistens auf sein Gefühl verlassen. Das tägliche Gläschen Wein ist ja keine Pflicht, nur damit die Adern frei gehalten werden.

Wasser zu Wein
– ein wundersames Gespann

Wein und Wasser sind gute Partner. Einer für den Genuss, einer für den Durst. Aber beide müssen zusammenpassen.

Die Verwandlung von Wasser in Wein ist eine alte Geschichte. Aber die Verbindung von Wein und Wasser ist oft überraschend. Der größte Unterschied: Wasser trinkt man, wenn man Durst hat. Wein trinkt man, wenn man genießen will. Und doch gibt es wichtige Zusammenhänge: Viel Wasser ist wichtig, um die Abbauprodukte des Stoffwechsels auszuspülen. Um das Blut dünnflüssig zu halten und die Körpertemperatur zu regulieren. Bei Sommerhitze merken wir das besonders, dann schwitzen wir viel, und durch die Verdunstung des Schweißes wird der Körper gekühlt.

Das Durstgefühl ist meist ein guter Anzeiger für den Flüssigkeitsbedarf. Wer Wein trinkt, muss aber mehr Wasser trinken, als er Durst verspürt. Denn Wein regt die Nieren zu mehr Arbeit an, sie scheiden mehr Flüssigkeit aus. Wissenschaftlich: Die Harnbildung wird gesteigert, die Harnsäurekonzentration vermindert. Ist gut gegen Nierensteine. Offenbar hemmt Alkohol ein bestimmtes Hormon, das Gegenteiliges im Körper bewirken will.

Ein Wein, zwei Wasser

Deshalb gehört neben die Flasche Wein eine Flasche Wasser auf den Tisch. Oder besser zwei. Faustregel: Zu einem Glas leichtem Weißwein zwei gleich große Gläser Wasser, zu einem Glas kräftigem Rotwein drei Gläser Wasser trinken. Am besten ein Wasser mit nicht zu viel Kohlensäure und nicht zu kalt. Und vor dem Wein trinken, damit dessen Geschmack nicht verdünnt wird.

Das hat noch einen angenehmen Effekt. Viel Wasser trinken weitet den Magen, als ob er wie ein Luftballon aufgeblasen würde. Größeres Magenvolumen heißt größere Oberfläche innen drin. Und da der Alkohol im Wein bereits von der Magenschleimhaut abgebaut wird, geht so weniger Alkohol ins Blut über. Klingt fast zu einfach, um wahr zu sein. Ist's aber. Viel Wasser trinken und der Blutalkohol bleibt unten. Also gehört zu einem guten Essen ein guter Wein und viel Wasser.

Wein ist eine Geschmackskomponente des Genusses. Wasser kann auch eine sein. Es gibt einfaches Leitungswasser, Plastikfla-

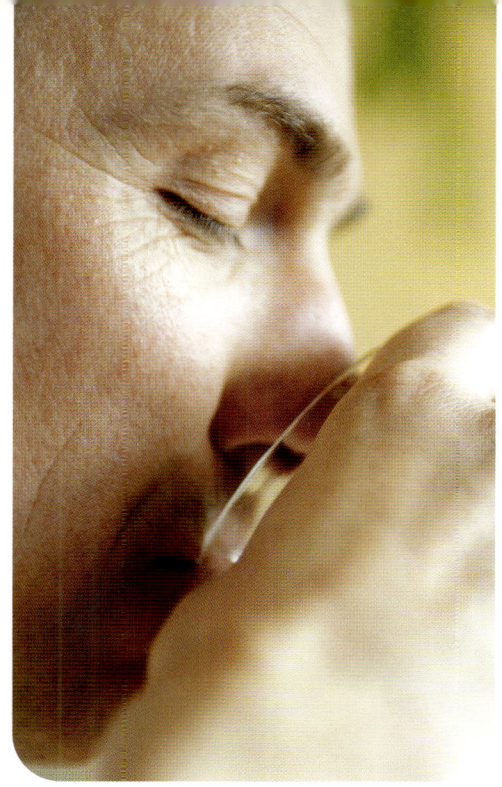

Wasser sucht Partner

- 🟡 Neutrales, kohlensäurereiches Wasser betont die Säure und passt deswegen gut zu säurearmen Weinen.

- 🟠 Basisches (mit viel Magnesium, Kalzium) und kohlensäurearmes Wasser lässt säurereiche Weißweine milder wirken.

- 🔴 Bei Rotweinen nimmt basisches Wasser die Säure, dafür wirken die Gerbstoffe (Tannine) stärker.

- 🔴 Salzige, stark basische Wasser machen Rotweine bitter.

schenwasser, Glasflaschenwasser und Edelwasser im Designer-Outfit. Darum ist es doch gar nicht so paradox, das Wasser passend zum Essen, besser gesagt: passend zum Wein auszuwählen.

Wasser marsch!

Wer Unterschiede bei den Weinen schmeckt, kann auch Unterschiede beim Wasser entdecken. Und wie Weinflaschen haben auch Wasserflaschen ein Etikett, das einiges verrät. Sogar mehr als die Etiketten beim Wein. Aber erst mal ein Wasser ohne Etikett probieren: das Leitungswasser, auch Trinkwasser genannt. Fließt preiswert aus dem Hahn, ist, wie der Name sagt, zum Trinken geeignet und hat die optimale Temperatur dafür. Etwa zwölf Grad. Kälter sollte sowieso kein Wasser serviert werden. Leitungswasser wird bei uns streng überwacht, ist hygienisch einwandfrei, schmeckt aber aus jedem Wasserhahn anders. Das eine Wasserwerk holt es aus der Tiefe, ein anderes bringt Wasser aus Seen oder Flüssen auf Trinkbarkeit. Einfach mal das Wasser aus dem Hahn probieren. Oft ist es ein prima Partner für den Wein. In Italien und Griechenland wird am liebsten einfaches kaltes Leitungswasser zum Essen getrunken. Wer etwas Prickelndes bevorzugt, kann es ja im Aquasprudler mit ein wenig Kohlensäure versehen. Das Ergebnis entspricht dann in etwa den französischen Edelwässern mit geringem Mineralgehalt.

Wasser für die Tafel

Feiner ist natürlich das Wasser in der Flasche – mit Etikett, das man lesen lernen muss. »Still« oder »halbstill« oder »kohlensäurehaltig« heißt übersetzt, wie intensiv das Wasser im Glas blubbert. Deutsche mögen stärkeren, Italiener und Franzosen sanfteren Sprudel. Steht »Tafelwasser« drauf, bedeutet das, dass Trinkwasser mit mehr oder weniger viel Kohlensäure und vielleicht noch einigen Mineralsalzen versetzt ist. Ein Wässerchen der einfachsten Klasse. »Mineralwasser« ist Wasser aus der Tiefe der Erde, das aus Mineralquellen sprudelt oder an die Oberfläche gepumpt wird. In der Regel enthält es mehr Mineralien und Spurenelemente als das Tafelwasser. »Heilwasser« darf nur draufstehen, wenn ein natürliches Wasser so viel von einem gesund machenden Mineral oder Spurenelement enthält, dass es als Arzneimittel getrunken werden kann. Heilwässer schmecken oft so salzig, dass sie jeden Weingeschmack verfälschen.

Beim Mineralwasser die Zusammensetzung (steht auf dem Etikett) lesen. Es wird unterteilt in Kationen (Natrium, Kalium, Kalzium, Magnesium) und Anionen (Chlorid, Sulfat, Hydrogenkarbonat, Fluorid). Die jeweilige Menge bestimmt den Geschmack. Hat das Wasser 100 bis 200 Milligramm Natrium, 100 bis 350 Milligramm Kalzium und 30 bis 100 Milligramm Magnesium, 10 bis 40 Milligramm Chlorid, um 20 Milligramm Sulfat und 1500 Milligramm Hydrogencarbonat mit wenig Kohlensäure, ist sein Geschmack neutral und weich – und es passt fast immer zum Wein.

Wasser zum Wein

Wasser ist Wasser – dass das nicht so ist, weiß jeder, der mal verschiedene Sorten zu einem Wein probiert hat. Die Inhaltsstoffe, Salze, Mineralien und Kohlensäure des Wassers wirken sich deutlich auf den Geschmack des Weines aus. Sie können seine guten Eigenschaften noch verstärken, sie können ihn aber auch »mundtot« machen. Seine Aromen auslöschen oder so verändern, dass er im Duo ganz anders schmeckt als solo.

Ein kohlensäurearmes oder freies Wasser mit niedrigem Mineralgehalt (Kationen und Anionen um 10 Milligramm, nur Kalzium um 100, Hydrogenkarbonat um 250 Milligramm), das sehr neutral, weich und fast süß schmeckt, wäre der ideale und völlig dezente Begleiter für große Rotweine. Ein salziges Wasser (Natrium um 1.200 Milligramm) mit eher breitem Geschmack macht edle Rotweine bitter und weniger fein. Bei Weißweinen wirkt eine vorher dezente Restsüße plötzlich plump und unharmonisch. Ein hoher Mineralstoffgehalt macht das Wasser zu einem problematischen Begleiter. Noch schlimmer wird das bei einem Heilwasser, das den Wein völlig verdeckt und nicht mehr zur Geltung kommen lässt.

Ein Mineralwasser aus der Eifel mit einem hohen Gesamtsalzgehalt und viel Magnesium (über 100 Milligramm) ist zwar kein passender Weinbegleiter, aber eine Flasche davon nach kräftigem Weingenuss gleicht den Mineralverlust des Körpers aus und man fühlt sich am nächsten Morgen topfit.

Feiertagsweine oder Alltagsweine –
was ist besser? Zwei Meinungen dazu:

Pro Feiertagsweine

»Das größte Vergnügen ist es doch, einen großartigen Wein im Keller zu haben und dann, wenn er trinkreif ist, ein tolles Menü dazu zu planen. Da wird mit Bedacht ausgesucht und eingekauft, der Wein in eine edle Karaffe dekantiert. Kerzen und Blumen, Gläser und Geschirr vom Feinsten eingedeckt, um den Wein und das Essen zu würdigen.

Wein ist ein jahrtausendealtes Kulturgut, das gepflegt und erhalten werden muss. Deshalb darf ein Wein auch was kosten. Unter 50 Euro gibt es doch nur einfache Weine. Da kann man ganz schön reinfallen und einen erwischen, der partout nicht schmeckt. Dann ist das Geld zum Fenster hinausgeworfen. Also lieber was Besseres kaufen. Das bin ich mir selbst wert.

Beim Weinfachgeschäft bin ich Stammkunde. Kenn' mich ja schon aus, lese regelmäßig Weinzeitschriften und achte auf die Bewertungen. Punkte oder Benotungen sind doch nicht aus der Luft gegriffen, das machen doch Experten. Und wenn ein Weingut einen Namen hat, wird das keinen Wein produzieren, der seinen Ruf ruiniert. Falls ein Jahrgang daneben geht, dann verkaufen die den als Einfachwein. Ohne ihren Namen.

Ein guter Wein muss einfach teuer sein. Handlese, wenig Most, neue Barriques, langer Ausbau. Das sind doch wirklich Faktoren, die viel Geld kosten. Auch wenn andere mich ironisch »Etikettentrinker« nennen, ich stehe dazu. Und bin damit immer gut gefahren.

Wein ist keine Ware, die man an Produktionskosten und Preisaufschlägen messen kann. Ein guter Wein ist für mich keine Konsumware, sondern ein Luxusgut. Die Erfüllung hoher Erwartungen, da fängt man nicht zu rechnen an. Ich kauf' doch auch keine gefärbten Forelleneier, wenn mir nach Beluga zum Champagner ist. Ich sehe mich auch als Kulturerhalter, als einer, der die guten Dinge nicht aussterben lassen will.«

Pro Alltagsweine

»Es ist leider traurig, aber wahr: Wenn ein Wein preiswert ist, wird er nicht von Weingourmets akzeptiert. Mal ehrlich: Wer traut sich, in ein Fachgeschäft zu gehen und zu sagen, er hätte gern einen Wein unter fünf Euro. Da haben leider sogar viele Fachhändler Probleme damit, sie überhaupt ins Programm zu nehmen. Die erlesenen Kunden könnten ja denken, da gäb's nichts Seriöses.

Wer täglich sein Gläschen Wein zum Essen trinkt, schaut nicht nach Punkten oder sonstigen Auszeichnungen. Der geht nach Inhalt, nicht nach Etikett oder Preis. Sagte doch einer, der was vom Wein versteht und jede Woche mehrere hundert probiert: Der einzige Grund, dass ein Wein über 50 Euro kostet, ist der, dass es Kunden gibt, die solche Preise bezahlen wollen. Wollen! Kein Weingut könne derart hohe Produktionskosten haben, um solche Preise zu rechtfertigen. Außer jede Beere würde einzeln abgepflückt und von Hand ausgepresst. Und der Most dann in vergoldeten Fässern vergärt.

Der richtige Wein zum Essen ist für mich kein Problem. Ich schau', was da ist, und pack' mir eine Flasche, von der ich denke, sie könnte passen. Und meistens ist das auch so, weil ich keine hochbepunkteten Mainstream-Fruchtbomben mag.

Ab 25 Euro aufwärts kann ich nicht mehr sagen, ob dieser Wein Extra- oder Superklasse ist. Ich probiere mich durch alle Weine durch. Bei Winzern in Deutschland und im Fachgeschäft - bei Rotweinen aus Süditalien und in Frankreich (vor allem aus dem Süden und Südwesten) - finde ich immer erstklassige bezahlbare Weine.

Von denen liegen ein paar Kisten bei mir im Keller, alle um zehn Euro die Flasche. Jeder Etikettentrinker kriegt so einen blind vorgesetzt, wenn er mal acht oder neun Jährchen gelegen hat. Und dann reißt der nur noch die Augen auf.«

Wein & Essen

Fische & Meeresfrüchte

Weine zum Essen: Ausschlaggebend ist nicht die Art des Seafoods, sondern dessen Zubereitungsweise. Kommt der Eigengeschmack von Fisch und Scampi, Garnelen oder Tintenfisch besonders gut zur Geltung wie beim Dünsten oder sanften Braten, passt ein leichter trockener Weißwein, der dezent zur Seite steht. Typ: deutscher Silvaner, Riesling Kabinett, Elbling von der Mosel, Bordeaux Blanc und Entre-Deux-Mers aus Bordeaux, Pouilly-Fuissé aus dem Burgund, Sancerre von der Loire, Chenin Blanc von Südafrika, Colombard aus Australien, Sauvignon Blanc aus Kalifornien.
Werden Fisch und Co. gebraten oder gegrillt, schmeckt auch ein Spätburgunder Weißherbst aus Baden, ein Schillerwein aus Württemberg oder ein roter Côte de Nuits-Villages aus Burgund dazu.
Weine zum Kochen: Silvaner, Bordeaux Blanc oder roter Barbera aus dem Piemont.

Gemüse

Weine zum Essen: Gemüse in heller sahniger Sauce ruft nach Weißwein vom Typ Müller-Thurgau oder Grauburgunder aus Baden, Riesling von der Mosel oder aus Sachsen, Pinot Grigio aus Südtirol, Est! Est!! Est!!! di Montefiascone Secco aus Latium oder Vermentino di Gallura (Italien), Sauvignon Blanc von der Loire, Rueda aus Spanien.
Fruchtgemüse wie Auberginen, Zucchini und Paprikaschoten brauchen meistens einen Rotwein. Gut: mittelkräftiger Spätburgunder aus Baden, Chianti (Classico oder Colli Senesi), Côtes du Rhône Villages, Corbières aus dem Languedoc, roter Landwein aus Kreta (Griechenland).
Weine zum Kochen: als Weißwein ein Chardonnay, als Rotweine ein Vin de Pays d'Oc aus dem Languedoc, ein Valpolicella aus Venetien und ein Landwein aus Kreta.

Italienisches mit Tomate

Weine zum Essen: Zu Spaghetti, Pizza und anderen italienischen Gerichten mit Tomaten passt natürlich ein nicht zu gehaltvoller Rotwein aus Italien am besten. Cor-vina vom Gardasee, Bardolino Superiore aus Venetien, Montepulciano d'Abruzzo, Pinot Nero von den Colli Orientali oder Merlot aus dem Friaul, ein Rupícolo oder nicht zu junger Primitivo aus Apulien, ein Monica oder Cannonau di Sardegna aus Sardinien – das wären hier die Richtigen. Experimentierfreudige probieren auch mal einen Shiraz aus Australien, einen Vin de Pays oder einen Merlot Pic Saint-Loup aus dem Languedoc, einen Schwarzriesling aus Württemberg oder einen Spätburgunder aus Baden dazu aus.
Weine zum Kochen: Südtiroler Vernatsch, Sangiovese di Romagna, leichter Barbera d'Asti oder di Piemonte, Bardolino Classico.

Helles Fleisch & Geflügel

Weine zum Essen: Wird Schwein, Kalb oder helles Geflügel nur kurz natur gebraten, schmecken auch Sekt, Prosecco oder Cava dazu. Mit einer hellen Sauce ist etwas Gehaltvolleres wie ein Rheingauer Riesling, eine Silvaner Spätlese aus Franken, Chardonnay Kabinett von der Hessischen Bergstraße, Riesling Spätlese aus der Pfalz oder von der Nahe, ein Grand Cru Classé de Graves aus dem Bordeaux oder ein Tokaji Furmint Sec (trockener Weißwein aus Ungarn) besser.
Zu geschmortem Fleisch kann's auch ein leichter Rotwein, ein Dornfelder aus der Pfalz, ein Spätburgunder Weißherbst vom Bodensee oder aus Baden oder auch ein Beaujolais-Villages sein.
Weine zum Kochen: als Weißwein Colombard aus Australien, Gutedel aus Baden, Elbling von der Mosel oder roter Beaujolais.

Dunkles Fleisch

Weine zum Essen: Zu Rind oder Lamm vom Grill passt ein kräftiger Rotwein aus dem Languedoc, ein Bourgueil von der Loire und ein Negroamaro aus Apulien.
Nicht zu schwere Schmorgerichte vertragen sich mit Südtiroler Lagrein, Pinotage aus Südafrika (auch zum Kochen), Rosso Conero aus den Marken, Cabernet aus dem Trentino, Valpolicella Classico Superiore aus Venetien, Pinot Noir aus dem Burgund.
Zu kräftigen Gerichten älterer Barolo oder Barbera del Monferrato aus dem Piemont, Vitiano oder Colli Amerini Rosso aus Umbrien, Rasteau von den Côtes du Rhône Villages, Shiraz-Cabernet-Sauvignon-Cuvée aus Australien, Coastal Zinfandel aus Kalifornien.
Weine zum Kochen: Sangiovese del Rucibone, einfacher Cabernet-Sauvignon aus Chile.

Desserts & Kuchen

Weine zum Essen: Zu fruchtigen Desserts munden auch süße Sekte (Cava Dulce, Moscato d'Asti Spumante, Rosé-Champagner) oder ein Vouvray von der Loire, ein Vino Passito aus der Emilia-Romagna oder Riesling-Auslesen aus Deutschland.
Desserts und Kuchen mit feiner Schokolade schmecken am besten mit herberen Dessertweinen wie Tokaji aus Ungarn, Grauburgunder Auslese trocken von der Bergstraße, Rasteau von den Côtes du Rhône, ein Vin Doux Naturelles aus dem Rousillon (Banyuls, Maury, Muscat de Rivesaltes) oder die Vini Santi aus Norditalien.
Richtig für Süßmäuler sind edelsüße schwere Weine von der Loire (Coteaux du Layon) und Trockenbeerenauslesen aus Deutschland und Österreich mit intensiven Dörrobstaromen.
Weine zum Kochen: Riesling oder Silvaner mit Restsüße.

153

Auf Weinreise durch
die Neue Welt

Wo fängt sie an, die Neue Welt? Und wo hört sie auf? Ein weiter Weg
von Kalifornien nach Australien.

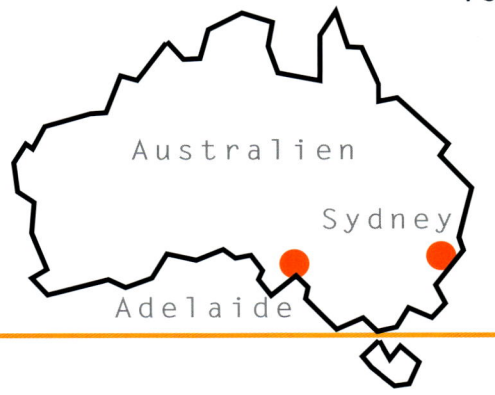

Australien

Sydney

Neuseeland

Adelaide

Dass heute in Nord- und Südamerika, in Australien, Neuseeland und Südafrika Weinreben aus Europa angebaut werden, ist den vielen Emigranten, Missionaren und Verbannten zu verdanken, die im Handgepäck eine Rebe als Andenken an ihre Heimat mitnahmen. Wo sie sich niederließen, gab es bald schon Weinberge und den ersten Hausschoppen. Aber erst vor gut zwei Jahrzehnten begann die Weinrevolution der Neuen Welt, die der Alten zeigen sollte, wie man auch Wein machen kann. Als erstes bewies Kalifornien, dass auf großen Weinen nicht unbedingt Bordeaux draufstehen muss.

Kaliforniens Klasse

An der Westküste der Vereinigten Staaten, in Kalifornien, erstreckt sich vom Mendocino County bis San Diego ein Weinbaugebiet, in dem der meiste Wein Amerikas produziert wird. Spezielle Lagen gibt es kaum, die Bezeichnung »Vineyard« hat Seltenheitswert, die Weine werden mit der Region und der Rebsorte bezeichnet. Am bekanntesten ist das Napa Valley nördlich von San Francisco,

Zentrum der Spitzenweine Kaliforniens. Als beste Bereiche gelten die mittleren Talbereiche mit sanften Nordosthängen an der Nordküste, die von der Morgensonne profitieren und spät am Tag im Schatten liegen. »Opus One«, Mondavis »Cabernet-Sauvignon Reserve« und sein »Barrel Selected Sauvignon Blanc Reserve« aus dem Napa Valley zählen zu den weltbesten Weinen dieser Art. Cabernet-Sauvignon, Merlot, Chardonnay und Sauvignon Blanc sind die wichtigsten Rebsorten. Westlich anschließend Sonoma mit einem südlichen Bereich (Sonoma Valley) und einem nördlichen, wo die besten Zinfandel-Weine, amerikanisch »Zins«, entstehen. Gefragter Zinfandel-Stil heute: dunkel, kräftig, mit würzigem, fruchtigem Charakter. Stars sind die »Old Vine Zinfandel« von alten Rebstöcken. Auch im anschließenden Mendocino, schon an der Grenze nach Oregon (wo ebenfalls Wein wächst) gedeiht vor allem in höheren Lagen der »Zin« hervorragend. Südlich von Napa liegt Carneros, das von der kühlen Meeresbrise profitiert und wo Rebsorten, die langsam reifen müssen wie Pinot Noir und Chardonnay, besonders gut geraten. Die restlichen Weinbaugebiete von Kali-

fornien, vor allem das Central Valley, stehen für leichte, lustige Tafelweine und lieb-lichen »White Zin«, ein Rosé aus Zinfandel.

Chile und Argentinien

An der Westküste Südamerikas, am Fuß der schneebedeckten Andengipfel, mit deren Schmelzwasser die Reben bewässert werden, wachsen Cabernet-Sauvignon und Merlot, Chardonnay und Sauvignon Blanc. Etliche Premium-Weine kommen vom Rio Maipo, Curico und der Maule-Region. Inzwischen sind aber die Preise in astronomische Höhen galoppiert und viele Weinfreunde wenden sich nun mehr den Weinen aus Argentinien zu, wo im Anbaugebiet Mendoza und San Juan neben einfachen Weinen auch Spitzenweine aus Cabernet-Sauvignon, Bonarda, Syrah und Tempranillo zu finden sind. Mendoza könnte sich zu einer neuen Prestigeregion entwickeln. Tagsüber heiß, nachts kalt, Temperaturunterschiede von 20 Grad am Tag, das lässt komplexe Aromen in den Trauben entstehen. Künstliche Bewässerung ist notwendig, aber wegen der Trockenheit treten kaum Rebkrankheiten auf und Schädlingsbekämpfung ist praktisch nicht nötig.

Hemisphärensprung

In Südamerika haben wir nun schon die südliche Hemisphäre der Erde erreicht. Die Südhalbkugel, wo die Sonne im Dezember am höchsten steht und wo im Februar die Trauben reif werden. So können aus Südafrika schon im Mai die Weine des neuen Jahrgangs bei uns sein. Südafrika ist dabei, zu einem sehr guten Weinland zu werden. Die Lage zwischen dem 31. und 34. südlichen Breitengrad, zwischen Atlantik und Indischem Ozean mit einem gemäßigten Meeresklima ist ideal für den Weinbau. Aber erst mit dem Ende der Apartheid und der Öffnung des Marktes setzte ab 1994 der Aufschwung ein. Die Winzer lernten in der Alten und der Neuen Welt die modernen Methoden des Weinan- und Ausbaus. Umgekehrt beteiligen sich Konzerne mit Geld und Beratern an neuen Projekten am Kap. Von der Masse zur Klasse heißt nun das Motto. Auf deutsch: Die internationalen Reben (Cabernet-Sauvignon, Merlot, Shiraz als rote, Sauvignon Blanc und Chardonnay als weiße Rebsorten) werden immer mehr angepflanzt und es entstehen Weine im Bordeaux-Stil. Aber wenigstens eine Rebsorte ist typisch südafrikanisch: die Pinotage (Kreuzung aus den französischen Reben Pinot Noir aus dem Burgund und dem Cinsault aus dem Midi, den die Südafrikaner »Hermitage« nennen). Auch die Weißweinrebe Chenin Blanc aus Frankreich fühlt sich hier wohl und ergibt nette, blumige Weine.

Down under

Australien hat ein Weinwunder vollbracht. Innerhalb nur weniger Jahrzehnte ist es zum Weinproduzierer und -genießerland geworden. Vom einfachen Kartonwein bis zum monumentalen »Penfolds' Grange« ist hier alles möglich. Es gibt keine strengen Regeln zur Weinherstellung, sondern eine Menge Wettbewerbe, bei denen die jeweils besten Weine prämiert werden. Obwohl der größte Teil Australiens ein Klima hat, das man »mediterran« nennen könnte (heiße Sommer, milde Winter) sind die kühleren Gebiete im Süden (näher am Südpol!) wie Victoria mit Melbourne und Adelaide für den Weinbau besonders geeignet. Die klassischen Rotweingebiete sind das nördlich von Adelaide gelegene Barossa Valley, in dem vor allem Rotweine aus Cabernet-Sauvignon und Shiraz gut geraten, und Coonawarra, südöstlich davon. Die besten Weißweine gedeihen in kühleren Regionen wie Padthaway und MacLaren Vale. Chardonnay, Sauvignon-Blanc und Sèmillon sind die wichtigsten Traubensorten.

Bleibt noch die Pazifikinsel Neuseeland mit einem Klima, das unserem sehr ähnlich ist, wo es aber keinen Frost im Winter gibt. Allgemein ist die Nordinsel wärmer, besser für Rotwein wie in der Region Hawkes Bay, und die Südinsel kühler, besser für Weißwein. Hier wurden zunächst Müller-Thurgau und Riesling angebaut, doch dann läuteten die Franzosen mit Sauvignon Blanc und Chardonnay das Zeitalter der Internationalisierung ein. Marlborough, im Norden der Südinsel, hat gewaltig zugelegt und produziert gute Rieslinge, Sauvignon Blancs und Chardonnays sowie schöne Pinot-Noir-Rotweine. Aber ständig sind neue Weinbaugebiete »under construction«, wir dürfen gespannt sein.

Es fährt ein Zug …

Wohin fährt der Zug nun weiter? Die Neue Welt entdeckt die Einzellagen wie es die Gallo-Brüder mit ihren Frei-Ranch-Weinen vorgemacht haben. Andererseits werden immer neue Gebiete erschlossen, in denen Weinbau möglich und sinnvoll ist. Dann kaufen die Weinmultis der Welt Weingüter und möglichst viel potentielles Rebgelände auf, bringen den Winzern das moderne »Winema-

king« bei und starten eine große Werbekampagne, bis jeder Käufer kapiert hat, wo jetzt gute und preiswerte Weine herkommen. Wer weiß, mit zunehmender Erderwärmung sind demnächst vielleicht die Fjorde von Norwegen mit Weinbau dran.

San Francisco
California
L.A.

Santiago de Chile
Argentinien
Chile
Buenos Aires

Glossar

Anreichern: Dem Traubensaft vor der Gärung reinen Kristallzucker zusetzen. Der Zucker wird von der Hefe genauso verarbeitet wie der Zucker aus den Trauben, der fertige Wein enthält dadurch mehr Alkohol. Gesetzlich genau geregeltes Verfahren.

Ausbau: Aus Traubensaft durch Gärung und Behandlung einen fertigen Wein machen.

Autochthone Rebsorten: Sorten, die es nur in einer bestimmten Region gibt (griech. für alteingesessen, am Ort entstanden).

Avinieren: Weinglas mit einem kleinen Schluck des zu probierenden Weins ausschwenken, damit keine Reste des vorherigen Weines das Aroma verfälschen.

Blitzblank: Ausdruck für die Klarheit eines Weins, so klar wie eine saubere Fensterscheibe.

Cru: Französische Bezeichnung für Spitzen-Weinbergslage, inzwischen auch bei uns gebräuchlicher Begriff.

Dekantieren: Das Umgießen von Wein in ein anderes Gefäß, üblicherweise eine Dekantierkaraffe. Bei jungen Weinen zur Sauerstoffanreicherung, damit die Gerbstoffe weicher werden. Bei älteren Weinen zum Abtrennen des Depots (Bodensatzes).

Depot: Der Bodensatz aus Farbstoffen und Tanninen, der sich bei älteren Rotweinen bildet. Wird durch Dekantieren entfernt.

Edelfäule: Werden reife Beeren von einem Pilz (Botrytis) befallen, so bildet dieser feine Löcher in der Beerenhaut, das Wasser in den Beeren verdunstet und der Gehalt an Zucker und Aromenstoffen steigt an.

Extrakt: Das, was übrig ist, wenn man dem Wein den Wasser- und Alkoholgehalt entzieht. Es bleiben die Inhaltsstoffe zurück, die hauptsächlich den Geruch und den Geschmack des Weins ausmachen.

Flights: Bei einer Weinprobe eine Serie gleichzeitig eingeschänkter und im Vergleich zu testender Weine.

Gärung: Die Umwandlung von Zucker im Most durch Hefe. Dabei entsteht Alkohol und Kohlensäure.

Kaltmazeration: Die Maische wird stark gekühlt, um den Beerenschalen mehr Aromen und Farbstoffe zu entziehen, ohne dass eine Gärung einsetzt.

Kellermeister: Eine Art Winemaker, Experte für die Vergärung des Mostes und den Ausbau des Weins.

Kollektion: Die verschiedenen Weinsorten, die ein Winzer (aus einem Jahrgang) herstellt, z.B. aus unterschiedlichen Lagen, Rebsorten und Reifegraden.

Maische: Zerquetschte Trauben mit Häuten und Kernen.

Mikrooxidation: Zufuhr von Sauerstoff aus der Luft durch winzige Poren (Holzfass, Korkstopfen oder feinste Düsen) in den Wein.

Most: Traubensaft (ohne Häute und Kerne), frisch oder schon gärend.

Mostgewicht: Zuckergehalt der Trauben, daraus ergibt sich der potentielle Alkoholgehalt des Weins, würde der ganze Zucker vergoren.

Mostkonzentration: Most durch physikalische Verfahren Wasser entziehen für einen höheren Extraktgehalt (Geschmacksstoffe).

Nase: Weinexperten nennen Duft oft »Nase«.

Oxidation: Die Verbindung eines Stoffes mit Sauerstoff (aus der Luft).

Reduktiver Ausbau: Weinbereitung mit vollständiger Fernhaltung des Sauerstoffs in der Luft (Gegenteil: oxidativer Ausbau, siehe Oxidation).

Restsüße: Der Gehalt an Zucker im fertigen Wein. Besteht aus Fructose, Glucose und längerkettigen Zuckerarten, die von der Hefe nicht verarbeitet werden können, oder aus unvergorenem Traubensaft (siehe Süßreserve).

Schwefeln: Most / Wein mit schwefliger Säure versetzen, um unerwünschte Bakterien zu unterdrücken und Verderb zu verhindern.

Sensorik: Mit allen Sinnen den Wein erspüren und erschließen.

Spontangärung: Wenn der Most mit weinbergseigenen Hefen zu gären beginnt, also ohne Zusatz von Reinzuchthefen.

Süßreserve: Der Zusatz von unvergorenem Traubensaft, um einen Wein süßer, lieblicher zu machen. Siehe auch Restsüße.

Terroir: Begriff, den Franzosen gebrauchen, um das Zusammenspiel von Klima, Landschaft, Böden, Lage und Umgebung eines Weinbergs zusammenzufassen. Terroirweine lassen spezielle Lage im Aroma erkennen lassen.

Vollernter: Erntemaschine für Weintrauben, die die Beeren von den Stielen schüttelt und ansaugt. Vorteil ist die schnelle Ernte bei optimaler Reife und rasche Verarbeitung, Nachteil ist der hohe Preis der Maschinen.

Winemaker: Die Kellermeister der Neuen Welt, die Trauben aus unterschiedlichen Gebieten mischen und so verarbeiten, dass ein bestimmter Weinstil entsteht.

Winzer: Ein Weinbauer, der meist auch seinen Wein selbst bereitet.

Adressen

Literatur

Johnson, H.: **Der kleine Johnson,**
Hallwag, München
Johnson, H., Robinson, J.: **Der Weinatlas,** Hallwag, München
Kreis, B.: **500 Weine unter 10 €,**
Hallwag, München

Register

Impressum

Das Wine-Basic-Team

Birgit Rademacker — Redaktionsleitung

Reinhardt Hess — Buchkonzept, Autor

Sebastian Dickhaut — Idee & Konzept, Redaktion & Produktion

Redaktionsbüro Christina Kempe — Redaktion, Lektorat, Satz / DTP, Gestaltung

Hermann Rademacker — Beratung

Alexander Walter — Fotografie
Florian Peljak — Fotoassistenz
Erol Gurian — Fotoassistenz

Thomas Jankovic — Layout
Sybille Engels — Layout

Susanne Mühldorfer — Herstellung

Die Models — Andy Philipp
Gabie Schnitzlein
Markus Röleke
Sabine Betzler

Schlusskorrektur: Susanne Bodensteiner
Repro: Repro Ludwig
Druck und Bindung: Kaufmann, Lahr

Ein herzlicher Dank geht an...

Familie Schnitzlein, Familie Eichlinger, Sergio Bolzan aus dem Münchner Weinladen La Cantinetta (www. bolzan.de), Susanne Philipp, Sigi Burghard und Anne Taeschner, Friedhelm Rinklin aus Eichstetten / Kaiserstuhl für die Infos rund um den Bio-Weinberg, Schott-Zwiesel AG für die DIN-Probiergläser.

Reinhardt Hess

Der Autor von Wein- und Kochbüchern lernte von seinen Geografieprofessoren Landschaften durch Weine zu erschließen. Studien an Rhein, Main, Neckar und Mosel führten dazu, dass er sein Hobby zum Beruf machte und nun allein das Essen und Trinken erforscht.

Besonderer Dank geht an...

die Firma Screwpull, die uns für die Fotoproduktion ihr Wein- und Bar-Sortiment vom Korkenzieher bis zum Weinkühler zur Verfügung stellte – und zwar in allen Basic-Farben.

Bildnachweis:
Axel Walter: alle Fotos in Wine Basics außer folgenden:
Eising FoodPhotography, Martina Görlach: Titel-Weinglas
Stock Food: S. 3 (Traube rechts), 32, 46 (rechts), 47 (links), 48, 69, 80, 89, 92, 95, 99, 100 (links unten), 104, (links, rechts), 105, 107, 115 (links), 124 (links), 125 (links), 127, 128, 140, 142, 155
Ulrich Kerth: S. 82, 96, 100 (rechts unten), 104 (Mitte), 111, 121, 143 (links)
Reinhardt Hess: S. 13, 39 (links und Mitte), 46 (links und Mitte), 47 (Mitte und rechts), 88, 90, 91, 93 (rechts), 94, 97
Hermann Rademacker: S. 129

© 2013 GRÄFE UND UNZER VERLAG GmbH, München.
Aktualisierte Neuausgabe von "Wine Basics", GRÄFE UND UNZER VERLAG 2002, ISBN 978-3-7742-4936-3

Umwelthinweis:
Dieses Buch ist auf PEFC-zertifiziertem Papier aus nachhaltiger Waldwirtschaft gedruckt.

f www.facebook.com/gu.verlag

ISBN 978-3-8338-3448-6

1. Auflage 2013

GRÄFE UND UNZER

Ein Unternehmen der
GANSKE VERLAGSGRUPPE

Unsere Garantie

Alle Informationen in diesem Ratgeber sind sorgfältig und gewissenhaft geprüft. Sollte dennoch einmal ein Fehler enthalten sein, schicken Sie uns das Buch mit dem entsprechenden Hinweis an unseren Leserservice zurück. Wir tauschen Ihnen den GU-Ratgeber gegen einen anderen zum gleichen oder ähnlichen Thema um.

Liebe Leserin, lieber Leser,

wir freuen uns, dass Sie sich für ein GU-Buch entschieden haben. Mit Ihrem Kauf setzen Sie auf die Qualität, Kompetenz und Aktualität unserer Ratgeber. Dafür sagen wir Danke! Wir wollen als führender Ratgeberverlag noch besser werden. Daher ist uns Ihre Meinung wichtig. Bitte senden Sie uns Ihre Anregungen, Ihre Kritik oder Ihr Lob zu unseren Büchern. Haben Sie Fragen oder benötigen Sie weiteren Rat zum Thema? Wir freuen uns auf Ihre Nachricht!

Wir sind für Sie da!
Montag–Donnerstag:
8.00–18.00 Uhr;
Freitag: 8.00–16.00 Uhr
Tel.: 0800/7237333
Fax: 0800/5012054
(kostenlose Servicenummern)
E-Mail: leserservice@graefe-und-unzer.de

P.S.: Wollen Sie noch mehr Aktuelles von GU wissen, dann abonnieren Sie doch unseren kostenlosen GU-Online-Newsletter und/oder unsere kosten losen Kundenmagazine.

GRÄFE UND UNZER VERLAG
Leserservice
Postfach 86 03 13
81630 München